アジア経済は どう変わったか

アジア開発銀行総裁日記

Takehiko Nakao
中尾武彦

中央公論新社

はじめに

二〇一三年四月から二〇二〇年一月まで、およそ七年間をアジア開発銀行（ＡＤＢ）総裁としてマニラで過ごした。私にとっては、長い三五年にわたる財務省での勤務に比べても、国際機関という環境のなかで、そのリーダーの責任は多岐にわたっており、重いものであった。さまざまな難しい問題にも直面したが、同時に、多くのことを学び、達成感を感じることのできた、充実した七年間であった。

その間に、先進国が低成長に陥るなかでアジア経済が堅調に成長し、新興市場国のプレゼンスが大きくなってきた。中国が主導するアジアインフラ投資銀行（ＡＩＩＢ）の創設などの動きもあった。また、インターネットや人工知能などの新技術の影響がより明確になってきた時期でもあった。

一方で、アジアにはいまだ多くの貧困層が残されており、電気や道路、飲料水などのインフラの整備、質の高い教育や医療の普及なども引き続き重要な課題だ。気候変動や高齢化などにも対応する必要がある。アジアは発展してきているが、ＡＤＢが貢献できる分野はたくさんあると感じた。

一月十七日にマニラを離れるときは、新型コロナウイルスのことはまだあまり問題になっていなかった。その後、中国、日本や韓国、そして欧州と米国、世界中へと瞬く間に感染は拡大し、三月には各国で航空便の運航制限や外出制限措置がとられた。マニラ首都圏もロックダウンされ、ADB本部も閉鎖してスタッフは在宅勤務に追い込まれた。

各国における雇用や経済への深刻な影響も避けられない。そうしたなかで、ADBでは、各国への支援の業務を積極的に行っている。

本書は、三部で構成される。第I部では、ADB総裁時代の話に行く前に、いわば前史として、二〇一一年八月から二〇一三年三月までの二年弱の財務官時代のことを振り返る。この本を書くためにADB時代の記録を見ていくと、財務官時代、あるいはそれ以前の仕事の経験や人間関係につながっていることを改めて感じさせられる。

米国の当局者が退任後に回顧録を書くことはよくあるが、日本ではよい意味も含めて、自分のやったことをあまり説明しないという文化があるように思う。私自身は、政府が行っていることを国民に知ってもらい、また、歴史に残しておくという責任も重要だと考えてきた。特に、対外関係についてはそうだ。この本では、自分が手帳に残してきたことも踏まえて、関係者に迷惑をかけない範囲で、外国とのやりとりなども書いている。

まず、第1章は、財務官時代に最も時間をとられた円高とそれに続く円安局面への対応だ。財務官就任は二〇一一年の八月二日であったが、直後に円は一ドル七七円台前半の高値を付け、八月四日に単独介入に踏み切った。さらに円が戦後最高値の一ドル七五円三二銭を付けたところで、十月

マニラにあるアジア開発銀行（ＡＤＢ）本部ビル全景

三十一日から十一月四日の五日間には継続的に大規模な為替介入を行った。二〇一二年秋以降は、一転して急速な円安が進み、国際的に日本の立場を説明する必要に迫られた。

第2章では、財務官時代のそのほかの出来事について簡単に紹介する。ユーロ債務危機への対応、円と人民元の直接交換などの日中金融協力、二〇一二年の秋に東京で開催された国際通貨基金（ＩＭＦ）・世界銀行（世銀）年次総会、ミャンマー支援国会合など、為替問題以外にも多くの出来事があった。これらの仕事を通じて知り合ったアジアの当局者とは、ＡＤＢ総裁になってからも一緒に仕事をすることが多かった。

第3章では、為替レートについて私なりに思ってきたことを書いてみたい。先進国にとっての為替介入の位置づけ、日本では円高が悪く、円安がよいことのように伝えられることが多いが、果たしてそうなのかについても考察する。この章の最後では、国際金融の世界の人々やそこでの仕事の仕方についてのエピソードを紹介したい。私の前任のＡＤＢ総裁だった黒田東彦《はるひこ》日本銀行総裁とのご縁もその一つだ。

第Ⅱ部は、ＡＤＢ総裁としての七年弱を回顧する。この間、アジア経済の現状をフォローし、ほとんどの加盟国を訪問し、そしてＡＤＢの業務や戦略を考えてきた。それらから学び、また感じたことを読者とシェアすることができればと思う。

まず、第4章は、ＡＤＢの総裁という仕事についてだ。総裁には、業務、政策、戦略を決めるという役割、加盟各国やメディアにＡＤＢを代表して対応するという役割、ＡＤＢという組織を運営するという役割がある。実は、三つ目の役割が非常に重要だ。ＡＤＢの職員は加盟各国から多様な人材が集まっている。公平で実力本位の採用や人事がＡＤＢの使命を果たす前提となる。

第5章では、ＡＤＢ総裁の仕事を通じて感じたアジアの経済の現状を自分なりにまとめてみたい。アジアの多くの国は、世界金融危機以降も堅調な成長を続けてきている。ミドルクラスの勃興により内需は強化されており、適切な政策を続ければ持続的な成長は可能だ。もっとも、足元では、新型コロナウイルスによるパンデミックや米中摩擦の影響もあって、先行きに不透明感が出ている。私自身は、自国生産の拡大など相当程度の調整はあったとしても、グローバル化の流れには経済的な理由があり、大きな逆戻りはないだろうと考えている。

第6章では、中国やＡＩＩＢとの関係を扱う。中国には在任中に一六回訪問したが、李克強首相との面会に加え、歴代の財政部長（大臣）とは毎回さまざまな話題を議論した。財務省のとき以来の交流がある劉鶴副首相、易鋼人民銀行行長との意見交換も非常に興味深いものであった。二〇一四年から二〇一五年にはＡＩＩＢの設立を巡る国際的な動きに直面し、ＡＤＢとしての対応を聞かれることが多かった。ＡＩＩＢは二〇一六年一月に創設されたが、金立群総裁とは一〇回以上にわたって議論を重ね、両行による協調融資にもつなげてきた。

第7章から第10章では、東南アジア、南アジア、中央アジア、太平洋諸国の順に、ＡＤＢの開発途上の加盟国それぞれへの訪問を回顧する。ＡＤＢの主たる業務は、各国の開発プロジェクトへの貸付であり、首脳や大臣たちと支援のあり方を議論すること、現地でプロジェクトを視察することは総裁の重要な仕事だ。各国とも市場志向の政策を進めようとしていること、インフラとともに教育や保健などの社会セクターへの投資にも力点を置いていること、そしてＡＤＢとの協力関係を重視していることではかわりがない。どの国も難しい国内問題をかかえるなかで、開発への情熱を語る首脳が多かった。実際に訪ねてみて、はじめてその国の歴史の重みや置かれた環境、実情が見えてくる。

第11章では、域内、域外の先進国メンバーへの訪問、国際会議への参加、世界銀行などの国際開発金融機関の総裁たちとの交流を取り上げる。先進国メンバーのサポートがなければＡＤＢがアジアの途上国に対して、有効な支援を続けることはできない。各国を訪ねてみて、私自身も学ぶことが多かった。Ｇ20やＧ７で時に首脳会議に招かれて発言することができたことは、ＡＤＢの存在感とアジアの連携を示すよい機会であった。

第12章は、ＡＤＢの業務と戦略の具体的な中身だ。一九六六年のＡＤＢ創設の背景には、アジア諸国の協力を具体的に表すような国際機関を設立したいというアジアの人々の強い願いがあった。ＡＤＢの業務は、当初の農業関係、電気や運輸などのインフラへの貸付から、教育や保健など社会セクターへと次第に拡大し、アジア通貨危機の際には大規模な緊急支援を行った。多くの国が発展した現在、ＡＤＢ自体も改革を進めなければ役割を果たせなくなってしまう。ＡＤＢの貸付能力を大きく拡大させたバランスシートの改革にも触れたい。

第Ⅲ部は、退任前にＡＤＢで刊行した『アジア開発史――政策・市場・技術発展の50年を振り返る』を踏まえつつ、第二次世界大戦後のアジアの開発を振り返る。

第13章は、なぜアジアが発展できたのかという重要な問いへの答えを整理する。ＡＤＢが設立されたころは、アジアは世界のなかで最も貧しい人口の多い地域であり、いかに十分な食料を確保するかが最重要の課題であった。明治維新で近代化を始めた日本を例外として、近代化、工業化ができるとは思われていなかった。アフリカや南アメリカなどが必ずしも成功しなかったのに、なぜアジアは力強い成長を遂げることができたのか。アジアは実践的な政策を推進したが、固有の「アジア・コンセンサス」があるのだろうか。

第14章は、これまでのアジアの開発のさまざまな側面と将来の課題を取り上げる。具体的には、産業構造の転換、サービス産業の拡大、新技術の雇用への影響、教育や保健の向上、人口構造の影響、開放的な貿易や直接投資の体制、貧困削減が進展するなかでの所得格差の拡大、ジェンダーの平等、気候変動問題などだ。アジアの貿易モデルはかつてよく言われた日本を先頭にする雁行型ではなく、それぞれが得意分野を持つネットワーク型になっている。

日本から見ている世界と国際機関から見ている世界では、どちらが正しいということではなくかなり違いがある。ＡＤＢ勤務を通じて、アジア各国の状況を比較しながら見ることもできたし、アジアの現在をこれまでの歴史と将来への課題と結びつけて考えることに心がけてきた。国際社会での議論の流れのなかでのアジアの位置づけも考えさせられた。

読者にとって、私のＡＤＢ総裁としての経験や学んできたこと、あるいはそれ以前の財務官時代の出来事と日本の対応を知っていただくことが、少しでも参考となることを願ってやまない。

アルファベット略語一覧

ＡＢＭＩ（アジア債券市場育成イニシアティブ）
ＡＤＦ（アジア開発基金）
ＡＥＣ（ＡＳＥＡＮ経済共同体）
ＡＩＩＢ（アジアインフラ投資銀行）
ＡＭＦ（アジア通貨基金）
ＡＰＥＣ（アジア太平洋経済協力会議）
ＡＳＥＡＮ（東南アジア諸国連合）
ＡＳＥＭ（アジア欧州会合）
ＣＡＲＥＣ（中央アジア地域経済協力）
ＣＭＩ（チェンマイ・イニシアティブ）
ＣＯＰ21（気候変動枠組み条約第21回締結国会議）
ＣＳＩＳ（戦略国際問題研究所）
ＥＢＲＤ（欧州復興開発銀行）
ＥＣＢ（欧州中央銀行）
ＥＣＡＦＥ（国連アジア極東経済委員会）
ＥＦＳＦ（欧州金融安定ファシリティ）
ＥＳＣＡＰ（国連アジア太平洋経済社会委員会）
ＥＳＭ（欧州安定メカニズム）
ＦＡＳＩＤ（国際開発機構）
ＦＲＢ（連邦準備制度理事会）
ＧＭＳ（メコン河流域経済協力）
ＧＤＰ（国民総生産）
ＧＮＩ（国民総所得）
ＩＢＲＤ（国際復興開発銀行）
ＩＤＡ（国際開発協会）
ＩＦＣ（国際金融公社）
ＩＭＦ（国際通貨基金）
ＩＬＯ（国際労働機関）
ＩＰＣＣ（気候変動に関する政府間パネル）
ＪＢＩＣ（国際協力銀行）
ＪＥＴＲＯ（日本貿易振興機構）
ＪＩＣＡ（国際協力機構）
ＭＤＢｓ（国際開発金融機関）
ＭＤＧｓ（ミレニアム開発目標）
ＮＧＯ（非政府組織）
ＮＩＥｓ（新興工業経済）
ＯＤＡ（政府開発援助）
ＯＥＣＤ（経済協力開発機構）
ＳＤＧｓ（持続的開発目標）
ＵＮＣＴＡＤ（国連貿易開発会議）
ＵＮＤＰ（国連開発計画）
ＵＮＩＤＯ（国連工業開発機関）
ＷＣＯ（世界税関機構）
ＷＨＯ（世界保健機関）
ＷＴＯ（世界貿易機関）

アジア経済はどう変わったか――アジア開発銀行総裁日記

目次

はじめに　i

I　財務官時代　二〇一一年八月～二〇一三年三月

第1章　円高と円安に対応する……5

世界金融危機以降に急速に進んだ円高　5　二〇一〇年九月、二〇一一年三月の為替介入　12　財務官就任直後、二〇一一年八月の介入　14　二〇一一年八月のその後、米国債の格下げ　17　二〇一一年秋の動き、ユーロ危機に揺れた為替市場　19　二〇一一年十月三十一日から十一月四日の大規模介入とその後　23　二〇一二年初から秋まで、一ドル八〇円前後での安定　25　政権交代と二〇一二年秋以降の円安の進行　27　二〇一三年二月十二日のG7共同声明　32　二〇一三年二月、モスクワのG20財務大臣・中央総裁会合　37　退官から四月末のマニラ赴任まで　38

第2章　国際金融で日本の存在感を示す……42

ユーロ債務問題とIMFの資金基盤強化への協力　42　日

中金融協力　45　ASEAN＋3のチェンマイ・イニシアティブの強化　46　東京でのIMF世銀総会　49　ミャンマー支援国会合の開催　51

第3章　為替をどう考えるか……55
為替はどう決まるのか　55　為替システムに関する考え方の変遷と途上国の対応　58　為替介入は政策オプションになるか　61　円安はよいことか　64　電話会議とはどういうものか　66　共同声明作り　69　国際金融に関わる人々　70

Ⅱ　ADB総裁時代　二〇一三年四月〜二〇二〇年一月

第4章　ADB総裁には三つの役割がある……77
マニラへの着任　77　総裁のある一日　81　ADBの政策、戦略を決める　84　ADBを代表して加盟国と向き合う　89　メディアへの対応　92　ADBの組織を運営する　94　理事会との関係を考える　104

第5章　アジア経済の現状をどう見るか……109

七年間にアジアはどう変わったか　109　アジア経済は全体として堅調な成長を続けてきた　110　長期停滞論はアジアには当てはまらない　114　「経済発展の八条件」を考える　116　調査局の仕事とチーフエコノミストたち　119

第6章　中国、アジアインフラ投資銀行とどう関与したか……124

存在感を増す中国　124　中国で話してきたこと　127　中国の高官たち　131　中国との関与の歴史とプロジェクト視察　137　中国への貸付をなぜ続けるのか　141　ＡＩＩＢの創設への動き　144　日米のＡＩＩＢ参加の是非を巡る議論　150　ＡＤＢとＡＩＩＢの協力　153　一帯一路についての考え方　158　中国経済の今後をどう見るか　160　中国の技術力を考える　162

第7章　東南アジア諸国の成長は続くか……166

フィリピン　166　インドネシア　170　ベトナム　174　カンボジア　176　ラオス　177　ミャンマー　178　タイ　181　マレーシア　184　シンガポール　185　ブルネイ

イ　188　ASEANの意義について　189

第8章　南アジア諸国のポテンシャルを考える……193
インドは新しい成長のセンターになれるか　193　スリランカ　201　バングラデシュ　204　ネパール　206　ブータン　208　モルディブ　209　パキスタン　210　アフガニスタン　214

第9章　中央アジア諸国は内陸、資源国の制約を乗り越えられるか……218
全体的な印象　218　カザフスタン　222　ウズベキスタン　224　アゼルバイジャン　227　キルギスタン　229　トルクメニスタン　230　タジキスタン　231　アルメニア　234　ジョージア　235　モンゴル　239

第10章　太平洋諸国はチャンスを生かせるか……242
太平洋諸国の状況　242　パプアニューギニア　244　フィジー　246　パラオ　249　ソロモン諸島　251　サモア　253　東ティモール　254

第11章　先進加盟国への訪問、国際会議で感じたこと……256
域内先進加盟国への訪問　256　日本との関係　259　米国、欧州への訪問　261　ＡＤＢ年次総会、G20、ダボス会議など　265
第12章　ＡＤＢの業務を改革し、新戦略を練る……272
ＡＤＢはアジアの人々の願いと努力でできた　272　ＡＤＢの国別・分野別業務　280　ＡＤＢの財務と業務　287　通常資金と譲許的資金の資本統合による貸付能力の拡大　293　ＡＤＢの新戦略　300　インフラ投資の質の改善と量の拡大についての考え方　308　第二次世界大戦後の援助潮流の変遷とＡＤＢ　312

Ⅲ　アジアの開発の歴史から学ぶ

第13章　アジアはなぜ発展したのか……319
『アジア開発史』の刊行　319　アジアの開発の成果は予想を裏切った　323　アジアの成功の理由――アジア・コンセ

ンサスはあるのか　326　ステレオタイプの見方に反論する　329　市場と国家の役割をどう考えるか　332

第14章　経済発展のさまざまな側面を振り返る……………………336

産業構造の転換は経済発展とともに進む　336　農業セクターの生産性上昇は経済発展の出発点　337　サービス産業の拡大　339　観光業のポテンシャル　341　アジアの技術進歩の経験　344　人工知能などの新技術は雇用にどう影響するか　345　教育や保健・医療への投資がアジアの成長を助けた　348　人口ボーナスと人口オーナス　349　日本の経済プレゼンスの低下は人口の要因も大きい　350　高い貯蓄率が高い投資につながった　352　インフラ開発が経済発展の基礎　354　開放的な貿易・直接投資の体制　356　マクロ経済の安定とアジア通貨危機の教訓　358　貧困削減は進んだが所得分配は格差が拡がっている　360　ジェンダーの平等　363　環境問題と気候変動への取り組み　364　二国間のODAと国際開発金融機関の役割　366　アジア域内の地域協力・統合の進展　368

終章　アジアの未来に思う……………………371
総裁退任まで　371　アジアのなかの日本　376　二十一世紀はアジアの世紀か　379
おわりに　385

アジア経済はどう変わったか

アジア開発銀行総裁日記

Ⅰ 財務官時代

二〇一一年八月〜二〇一三年三月

第1章　円高と円安に対応する

世界金融危機以降に急速に進んだ円高

私が二〇一一年八月から二〇一三年三月までの財務官時代（六〜七ページ、図表1）に、一番時間とエネルギーを使ったのが、為替レートの変動への対応だったのは間違いない。当初は円高の進行に、二〇一二年の十一月以降は円安の進行に直面した（八ページ、図表2）。

財務官は、財務省において為替関係や国際交渉、G7、G20などの国際会議を担当する次官級のポストだ。G7やG20の財務大臣・中央銀行総裁会議では、蔵相代理（G7D、あるいはG20D）と呼ばれる。一九八〇年代から九〇年代にかけての日米金融交渉、プラザ合意、日米構造協議、アジア通貨危機の時代によく知られるようになり、国際的な「通貨マフィア」の一員と言われたこともあった。歴史的には、一九〇四年に高橋是清が日本銀行副総裁から政府特派財務委員・英国駐在となり、ロンドン市場での外債発行による日露戦争の戦費調達に当たったことに淵源を持つ。一九四九年には大蔵省設置法によって財務官（定数一人）が置かれ、のちに初代ADB総裁になった渡辺

図表1／財務官時代関連年表

2007年

7月10日　米国格付け会社S&Pが住宅抵当担保証券の大幅格下げ検討を発表（サブプライム・ローンのはじまり）

7月22日　在米国大使館より帰国、24日、財務省国際局次長に就任

9月23日　FRBが政策誘導金利を5・25%から4・75%まで引き下げ（以降2008年12月の0・25%まで引き下げ）

9月26日　福田康夫内閣発足

2008年

3月16日　ベア・スターンズが破綻（JPモルガン・チェースによる買収）

7月7日～9日　G8北海道洞爺湖サミット

9月15日　リーマンブラザーズが破綻

9月24日　麻生太郎内閣発足

10月10日　G7財務大臣・中央銀行総裁会合（ワシントン）、行動計画発表

11月14日・15日　第1回G20サミット（ワシントン）

12月　FRBが量的緩和を開始

2009年

4月2日　第2回G20サミット（ロンドン）

7月14日　国際局長に就任

9月19日　鳩山由紀夫内閣発足

2010年

6月8日　菅直人内閣発足、野田佳彦財務大臣就任

9月15日　日本による単独介入（2兆1249億円の円売りドル買い）

2011年

3月11日　東日本大震災

3月18日　G7による協調介入（日本は6295億円の円売りドル買い）

8月2日　財務官に就任

8月4日　単独介入（4兆5129億円の円売りドル買い）

8月5日　S&Pによる米国債の格下げ

8月10日　G7財務大臣・中央銀行総裁声明発表

9月2日　野田佳彦内閣発足、安住淳財務大臣就任

9月9日　G7財務大臣・中央銀行総裁会合（マルセイ

ユ）

9月22日　G20財務大臣・中央銀行総裁会議（ワシントン）

10月26日　ユーロ首脳会合

10月31日～11月4日　単独介入（9兆916億円の円売りドル買い）

11月3日・4日　G20サミット（カンヌ）

11月10日　APEC財務大臣・中央銀行総裁会合（ハワイ）

11月13日　ラガルドIMF専務理事来日、安住大臣と会談

12月5日　野田首相と温家宝中国首相会談（北京）

2012年

1月12日　ガイトナー米国財務長官来日、安住大臣と会談

2月19日　安住大臣と王岐山中国副首相の会談（北京）

4月12日　安住大臣とラガルドIMF専務理事の電話で600億ドルのIMFへの貸付を表明

5月3日　ASEAN＋3財務大臣・中央銀行総裁会合（マニラ）

6月18日・19日　G20サミット（メキシコ・ロスカボス）

10月1日　内閣改造、城島光力財務大臣就任

10月9日～14日　IMF世銀総会（東京）

10月11日　ミャンマー支援国会合（東京）

11月14日　野田首相が衆議院解散を表明

12月16日　衆議院選挙投開票

12月26日　第2次安倍晋三内閣発足、麻生太郎財務大臣就任

2013年

1月2日～4日　麻生大臣のミャンマー訪問に随行

1月7日・8日　OECD・WP3（パリ）に出張

1月22日　政府・日銀の共同声明発表

2月8日　G7代理電話会合

2月12日　G7財務大臣・中央銀行総裁共同声明発表

2月15日・16日　G20財務大臣中央銀行総裁会合（モスクワ）

2月21日～24日　安倍首相の訪米に随行

2月28日　黒田東彦前ADB総裁を次期日銀総裁候補として国会に提示

3月7日　麻生大臣より次期ADB総裁候補推薦を発表

3月29日　財務省退官

4月26日　ADB総裁に正式に選ばれる

4月28日　マニラに赴任

図表２／ドル円推移（2007年初～2020年初）

武氏が初代となっている。

円ドルレートの動きを少しさかのぼってみよう。私がワシントンの日本大使館での公使を終えて日本に帰る直前の二〇〇七年六月には一ドル一二四円を上回るまで円安が進んでいた。大使館員の給与や手当は円建てで決まっている。米国の物価は、子供が通っていた幼稚園代や医療費、光熱費などが日本に比べて非常に高く、送金されるドル建ての金額が毎月減っていって困った覚えがある。

米国はそれまでいわゆる「大いなる安定」（Great Moderation）と呼ばれた安定成長期にあり、経済の過熱を避けるためにＦＲＢ（連邦準備制度理事会）はグリーンスパン議長、続いてバーナンキ議長のもとで政策金利を二〇〇四年六月から二〇〇六年六月にかけて〇・二五％ずつ連続一七回、一％から五・二五％まで引き上げた。にもかかわらず、長期金利（一〇年物国債）はおおむね四％から五％で安定しており、グリーンスパンによって「謎」（conundrum）と言われたが、それがまた経済への楽観と過熱に拍車をかけた。その間に円ドルレートは二〇〇四年末の一ドル一〇二円半ばから二〇〇七年にかけて徐々に一二四円までのドル高、円安が進んだ。

しかし、二〇〇七年夏になると状況が一変した。低所得者層向けの住宅ローンであるサブプライム・ローンの問題が顕在化し始め、二〇〇八年三月には五大投資銀行の一角であるベアー・スターンズが破綻（JPモルガン・チェースによる買収）した。そして九月十五日にリーマンブラザーズの破綻が起きると一挙に世界金融危機の様相となり、米国の金融セクター、欧州周辺国が市場の攻撃を受けた。実体経済も二〇〇八年から二〇〇九年には先進国が軒並みマイナス成長となり、新興国にも大きな影響を与えた。

急遽開かれることになったG20サミットやG7、IMF（国際通貨基金）の枠組みでは、各国が協調して、①中央銀行や預金保険、公的資金による金融機関の救済・安定化、②財政・金融政策による経済の刺激、③IMF、世界銀行、ADBなどの国際金融機関を動員する途上国支援、④金融セクターの規制・監督体制の強化、⑤国際金融機関の資金基盤の強化（増資など）、が議論され、次々に実行に移された。

私は、篠原尚之財務官のもとで国際局の次長（二〇〇七年七月から二〇〇九年七月）、玉木林太郎財務官のもとで局長（二〇〇九年七月から二〇一一年八月）として関連の仕事に忙殺された。なお、その期間の経験を踏まえつつ、上記の五つの戦略の詳細について、二〇一〇年七月に「グローバル金融危機への国際的対応」という論文で整理しておいたことがある（池尾和人慶應義塾大学教授の責任編集による財務総合政策研究所「フィナンシャル・レビュー」誌の特集「金融危機を超えて」に収録）。

二〇〇八年七月にG8北海道洞爺湖サミットが開催された。私は、その準備のために、G7財務大臣の代理の代理（G７DD）の会合の議長を務め、何度か日本でも会合を持った。リーマン危機の前であり、まだ、比較的通常のモードであった。東京では財務省の会議室で会議をして、霞が関ビルまで皆で歩いていってランチを食べた。また、京都のホテルで会議をしたときに、各国から来たDD仲間を清水寺などに案内したのはよい思い出だ。

二〇〇八年十月十日のワシントンでのIMF世銀総会時のG７財務大臣・中央銀行総裁会合は、九月十五日のリーマンブラザーズ破綻後の、株価が刻刻暴落する緊迫した状況のなかで行われたので、よく覚えている。米国財務省の一室でG７DDが集まって大臣・総裁会合の声明の文言を詰めていたが、同時に行われていた大臣・総裁会合では、危機時には焦点を絞ったメッセージのほうがよいということが急遽決まって、上記の五つのポイントのうち、①の危機対応を中心とした一ページの簡潔な「行動計画」が発表されることになった。

二〇〇八年の十一月には、米国が主導してワシントンで第一回のG20サミットが行われた。G20の枠組みは、アジア通貨危機の際に国際金融システムへの新興国の影響が明白となったことから、重要な議論にはG７に加えて主要な新興市場国の参加が必要だということがG７で合意され、一九九九年にG20財務大臣・中央銀行総裁会合が創設されたものだ。一九九九年当時、私は国際機構課長としてアジア危機に対するIMFの政策やG７を担当していたので、アジアからどの国に参加を求めるかの議論に関与したことがある。

二〇〇九年四月二日にロンドンで行われた第二回G20サミットは、上記の五つの国際的な取り組みのそれぞれについて、具体案を詳細にわたるまで詰めるものとなった。私自身、三月十三日にロンドン郊外のホーシャムで開催された財務大臣会合と四月二日のサミットのために出張し、共同声明の草案をつくるための事務レベルのセッションに参加した。それぞれ早朝から深夜まで、あるいは二四時間近い徹夜の会議となり、私の経験のなかで、最も濃密で苛酷な会議であった。今思い返しても、リーマン危機後のＧ20サミットにおける国際社会の協調は、非常に果断で、包括的、具体的であった。しかも、ほぼその線に沿って実施されたことから、世界金融危機のダメージを小さくすることに貢献したと思う。

さて、危機に直面した米国の金融政策を振り返ると、ＦＲＢによる政策誘導金利は、二〇〇七年九月十八日に五・二五％から四・七五％へ一度に〇・五％下げられて以降急速に引き下げられ、二〇〇八年十二月までに〇・二五％まで下がった。また、金利が下限に達したこともあり、ＦＲＢは二〇〇八年十二月から量的緩和政策を採用し、これは結局三次にわたって二〇一四年十月まで続いた。この量的金融緩和は、日銀が二〇〇一年三月から二〇〇六年三月まで採用していたので、それにならったと言えるだろう。

円ドルレートは、米国経済の急減速、金融セクターの困難な状況、そして上記のような金融政策の緩和を受けて徐々にドル安、円高となり、二〇〇七年末には一ドル一一〇円程度、二〇〇八年末には一〇〇円程度、二〇〇九年末には九〇円程度、そして二〇一〇年の夏には八〇円台前半にまで進んだ。二〇〇七年六月の一二四円からわずか三年の間に、円はドルに対しておよそ五〇％切り上がったことになる。

二〇一〇年九月、二〇一一年三月の為替介入

二〇一〇年九月十五日、一九九五年五月以来の円高水準である一ドル八三円前後となったところで、財務省は野田佳彦大臣、勝栄二郎次官、玉木林太郎財務官のもとでドル買い円売り介入を実施した。ドル買い介入は谷垣禎一大臣、溝口善兵衛財務官のもとでの二〇〇四年三月以来であった。為替介入は財務官が外国当局との交渉を含めて直接の責任者だが、私も国際局長だったので実際にオペレーションを行う為替市場課を監督した。ドル買いの為替介入は財務省の外国為替資金特別会計（外貨準備）が短期証券を発行して日銀に引き受けてもらって円を調達し、それでドルを買うオペレーションである。為替市場でドルを買うのも財務省の為替市場課が日銀に指示を出して行う。

日銀に介入の実施を最終連絡したのが九月十五日の一〇時三〇分、実際に介入を開始したのが一〇時三五分、野田大臣がぶら下がり記者会見で介入を明らかにしたのは一〇時五五分であった。介入額は二兆一二四九億円、G７の他の国は参加せず、単独介入であった。レートは介入前の八二円八七銭から八五円台半ばまで円安方向に押し戻した。

そのあと半年ぐらいは、円ドルレートは八〇円台前半で一進一退だったが、それが再び大きく動いたのは、二〇一一年三月十一日の東日本大震災直後だ。地震発生時に八二円八〇銭だった円ドルレートは、日本人が外国にあるドル資産を円資産に戻すのではないか、あるいは損害保険会社が震災被害への対応に備えてドルを円に換えるのではないかといった思惑、投機的な動きもあって、三月十七日に一ドル七六円二五銭を付けるまで急速に円高が進んだ。私は経済産業省のカウンターパ

ートだった安達健祐経済産業政策局長とのその日の午前中の電話で、危機のなかで円が弱くならないのは、原子力発電に代替するエネルギー資源の輸入等の必要性から見ればメリットもあるが、このような投機的な円高の進行は日本の産業に大きな打撃を与えるということで一致した。同日、野田大臣は「取引が薄いなかで神経質な動きが出ている。しっかりとマーケットを注視していきたい」と牽制のメッセージを出した。

日本時間の三月十七日の深夜から十八日金曜の早朝にかけて動きがあった。その日の手帳を見ると、私は朝四時半に当庁している。米国の提案で、ティム・ガイトナー財務長官と野田大臣の電話会談、続いて野田大臣と白川方明《まさあき》日銀総裁のやりとり、野田大臣、白川総裁、ガイトナー長官、バーナンキFRB議長、トリシェECB（欧州中央銀行）総裁のいわゆるG3の電話会談、さらにG7の大臣・総裁による電話会議がもたれた。そうして、各国が目標レートを定めない形で円を売ってドル、ユーロを買う為替介入、いわゆるG7の協調介入が決まった。日本は十八日九時に介入を開始し野田大臣のぶら下がり記者会見を行った。

一〇時過ぎにはG7財務大臣・中央銀行総裁の声明が発表された。声明では、「困難な時における日本の人々との連帯意識、必要とされる如何なる協力も提供する用意があること、日本の経済と金融セクターの強靭さへの信認を表明する。日本における悲劇的な出来事に関連した円相場の最近の動きへの対応として、日本当局からの要請に基づき、米国、英国、カナダ当局及び欧州中央銀行は、二〇一一年三月十八日に日本とともに為替市場における協調介入に参加する。我々が長らく述べてきたとおり、為替レートの過度の変動や無秩序な動きは、経済及び金融の安定に対して悪影響を与える。我々は、為替市場をよく注視し、適切に協力する」とされた。

その日、財務省は断続的に介入をして総額は六九二五億円に上った。各国の市場が開くにしたがって欧州と米国でも介入が行われ、ユーロに属さない英国、それにカナダも協調介入に参加した。円ドルレートは三月十八日の夕方には一ドル八一円台まで戻った。四月上旬には八五円を超えるまで円安となり、その後は八〇円を少し超えるレベルで推移した。地震後の緊迫した困難な時期に、G7の協調介入に各国が率先して参加してくれたことはありがたかった。

財務官就任直後、二〇一一年八月の介入

私が玉木財務官を引き継いで財務官に就任したのは二〇一一年八月二日の火曜であったが、その前後の為替市場の動きも再び緊迫していた。七月七日の米国における雇用統計発表後、米国の財政問題に関する懸念もあり、円ドルレートは発表直前の八一円台から七月十三日の七八円台半ばまで上昇した。そのときの手帳の記録によると、七月十三日から八月二日の午後に辞令が出るまでの間に、国際局長の私は米国のラエル・ブレイナード財務次官と三回、チャールズ・コリンズ次官補（局長級）と二回、次官補が捕まらなかったときにマーク・ソベル次官補代理と一回、ECBのスマギ理事と一回電話会談を行い、日本側の問題意識を伝えた。同時に、日銀の中曽宏理事（国際担当）、雨宮正佳理事（企画担当）とも密接に意見交換をしている。

これらの電話で私から米国とECBに伝えたのは、最近の円高進行には十分な根拠がなく、投機的な動きだとの日本側の考えであった。ユーロにもギリシャなどの国債金利が急上昇する問題やスペインの金融機関の不良資産の問題、米国にも議会による足元の米国債発行の上限引き上げがうま

くいくかどうかといった問題があるが、日本は震災の影響で経済は非常に厳しい状態にあり、直近では貿易収支が赤字という異例の状況になっている。原発の停止による電力不足などもあるなかで、産業が海外に移転してしまうのではないかという空洞化の懸念も高まっている。日本は、そもそも地震以前から長引くデフレ、経済の低迷、厳しい財政状況といった問題を抱えている。このような状況での円高進行は、投機的で一方的と考えざるをえない。こうした動きが続けば為替市場に介入せざるをえない。もっとも、我々は介入によって競争力を強化しようとしたり、一定水準を維持するために持続的に介入を実施しようとしているわけではない。

それに対する米国とECBの反応は、地震後の三月十八日のG7の協調介入は為替市場に典型的な無秩序な動きがあったと判断したためだが、直近の市場は、新たな情報が相場に反映される通常の状況にあると考えているということであった。すなわち、米国経済についてのさまざまな指標の発表、債務上限の問題があり、国際市場の基本的な問題としてユーロの債務問題がある。最近の為替市場の動きはファンダメンタルズ（各国の金利や成長率、国際収支、リスク要因など経済の基礎的条件）の反映であり、無秩序な動きとは言えない。為替介入は、米国（ドル）、ECB（ユーロ）、日本（円）という通貨を有するG3の間の協議、そして合意が前提である。そうでなければG7の協力の枠組みが損なわれてしまう。中国をはじめとする新興国にも、為替の柔軟性を高め、より市場で決定されるものにするよう求めているときに、G7に属する日本が単独介入することは間違ったメッセージを送ることになる、と。

それに対して、私からは以下のようなことを言った。①介入の前に協議をすることは求められるとしても、G3で予め了承されなければ介入しないという合意があったとは理解していない。②日本の介入の目的は、為替の変動を抑え、市場に投機的な動きに対抗するという当局の姿勢を示すことであり、特定の水準を目指すものではなく、むしろ為替の過度の変動はよくないというG7の考え方にしたがったものである。③事前に密接に協議することは必要だが、状況によっては他国の同意がなくても介入できる裁量を各国は有するべきである。④ユーロ圏が困難に直面した際、日本はユーロ加盟国に融資を行うために創設された欧州金融安定ファシリティ（EFSF）の発行する債券の購入等を通じて協力した。これもG7の一体性（solidarity）を重視する観点からだ。⑤米国の債務上限問題についても常に米国当局の対応をサポートする姿勢を示してきたし、そもそもFRBのこれまでの金利引き下げや量的緩和も、ドル安、円高の影響をもたらすにもかかわらず、ネガティブなコメントは一切しなかった。⑥このように、日本はこれまで欧米の政策の影響を受けてきたときにも、欧米当局の判断を尊重してきているのであり、今は日本の状況に理解を求めたい。

結局、私が財務官に就任した八月二日火曜までに、米国では債務上限を増やして政府資金の枯渇、米国債のデフォルトを避ける法案の見通しができたが、円高の状況は変わらなかった。私は日本時間八月二日午前中にブレイナード次官に電話をし、野田大臣とガイトナー長官との電話会談を八月三日の朝にセットするよう依頼し、先方はこれを受けてくれた。予定通り三日朝七時には野田大臣とガイトナー長官の電話会談が行われた。

最終的には、八月四日朝八時過ぎに私とブレイナード次官、スマギ理事とのG3代理の電話会談を開催したうえで、一〇時にドル買い円売りの介入を開始し、一〇時一〇分には大臣から日本の立場を説明する声明を出した。

八月四日の一日間で四兆五一二九億円を投じて五六八億ドルを購入し、為替レートは介入前の七七円一三銭から夕方には八〇円二五銭を付けた。日本による単独介入ではあったが、その直後に、下記の米国債の格下げがあったにもかかわらず、さらなる円高の急激な進行はなく、一定の牽制効果はあったと考えている。

二〇一一年八月のその後、米国債の格下げ

八月五日に、格付機関のS&Pが米国債を従来のトリプルAからダブルAプラスに格下げするというニュースが流れた。八月七日の日曜朝六時から七時半に行われたG7財務大臣・中央銀行総裁の代理（G7D）による電話会談では、米国債の格下げ、ユーロの状況が主たるテーマとなった。私からは、①S&Pという一つの格付機関の判断に我々があまり動揺させられるべきではない、②実際、米国議会が合意した財政再建策は具体性がある大きな進展であり、S&Pがその直後に格下げしたのは理解しにくい、③債務上限引き上げ交渉中も米国債は質への逃避の対象となり、金利は低下するなど、市場はそれほど心配していない、④日本は外貨準備で米国債を大量に保有しているが、米国債への信認に問題はなく、米国債は引き続き魅力的な投資資産であると考えている、という点を指摘した。米国債に対する信認の表明は、その後野田大臣の記者会見などでも言及された。

八月八日月曜、朝六時からG7財務大臣・中央銀行総裁の電話会議が開催された。二〇一一年のG8サミット、G20サミットの議長国であったフランスのバロワン財務大臣が議長となり、野田大臣、白川日銀総裁、ガイトナー長官、バーナンキFRB議長、そのほかのG7各国の大臣と中央銀行総裁、トリシェECB総裁、それにラガルドIMF専務理事ほかが参加した。直後の日本時間の

八月八日朝八時半にはG7の共同声明が発表された。

声明では、①米国が中期的に大幅な財政赤字削減を実施する改革を採択したことを歓迎、②欧州が七月二十一日のユーロ圏首脳会議において主にEFSFの使用の柔軟化を通じて、ギリシャや資金調達の緊張に直面しているその他の国々の状況に対処するための包括的なパッケージが決定されたことを歓迎、③イタリアとスペインによって発表された、財政規律を強化し経済活動と雇用創出の回復を支えるための追加的な政策措置を歓迎、が盛り込まれた。

為替レートもこの共同声明には入っているが、代理会合、大臣会合でのやりとりを経て、「強固で安定的な国際金融システムが我々の共通の利益であること、および、市場において決定される為替レートを支持することを再確認する。為替レートの過度の変動や無秩序な動きは、経済および金融の安定に対して悪影響を与える。為替市場における行動に関して緊密に協議し、適切に協力する」との文言で落ち着き、直前の日本による単独介入への非難を示唆するような言葉は入らなかった。

二〇一一年八月には、一つ苦い経験がある。八月十九日金曜に「ウォール・ストリート・ジャーナル（WSJ）紙」のシュレジンジャー東京支局長の取材を受けた。日本の立場を対外的に説明するよい機会と考えたからだ。私が語ったポイントは下記のとおりであり、八月二十二日月曜に紙面に載った写真入りのインタビュー記事にも反映されている。①最近の円高の進行は震災後の日本の困難な状況から見て説明が難しく、経済のファンダメンタルズを反映していない。②日本は引き続き必要に応じて断固たる行動をとる。G7各国との協議は必要だが、単独介入も排除されないと考えている。③ただし、一定の水準を目標にした継続的な（sustained）介入をするという意図はない。

頻繁に介入する考えはないし、日常的な手段とは考えていない。④八月四日の介入も投機的な動きを牽制する（discourage）観点から効果があったと考えている。⑤最近の米国の財政パッケージは評価できる。米国債への信認は変わっておらず、国際通貨としてのドルの位置づけも変わらない。⑥アジア各国との関係も強化していきたい。

しかし、日本時間八月十九日夜にWSJ紙の電子版が出て、ロイター通信が上記の③に焦点を置いた記事を配信すると、ニューヨーク市場での株価の急落も背景に、それまで七六円台半ばにあった円は一時的に七五円九五銭と、それまでの最高値を付けた（その後十月末に最高値を更新）。私の意図は、日本は、中国などの新興国のように為替を一定の水準に安定させるような継続的な介入を目指しているわけではなく、その意味ではG7の考え方にしたがっている、しかし、だからと言って単独介入も排除しているわけではなく、必要があれば断固として行動する、ということを明らかにすることだった。つまり、G7各国への協調のメッセージであるとともに、介入は日常的ではなくともいつでも行う用意があるという覚悟を示して、為替投機への牽制を図るものであった。

発言の一部を切り取られ、市場参加者に影響を与えることのこわさを思い知らされたエピソードであった。週が明けた八月二十二日には七六円台後半に戻って一時は七七円を超えるなど、市場は落ち着いた。

二〇一一年秋の動き、ユーロ危機に揺れた為替市場

二〇一一年八月後半以降も、円ドルレートは七六円台後半から七七円台後半にとどまり、米国の

経済指標やFRBの政策スタンス、ユーロ圏の国債や銀行セクターの危機の動向に為替市場が反応する緊迫した状態が続いた。

九月二日には、菅直人内閣に代わって野田内閣が組閣され、野田財務大臣の後任に安住淳大臣が任命された。安住大臣は、菅内閣の防衛副大臣から民主党の国会対策委員長を経て四九歳という若さでの大臣就任であったが、国際金融方面のことに深い興味を持って、国際会議や二国間の問題など、仕事ぶりは大変熱心であり、私も助けられた。

早速、安住大臣に随行して、九月九日のマルセイユでのG7財務大臣・中央銀行総裁会合、IMF世銀総会の際に九月二十二日にワシントン、十月十四日にパリで開催されたG20財務大臣・中央銀行総裁会合、それらの機会に行われた日米大臣の会合、ラガルドIMF専務理事との面会などに参加した。

この時期の国際金融上の最も重要なテーマは、ギリシャの第二次支援をどうするのか、その際、ギリシャ国債への民間投資家にどのような負担を求めるか、つまりどの程度国債の返済額のヘアカット（減免）を行うのか、スペインの金融セクターをどう助けるか、これらの国の安定化に向けて、ユーロの政府やECB、IMFはどのような分担で役割を果たすか、であった。代理レベルでも電話会合や実際の会合を繰り返した。

二〇一一年九月にワシントンでのIMF世銀総会の際に行われたG20財務大臣・中央銀行総裁会合ほかの会議には、日本から安住大臣、白川総裁、中曽理事、私、米国からガイトナー長官、バーナンキ議長、ブレイナード次官、ユーロからトリシェ総裁、スマギ理事、EUのビットリオ・グリリ経済金融委員会委員長（イタリアの元財務次官）、中国からは謝旭人財政部長（大臣）、周小川人民銀行行長、朱光耀財政部副部長（次官）、易綱副行長が参加していた。朱副部長とは財務官時代を通じてその後も電話でしばしばやりとりをして、後述する日中の金融協力や国際金融情勢を話し合った。中国はG7に属していないので、私から問題のない範囲でG7で共有されているユーロ情勢の見方などをシェアすることも多かった。

ところで、そのような国際会議とは別に、二〇一一年夏から冬にかけて、財務官就任の挨拶を兼ねてアジア各国を訪問し、財務大臣、次官、中央銀行総裁などと面会して、世界経済やアジアの状況を議論した。八月二十二日から二十六日は、インドネシア、マレーシア、シンガポール、タイ、八月三十日から九月一日は韓国、中国、十一月十五日から十七日はフィリピン（その際ADBでも講演をした）、十一月二十三日から二十五日はオーストラリア、十二月十二日から十六日はベトナムとインドに出張した。各国にある大使館には財務省からの出向者が公使、参事官や書記官として財政・金融分野を担当しているので、彼らがアポイントメントを取り付けてくれた。ちなみに、各国政府も主な大使館には財務省から「フィナンシャル・アタッシェ」と呼ばれる出向者を送っている。

これらの出張では、ADB時代にもよく会うことになったシンガポールのターマン財務大臣にははじめて会っているし、中国では、李勇財政部次官（現在は国連工業開発機関〔UNIDO〕の事務局長）、易綱人民銀行副行長、中央財経領導小組副主任であった劉鶴（現在は副首相）、韓国ではその後交流が続いた企画財政部の国際業務担当チェ・ジョング（崔鍾球）（その後韓国金融委員会委員長）に面会している。各国で日本大使がランチやディナーをホストしてくださり、日本の金融関係者から話を聞く機会もあった。

このようなアジア各国訪問を思い立ったのは、一九九一年夏に財務官に就任した千野忠男氏が、それまでの財務官はＧ７各国をまず訪問したのに対し、アジア各国を最初の訪問先にした例にならっている。私はその訪問にかばん持ちとしてついて行った。その後アジア諸国はブームの時期を経て一九九〇年代後半に通貨危機に陥り、国際金融の世界での注目度を急速に増したので、千野氏は先見の明があったと思う。千野氏は一九九九年から二〇〇五年までＡＤＢ総裁を務めたが、アジアへの思いが強い人であった。

為替市場の動きに話を戻すと、円ドルレートは、二〇一一年の九月後半以降七六円台から七七円台前半のさらに神経質な動きとなっていた。十月末のユーロ圏首脳会議の結果次第で円高が加速する可能性があり、日本時間の十月二十五日には勝次官室、二十七日には安住大臣室で現状の見方と今後の方針についての検討がなされた。二十六日には私とブレイナード次官との電話、二十七日の夜には安住大臣とガイトナー長官の電話会談も行われた。

為替市場の動揺の背景として、ユーロ圏では、これまでも書いてきているように、まず、ギリシャの国債の問題があった。ＩＭＦとユーロ各国による三年間で総額一一〇〇億ユーロの第一次支援策が二〇一〇年五月にまとまっていたが、その後も不安定な状況が続いた。二〇一一年九月にはギリシャ国債価格がさらに下がって流通利回りが二五％前後まで上昇するなど（最大値は二〇一二年三月の三七％）、危機的な状況となり、三年間を待たずに第二次支援策を打ち出すことが議論されていた。

また、スペインの金融セクターも問題となっていた。世界金融危機の前までスペインの銀行は、ユーロ建ての預金や借入で資金を調達して不動産に投資し、バブルを生んでいたが、その後の不動産価格急落により不良債権問題が起きていた。財政赤字もGDPの一〇％程度に拡大しており、銀行への公的資本注入をユーロ圏がどう助けるのかという点が課題であった。

ユーロ圏では二〇一一年秋に大臣レベルの会議を何度も開催したのち、欧州時間の十月二十六日から二十七日未明にかけて首脳会議が行われ、上記の問題について進展を見た。具体的には、ギリシャについては付加価値税の引き上げや年金改革による財政赤字削減策とあわせて、ギリシャ国債のヘアカット（民間投資家もギリシャ救済に一定の負担）を行い、早期の第二次支援策とりまとめを目指す、銀行の自己資本比率を引き上げる、各国の債務問題を支援するEFSFのさらなる活用を図る、などであった。

二〇一一年十月三十一日から十一月四日の大規模介入とその後

二〇一一年十月二十七日木曜には、欧州時間のその日の未明に上記のようなユーロの安定に向けた進展があったにもかかわらず、円ドルレートは一ドル七六円を少し上回るところに張り付いていて、いつ七五円台に突入してもおかしくない状況となった。結局、週明けの十月三十一日月曜の日本時間早朝に、それまでの最高値の七五・三二円を付けたところで決断をして、ブレイナード次官に電話をしたうえで、スマギECB理事にも日本の立場を説明するメールを送った。中曽日銀理事からECBの金融市場局長にも連絡をしてもらった。

同日一〇時二五分に介入を開始し、安住大臣がぶら下がり記者会見で介入を発表したのは一〇時四五分であった。介入直前に七五円六五銭だった円ドルレートは一一時半過ぎに七九円五五銭まで持ち上げられた。その日の介入は八兆七二二億円で一日として過去最大であった。その後、十一月一日から四日まで、対外発表をしない形で、一兆一九五億円の円売りドル買い介入を断続的に続けた。結局五日間の介入額は全体で九兆九一六億円、ドルの購入額は一一五四億ドルに及んだ。この介入のあと、為替レートは年末まで一ドル七八円前後で安定した動きとなった。

財務省では、月次ベースの介入額は月一回、日次ベースの介入額は四半期に一回発表している。十月二十八日から十一月二十八日の介入額の合計は月次のデータとして十一月三十日に発表されたので、その際に全体の金額が対外的に明らかになった。十月三十一日から十一月四日の日々の介入額が詳らかになったのは、翌年二月七日の四半期ごとの発表であった。安住大臣は、二月七日の閣議後記者会見での「覆面介入」だったのかという問いに答えて、「国益を守るためであればいかなる措置も取ると申し上げている。それを行動に移しただけだ」と答えた。

話をもとに戻すと、ちょうど十一月三日から四日はカンヌでフランス議長によるG20サミットが開催され、あわせてG20の財務大臣・中央銀行総裁会合、その代理会合も開催されたので、私は安住大臣とともに参加した。首脳会合には財務大臣も同席することになっており、野田総理、安住大臣、ガイトナー長官が立ち話をする場面にも立ちあった。安住大臣は、ガイトナー長官、トリシェECB総裁とも立ち話をした。G20サミットは、世界経済情勢、成長のための各国の努力、国際通貨システム、金融規制、開発途上国問題、気候変動などが幅広く議論され、アクションプランが採択された。アクションプランには、為替レートの安定の重要性を含む、上述の八月八日のG7声明の文言をそのまま盛り込むことができた。あわせて行われたG20大臣・総裁会合では、ユーロ危機への対応、IMFの資金基盤の強化などが話し合われ、為替についての議論はなかった。

欧州から戻ってすぐ、十一月十日（ハワイ時間）にはハワイでAPEC（アジア太平洋経済協力会議）の財務大臣・中央銀行総裁会合が開催され、五十嵐文彦財務副大臣とともに出張した。ガイトナー長官、アジア各国の大臣に加えて、ADBから黒田総裁も参加していた。

十一日の夜に日本に戻って、十二日土曜の朝には、来日したラガルドIMF専務理事と安住大臣の会談に同席した。二〇一二年秋に東京で開催されるIMF世銀総会のことや、ユーロ危機への対応、IMFの資金基盤強化などが話し合われた。安住大臣からは、ユーロの国々が自分たちで最大限の資金を動員することが前提であるが、各国での国際収支危機に即応できるようIMFの資金基盤を充実させるため、日本は外貨準備からIMFへの外貨貸付で協力する用意があることを表明した。日本は、世界金融危機が始まった二〇〇八年秋にもIMFへの一〇〇〇億ドルの貸付をいち早くコミットして、国際金融の安定化に貢献したことがあった。結局、後述するように二〇一二年四月に六〇〇億ドルのIMFへの貸付を表明した。

二〇一一年の十二月二十七日には米財務省から定例の為替報告書が発表され、そのなかに「米国は日本の（単独）介入をサポートしなかった」との表現があったが、市場は反応しなかった。二〇一二年に入ると、為替市場は相当安定した。

二〇一二年初から秋まで、一ドル八〇円前後での安定

二〇一二年一月にはガイトナー長官がブレイナード次官を伴って来日し、一月十二日に安住大臣、続いて野田総理と面会した。私は事前にホテルオークラのオーキッドルームでブレイナード次官と

一時間にわたって朝食をともにし、すり合わせを行った。ガイトナー長官と安住大臣の間では、為替のことも話題になったが、日本経済の震災後の復興過程、中国経済の現状、ユーロ危機への対応とＩＭＦの資金基盤の強化が話し合われた。

安住大臣からは、イランの核開発に伴う米国の制裁に日本企業はしたがうが、猶予期間が短すぎて資金回収が困難になるなどの問題が生じていること、世界金融危機後の米国の金融規制強化に関するいわゆるボルカー・ルールの提案では、投機的な自己勘定取引が規制されることになっているが、規制の適用除外に米国債は含まれているのに日本などの国債が含まれていないことから、国債市場の機能を大きく損なうおそれがあること、について米側の配慮を求めた。

二〇一二年中は、二月一日に一時七六円二銭まで円高が進んで再び緊迫したことがあったが、二月三日の米国雇用統計の数字がよかったことを受けて反転し、その後は秋まで、おおむね一ドル七八円から八三円のレンジを行き来した。二〇一二年のＧ20の議長国はメキシコであり、二月にはメキシコシティでＧ20大臣・総裁会合、六月にはロスカボスでサミットと大臣・総裁会合、十一月には再びメキシコシティで大臣・総裁会合が開催されたが、私自身が緊張するような議論があった記憶はない。ロスカボスは、海岸のリゾートであり、ホテルの部屋からは波の音が聞こえ、太平洋に沈む夕日が美しかったことを覚えている。

ところで、財務官一年目（二〇一一年八月から一二年七月）の為替に関する財務省の陣容を振り返ると、私のもとでは、木下康司国際局長、山崎達雄次長、浅川雅嗣副財務官、為替市場課は八月の介入を担当した大矢俊雄課長が八月二十二日に金融庁の参事官に転じたあと、防衛担当主計官から異動した市川健太課長が関わっていた。日銀との窓口である佐藤慎一総括審議官ともよく話をした。

山崎次長と浅川副財務官は為替市場課長の経験があり、マーケットのテクニカルな話も熟知しているので、私も助けられた。

勝次官は、日本が積極的にドル買いの為替介入を行った一九九五年から九七年に為替市場課の前身の為替資金課長を務めていた経験から、市場での投機的な動きは牽制する必要があるという考え方が強かったように思う。私も、これまで書いてきたように、必要なら為替介入は単独でもやることを辞さない立場だが、米国が直ちに非難声明を出すようなことになると逆効果になるので、各国とぎりぎりまで議論をすることが大事だという意見だったから、補いあえたのではないかと思う。

政権交代と二〇一二年秋以降の円安の進行

二〇一二年に為替が大きく動いたのは、秋に衆議院が解散されて以降だ。十一月十四日に野田総理が解散の意図を表明した際に一ドル七九円台だった円ドルレートは、十一月十六日に衆議院が解散された時点で八一円台、自民党が勝利した十二月十六日の投開票の翌日には八三円台、十二月二十六日の第二次安倍晋三内閣発足の時点で八五円台、年末には八六円台まで急速に円安が進んだ。

十一月十六日に自民党の日本経済再生本部が「中間とりまとめ」として発表した文書のなかに、「金融政策：1日も早いデフレ・円高からの脱却に最優先で取り組む。―明確な「物価目標（2%)」を設定し、目標達成に向け、日銀法の改正も視野に、政府・日銀の連携強化の仕組みを作り、大胆な金融緩和を行う」という強い表現が入っている。これが円安につながったということがよく言われるが、当時の米欧のファンダメンタルズの改善も背景にあった。

それに先立つ十月三十日には、野田政権と日銀が「デフレ脱却に向けた取組について」という文書を公表している。この文書でも、「政府及び日本銀行は、我が国経済にとって、デフレから早期に脱却し、物価安定のもとでの持続的成長経路に復帰することが極めて重要な課題であるとの認識を共有しており、一体となってこの課題の達成に最大限の努力を行う」「日本銀行としては、『中長期的な物価安定の目途』を消費者物価の前年比上昇率で2％以下のプラスの領域にあると判断しており、当面、消費者物価の前年比上昇率1％を目指して、それが見通せるようになるまで、実質的なゼロ金利政策と金融資産の買入れ等の措置により、強力に金融緩和を推進していく」とされている。ただ、自民党の文書はもっと端的であり、物価上昇の目標が二％と高く、円高からの脱却と日銀法の改正にも言及している。

十一月二十一日に発表された自民党の選挙公約には、十一月十六日の文書と同様の表現に加え、「官民協調外債ファンド」を創設し、外債を購入するというアイデアも含まれていた。結果的には、安倍新政権のもとでも、日銀の独立性に疑問を生じさせかねないとの批判もあった日銀法の改正と、外国から見れば財務省によるドル買い介入と同じ効果を持つ官民協調外債ファンドの創設はなされなかったが、自民党の公約は、金融政策をより大胆に緩和するという強いメッセージになった。

十二月二十六日に安倍新政権が発足し、十月一日の内閣改造で安住大臣の後任となっていた城島光力《こうりき》大臣にかわって、麻生太郎大臣が就任した。仕事納めの十二月二十八日金曜には、麻生大臣とガイトナー長官との電話会談をセットし、日本時間の夜一一時前から三十分程度、日本のバブル崩壊後のデフレの経験、新政権の経済政策、米国の財政政策などが話し合われた。

二〇一三年一月になって、七日に円の対ドルレート（仲値）は八八円を超えた。私は、七日から八日にパリで開催された経済協力開発機構（ＯＥＣＤ）の経済政策委員会の第三作業部会（ＷＰ３）に参加し、安倍新政権の政策を詳しく説明した。ちなみに、ＷＰ３は一九六一年に創設された会合で、いわゆるＧ10（Ｇ７のほか、オランダ、スウェーデン、スイス）の財務省や中央銀行の代理クラス、ＩＭＦと欧州委員会が参加する。一九八六年にＧ７財務大臣・中央銀行総裁会議（一九八五年のプラザ合意のときはイタリアとカナダが入っていないＧ５だった）の枠組みができるまでは、ＩＭＦの国際通貨金融委員会（かつては暫定委員会と呼ばれた）とともに、各国の財政金融政策や国際金融問題を議論する最も重要なフォーラムであった。一月八日はＷＰ３を欠席したブレイナード次官からわざわざパリに電話があった。

一月十一日に、世界経済情勢について意見交換を行いたいとの二〇一三年のＧ８議長国・英国の提案によって、Ｇ７Ｄの電話会議が開催された。中曽日銀理事をはじめ中央銀行の総裁代理も参加していた。英国の財務大臣代理のマイケル・エラム局長の司会のもとで、最初に英国中央銀行のビーン副総裁、ＩＭＦのデビット・リプトン副専務理事より各国経済の概況について説明があったのち、米国・日本・欧州委の順番で説明と質疑応答が行われた。一月八日に開催されたＯＥＣＤのＷＰ３同様、日本の経済政策、為替の動きについての関心の高さが示された。

私は、このＧ７Ｄ電話会談で、以下のようなことを述べた。①十二月二十六日に発足した安倍新政権の経済政策の柱は、機動的な財政政策、大胆な金融政策、構造改革等による成長戦略の三つである。②（財政政策と構造改革を説明したあと）為替については、十一月半ばの一ドル七九円から足元の八九円まで円安が進んだが、日本は二〇一一年の十一月はじめ以降、為替介入を一切行っていない。③円安の原因は、米国における財政問題や経済情勢の改善やユーロ圏の安定化などのファンダメンタルズを反映したものと分析している。④実際、ユーロでは、二〇一二年九月のＥＣＢによる新たな国債買い取りプログラム（ＯＭＴ）の決定、ＥＦＳＦの後継となる恒久的なユーロ安定のための欧州安定メカニズム（ＥＳＭ）の十月の発足、ギリシャやスペインの状況の改善（国債金利の低下）などがあり、市場が安定してきている。⑤一方、日本は震災後には貿易赤字となり、本日発表された二〇一二年十一月の経常収支も赤字であるなど、引き続き厳しい状況に置かれている。⑥これまで二年以上にわたって、円高進行は過度で投機的であると言ってきたが、足元の円安傾向は内外のファンダメンタルズを反映し、いわば過度な円高が修正されている過程と考えている。⑦大胆な金融緩和は、日本経済に長く悪影響を及ぼしているデフレ対策が目的であり、その副作用（side effect）として為替にも影響を与えてはいるが、決して競争的為替切り下げを意図しているわけではない。⑧日本は二日前にＥＳＭの発行する債券の購入方針を表明した。これまでのＥＦＳＦ債の購入は総発行額の七％、七〇億ユーロに当たるものであったが、ＥＦＳＦ債の購入はすべて外貨準備のなかの既存のユーロ資産の流動性を用いており、円安につながる円からユーロへの転換はしていない。

これに対し、米国を含めた各国からは、金融政策をデフレ対策のような国内目的に用いることは問題がないし、その副作用としての為替レートの動きも市場の自然な動きなら容認できるが、為替レートへの影響を目的として金融政策を用いるべきではないということが繰り返し指摘された。

一月二十二日には、内閣府・財務省・日本銀行の連名で「デフレ脱却と持続的な経済成長の実現のための政府・日本銀行の政策連携について（共同声明）」という文書が発表された。そのなかには、「日本銀行は、今後、日本経済の競争力と成長力の強化に向けた幅広い主体の取組の進展に伴い持続可能な物価の安定と整合的な物価上昇率が高まっていくと認識している。この認識に立って、日本銀行は、物価安定の目標を消費者物価の前年比上昇率で2%とする」との明確なインフレターゲットが含まれていた。

これを受けて、一月二十四日には、私の名前でG7の代理に宛てて書簡を送り、二十五日には中国や韓国、ASEAN（東南アジア諸国連合）各国のカウンターパートにも送付した。その内容は、一月十一日の電話会議での発言と同じラインであり、新政権の経済政策、インフレターゲット、財政政策、構造政策を説明するものであった。為替に関しては、日本に競争的通貨切り下げの意図はなく、その意味でG20共同声明のコミットメントを遵守している、成長や物価安定（日本の場合デフレ脱却）のために行う金融政策の結果としての為替の動きは非難されるべきではないということを書いた。一月二十三日には、通信社のブルームバーグのインタビューで同様のことを語り、WSJ紙にも大きく掲載された。

「フィナンシャル・タイムズ」紙は一月二十四日の社説で、「通貨戦争の勃発のリスクについては、長期的なトレンドをもとに議論する必要がある。金融政策のタカ派は、最近の円安・ユーロ高の動きを日銀による相場操縦とみなしているが、円は危機以前と比べると依然として高い水準にある。足元のユーロ高は、日銀の近隣窮乏化政策の結果というより、ECBのユーロ崩壊回避に向けた政策対応の結果である」と指摘した。

二〇一三年二月十二日のG7共同声明

その後も円安は進行し、一月末には一ドル九一円を超えた。そのころ、日本政府のなかや政策に関与する学者のなかからの「一〇〇円ぐらいがよい水準」「今の九〇円前後のレベルで円高修正は進んだかと言われるとまだ終わっていないという認識だ」といった発言が報道された。日本時間の一月三十日の深夜にはブレイナード次官から緊急のメールが入り、自宅から電話をしたが、先方の要件はこれらの発言に対して厳しい苦言を呈するものであった。私からは、政府の方針としては特定の円の水準を目指してはいないということを繰り返すほかはなかった。

次の日から、政府の要路を国際局の幹部と手分けして回り、金融政策の緩和と円安をリンクするような発言は控え、また、為替に関する発言は財務省に一本化してほしいとの説明を行った。説明の過程では、これまでの米国の拡張的な金融政策で円高になったときには日本は何も文句を言わずに受け入れていたのに、日本が大胆な金融政策で円安に傾いたからと言って非難されるのはおかしいではないか、という反応もあった。ある意味そのとおりなのではあるが、各国とも金融セクターの危機への対応や雇用、物価のための金融政策はよいという立場なのだから、日本からも、大胆な金融緩和は国内のデフレ脱却のためという政策目標だけを伝えるのが賢明、ということを説明して理解していただいた。

二月四日と五日には、ベラジオ・グループ会合という、各国の国際金融関係の当局者や学者が集まる恒例の会合を二〇一三年は日銀がホストし、日銀のなかで開催された。米欧に中国や韓国を含めて各国の学者が参加していたが、国際通貨論で有名なカリフォルニア大学（バークレー）のバリー・アイケングリーン教授もその一人であった。私は二〇一〇年三月に国際通貨研究所から出した論文（「国際通貨システム改革を巡る諸問題についての考え方」）で、ドル、ユーロ、円、人民元を比較したうえで、基軸通貨としてのドルの優位はさまざまな理由から見通せるかぎりの将来において変わらないだろうと書いたが、その際に、アイケングリーン教授の、ユーロは通貨は一つでも国債市場が分かれているがゆえに米国債と比べて深度と流動性が足りず、国際通貨としての限界があるという二〇〇九年の有名な論文を引用したことがあった。

二月五日には、ベラジオ・グループ会合のために来日した英国のエラム局長とランチをはさんで意見交換をした。エラム局長は、G7各国には最近の急速な円安に不満がたまっているということを言っていた。私からは、二月十五日にG20議長国のロシアで開催予定のG20財務大臣・中央銀行総裁会合があるのだから、そこで日本の立場を改めてよく説明したいと応じた。

しかし、各国が英国を動かしたようで、二月八日の金曜、日本時間の夜一〇時に為替問題を主な議題とするG7Dの電話会議がセットされた。二月八日の時点で、円ドルレートは九三円台後半まで進んでいた。

G20の前でもあり、私自身はG7の声明が議論されるということは考えていなかったが、結果的には、異例の二時間にわたる激しいやりとりを踏まえて、日本の連休明けの十二日に共同声明を出すことになった。連休中の二月九日から十一日の三日間に各国間の文言の調整が行われ、日本時間の連休明けの十二日火曜夜七時に共同声明が発表された。

このG7Dの電話会議では、まずIMFのリプトン副専務理事が、足元の為替の動きの背景には、先進国における弱い成長やそれに対応するための金融緩和の結果、新興国への資金流入が起こっているということと、米国や欧州におけるリスクの軽減に伴い、ユーロ圏や新興国へ資金が流入しているということがあると、客観的に総論を述べた。

その後、各国からは、G7としてのゲームのルール、すなわち変動相場制を採用することや、財政政策・金融政策は国内均衡を目的とするということを再確認すべきであり、最近の日本からのニュースは為替に関する国際的な枠組みに反しているというような、日本を非難する発言が相次いだ。

私からは、以下のような発言を行った。①日本としては、市場が無秩序に動く場合などの例外を除き、市場で決定される為替レートを支持すべきという原則の重要性はよく理解している。②最近の為替の動きは、基本的には世界的なリスク低下のモードや日本の貿易赤字といったファンダメンタルズによるものであり、実際、ユーロの対ドルレート、新興国通貨やダウ等の株価も上昇し、欧州周辺国国債の金利は低下している。③日本の金融緩和の目的はデフレ脱却と明確に言っており、その結果として円安が生じたとしてもそれは市場の自律的な動きであって、政策は為替をターゲットとしたものではない。④ユーロの金融不安によりユーロ安が進行したときや、FRBの量的緩和によりドル安が進んだ際にも、日本はFRBやECBを批判しなかった。世界金融危機のなか半年弱で円は対ユーロで四〇％も増価したのに対し（二〇〇八年八月末の一ユーロ一六〇円から〇九年一月末の一一五円）、足元では二ヵ月で一〇—一五％程度減価しただけだ（二〇一二年十一月半ばの一ユーロ一一〇円から二月八日の一二五円）。⑤適切な為替の水準については、IMFは円のレートが以前はいくぶん過大評価と言っていたが、最近のレートについては概《おおむ》ねファンダメンタルズに沿っていると分析している。⑥最近の円安の進行（二月八日の時点で一ドルが九三円台後半）が決して過度なものだとは考えていない。

続いて、中曽日銀理事も、二％のインフレターゲット設定等の新たな金融政策の目的は、物価安定下での成長を目的としたものであり、為替をターゲットとしたものではない、いわゆる通貨戦争を始める意図はまったくない、と発言した。

日本に対して批判的な発言が多かったなかで、ある欧州の代理が、経済の脆弱性から目を逸らすために為替政策について議論をするべきではなく、現時点で円のボラティリティ（変動）が特段大きいとは考えていない、と発言してくれたことはありがたかった。それまでも訪ねて行って対面で意見交換をしたことがあったし、日本のユーロ安定化に対するサポートや、ＩＭＦの資金基盤への協力などもあったからだろう。

厳しいやりとりのあと、週明けにもＧ７の為替に関する理解を再確認するために、大臣・総裁の共同声明を出すべきだという声が大勢となった。私からは、①Ｇ20の前に突然Ｇ７の声明を出す必要はないのではないか、②Ｇ20ステートメントでも、為替や金融政策について触れられるのだから、本日のＧ７間の議論を踏まえた文章を盛り込むことができる、③これまでの原則を再確認するだけだと言うかもしれないが、唐突にＧ７のステートメントが出されたら、何があったのかと市場は思うだろう、と慎重論を述べたが、最後は、声明の文言次第だと考えて受け入れざるをえなかった。

ただし、各国が求める週明け月曜の十一日の発表だと、日本は建国記念日の休日であり、いかにも日本が押し込まれているという印象を与える可能性があるし、また、大臣や総理に上げる時間も必要なので、十二日発表を強く主張し、これは各国が受け入れた。

この電話会議には、英国からエラム局長が議長、ビーン中央銀行副総裁、米国からはブレイナード次官、イエレンFRB副議長、ECBのアスムッセン理事、フランスのラモン・フェルナンデス次官、ドイツのトマス・ステファン次官ほかが参加した。日本は私のほか日銀から中曽理事が参加し、山崎国際局長も電話を聞いていたので、電話会議終了後三人で直ちに今後の方針を協議した。日本への非難が示唆されるような文言は為替市場を混乱させかねず、受け入れられないということで一致し、文言のオプションについていろいろなアイデアを出した。

連休中は家族と出かける時間帯もあったが、私は移動中の時間も含めて、エラム局長との電話を繰り返し、ブラックベリーのメールで声明案のやりとりを続けた。三日間にわたるエラム局長経由のG7各国との厳しい折衝の結果、共同声明は以下のようになった。

「G7の財務大臣・中央銀行総裁は、為替レートは市場において決定されるべきこと、そして為替市場における行動に関して緊密に協議すべきことを再確認する。我々は、各国の財政・金融政策が、それぞれの国内目的を達成することに向けられてきていること、今後もそうしていくこと、そして為替レートを目標にはしないことを再確認する。我々は、為替レートの過度の変動や無秩序な動きは、経済および金融の安定に対して悪影響を与えうることに合意している。我々は引き続き、為替市場に関して緊密に協議し、適切に協力する」

このなかで、第二文の「国内目的を達成することに向けられてきていること、今後もそうしていくこと（have been and will remain oriented towards）」というのは、これまでの日本の対応も含めてそうであると読めるので、よい文言であった。また、最後の二文が再確認できたのもよかった。

秘書官を通じて連休中も麻生大臣、安倍総理には経緯を伝えていたが、十二日の朝から大臣と総理には改めてそれぞれ説明をし、了承をいただいた。日本時間夜七時の声明発表後も為替市場はあまり動かなかったので、安心した。

英国のエラム局長は、非常に公平な議長だったと思う。その後英国財務省から香港上海銀行の幹部となり、同行はＡＤＢの証券の発行や余資の運用もビジネスにしているので、ときどき担当者とともにマニラのＡＤＢを訪ねることがあった。忙しいときでも必ず面会には応じるようにしたが、このときのこともあってのことだ。

二〇一三年二月、モスクワのＧ20財務大臣・中央銀行総裁会合

二〇一三年二月十五日、十六日のモスクワのクレムリンで開催されたＧ20財務大臣・中央銀行総裁会合には、麻生大臣に随行して参加した。麻生大臣は、日本、米国、ＥＣＢの会合にも参加し、ドイツのショイブレ財務大臣、ＩＭＦのラガルド専務理事とも面会した。ガイトナー長官は一月二十五日に退任しており、後任のジェイコブ・ルー長官はまだ就任していなかったので、米国との会談はできなかった。

ライトアップされたクレムリンの夜景が美しかったことと、麻生大臣はトレードマークのボルサリーノの帽子、白いマフラー、青いカシミヤのコートという隙のないいでたちで、会談に臨んだラガルド専務理事がニコニコしながら、自分もフランスのファッション雑誌「ヴォーグ」に特集されたが、麻生大臣も出てはどうかと言ったことを覚えている。

Ｇ20の共同声明は、いつも通り長い時間をかけてドラフティング・セッションで用意された。発表された声明には、世界経済の成長促進のための方策、インフラなど長期的な投資のファイナンス、

ＩＭＦの機能強化、金融規制改革、気候変動へのファイナンスなどが幅広く盛り込まれているが、為替に関しては、「より市場で決定される為替レートシステムと為替の柔軟性に一層迅速に移行し、為替レートの継続したファンダメンタルズからの乖離を避け、そしてこの観点から、共に成長できるよう互いにより緊密に協働する、というコミットメントを再確認する。資金フローの過度の変動および為替レートの無秩序な動きは、経済および金融の安定に対して悪影響を与えることを再確認する。我々は、通貨の競争的な切り下げを回避する。競争力のために為替レートを目的とはせず、あらゆる形態の保護主義に対抗し、開かれた市場を維持する」とされた。第一文は中国などの新興国も意識した表現となっている。

二月十八日の「フィナンシャル・タイムズ」紙は、「通貨戦争の話は行き過ぎだ（overblown）。皆が為替についての心配を語っているが、G20が対立ではなく協調で対応したのはよいニュースだ」とのラガルド専務理事の言葉を載せた。これに先立つ一月二十三日には、同じＩＭＦのブランシャール調査局長が、やはり「通貨戦争をめぐる議論の盛り上がりは行きすぎだ。各国は経済を回復させるためには、適切な金融政策を講じてしかるべきであり、これらの政策は為替レートに影響する。金融政策が適切であるかぎり、為替レートに与える影響も適切だと考えている」と述べていた。

退官から二〇一三年四月末のマニラ赴任まで

為替の動きに揺れた私の財務官時代は終わりに近づいていた。二月二十一日から二十四日にかけては、政府専用機で安倍総理の訪米に同行したが、その帰途、機上で安倍総理から伊原純一外務省北米局長、佐藤正典農林水産審議官とともにランチに誘われた。二十四日日曜の夕方に車で自宅に着くと、家の前に何人かの記者が待っていて、「日銀総裁は黒田さん、ＡＤＢ（アジア開発銀行）総裁の後任は中尾さんとの話が出ていますが」と聞かれたが、答えられるはずもなかった。白川日銀総裁は、二月五日、同年四月八日の総裁任期の五年満了を待たず、三月十九日付で日本銀行総裁を辞職することを表明していた。

思い返せば、財務官として忙しくしていた二〇一二年の夏ぐらいから、黒田前総裁の後任候補にという可能性は感じていた。もちろん確定はしていなかったし、結果的には時期も考えられていたより早いものとなった。黒田さんが日本銀行総裁の候補として国会に提示されたのは二〇一三年の二月二十八日だった。黒田さんがＡＤＢを正式に退任したのが三月十八日、そのあと後任総裁候補の推薦が各国に求められ、結局候補者は私だけであった。ちなみに、黒田さんがＡＤＢを退任したあと、私が着任する四月二十八日までの一ヵ月余は、ネパール出身でＡＤＢのベテランであるビンドゥ・ロハニ筆頭副総裁が総裁の代理を務めた。

二月二十八日に政府が国会に黒田さんを次期日銀総裁候補として提示すると同時に、私はＧ７各国や中国、韓国、ＡＳＥＡＮのカウンターパートへ次期ＡＤＢ総裁に立候補する予定なので、よろしくお願いしたいとの電話をかけ始めた。三月七日には、麻生大臣が日本政府として私を正式に候補として推すことを発表した。同日、私は、総裁候補としてのビジョンを示すステートメントを公表した。そのなかでは、インフラ整備において民間セクターの参加を促すことの重要性、ＡＤＢ自体の人的な、あるいは財務上の資源を強化する必要性を訴えた。

三月十一日から十三日にはシンガポール、マレーシア、インドネシアに選挙キャンペーンに行って、マレーシアではマハティール前首相にも会うことができた。私が、経済発展にとっては何が一番大事かと尋ねたのに対し、マハティール前首相がインフラと教育だと明快に答えたことをよく覚えている。三月十八日には北京で財政部に行き、中国の呼びかけによる日中韓の代理会合にも参加した。三月二十六日にはマニラに行って、テタンコ中央銀行総裁や財務省の幹部に挨拶をし、ADBの理事、理事代理との非公式ランチに臨んだ。

三月二十九日金曜には、ちょうど三五年間勤めた財務省を退官し、財務省顧問となった。四月五日に後任の古澤満宏財務官が音頭を取って、財務官室で六時すぎからお別れの乾杯の会が催された。私の妻も招待され、同期の真砂靖次官、各局局長やたくさんの同僚、後輩が集まってくれて、古澤財務官や山崎国際局長からの昔話に大いに笑い、盛り上がった。なぜかさみしいという気持ちにはならなかった。十分働いたという気がしたからだろうか。あるいは、ほっとしたという気持ちが強かったのか。もちろん、四月の終わりからはADB総裁になるだろうということがわかっていて、気合が入っていたからでもあるだろう。

四月は選挙運動を続けた。九日にソウルを訪ねて企画財政部のヒョン・オソク（玄才錫）大臣と面会し、旧知の代理たちにも会った。十六日から十八日には、ワシントンで開催されているIMFや世界銀行、G20等の会議に出張し、会議の最初などに各国の同僚と挨拶をした。数えきれないやりとりをしてきたブレイナード米国財務次官、ADBに移ってから重要なカウンターパートとなったマリサ・ラゴ次官補、ラガルドIMF専務理事、元インドネシアの財務大臣で世界銀行ナンバー2のスリ・ムルヤニ専務理事、米州開発銀行のモレノ総裁とも面会をして、ADBの課題などを話し合った。

四月十八日の朝にG20代理会合の始まる前に立ち話で各国の代表に挨拶をしたあと、ビルを出たところで財務省の後輩が追いかけてきて、議長であるロシアのストルチャック次官が呼んでいるという。会議場に戻ってみたら、ストルチャック次官が、私のG20での貢献に感謝するという祝辞を述べてくれて、代理の皆が温かい拍手をしてくれたのには感動した。ストルチャック次官は、二〇一二年八月末にモスクワを訪ねたときに原田親仁大使の公邸でランチをともにしたことがあるが、次官の在任が非常に長く、二〇一九年のG20大阪サミットで会ったときにもお互いに再会を喜んだ。

選挙期間が終わり、加盟国すべての支持を得て正式に総裁に選ばれたのは四月二十六日、マニラに着任したのは四月二十八日の日曜の午後だ。私は九代目の総裁となった。それまでもずっと日本人だったので、ADB総裁は日本の指定ポストなのかとよく聞かれる。しかし、麻生大臣が私を推薦する記者会見で明らかにしたとおり、日本はオープンで透明な選挙を求めると言明しており、他国に候補者を出さないように依頼したことは一度もない。日本が創設時からADBに対して資金面、政策面も含めて大きな支援をしてきたことに加え、歴代の総裁がそれぞれADBの発展に尽くしてきたことが認められてのことだろうと思う。

第2章　国際金融で日本の存在感を示す

ユーロ債務問題とIMFの資金基盤強化への協力

財務官は結局二〇ヵ月務めただけであったが、為替市場に関わる問題以外にもたくさんの仕事に関わった。そのいくつかについて書いてみたい。

一つは、これまでも触れてきているが、ユーロ圏でギリシャやスペインをはじめ各国が困難な状況となるなかで、G7やG20での議論が繰り返され、少しずつ進展を見せたことだ。結局、スペインは銀行への資本注入のためにユーロ圏からの支援は受けたが、IMFからの支援は受けなかった。日本は外貨準備を使ってEFSF（欧州金融安定ファシリティ）、その後継のESM（欧州安定メカニズム）のユーロ建て債を買って、間接的にユーロ圏を支援した。

私自身、この目でユーロの現状を見ようと、二〇一二年秋に欧州に出かけた際、九月十二日にドイツの憲法裁判所がESMを違憲ではないと判断したニュースをドイツのステファン次官の部屋で一緒に聞いたのは、記憶に残る時間だ。ドイツの連邦財務省のビルは、一九三六年完成で、戦争中はドイツ空軍の司令部が置かれたという重々しい歴史的建造物だ。二〇一二年十二月にはマドリッドに出張し、フェルナンデス・メサ経済省次官ほかの当局者からスペインの経常収支や財政の状況が思った以上のスピードで改善しているとの話を聞いた。そのあと、ルクセンブルクに回ってEFSFからESMのトップになった旧知のクラウス・レグリング氏（元ドイツ財務省の国際局長）と面会し、パリでは仏財務省のラモン・フェルナンデス次官と話し合った。

一九九九年にユーロが発足したときに、多くの人が懸念したのは、各国に景気循環の差があるときに、各国間で為替レートの調整ができず、金融政策も一つで、財政政策も財政赤字をGDPの三％以内に収めるという制約があるなかで、各国が経済変動にうまく対応ができるかということだった。しかし、実際の危機は、ギリシャなどの周辺国が放漫な政策から過大な公的債務を抱えてそれに対する懸念が高まったときに、国債価格が暴落して借換が困難になるという形で現れた。また、金融セクターが過大な借入を行い、不良債権を処理する必要があるのに、国が対応しきれないという問題もあった。

いずれのケースでも、ユーロという共通の通貨であるがゆえに為替リスクがなく、楽観論が支配するなかで信用リスクの差も十分に認識されずに、大量の資金がドイツなどから周辺国に流れ込んだことにより問題が起きた。危機になる前は、高めの金利を得られる投資家も低めの金利で借りられる借り手もハッピーであった。しかし、いったん問題が起きると、国を越えた財政の移転が基本的には禁じられ、ECB（欧州中央銀行）も各国の危機を救済するための流動性供給機能は持っておらず、国境を越えた預金保険や公的資金による銀行への資本注入という手段も予定されていないユーロの仕組みは、迅速な対応ができなかった。結局は、IMFのサポートを得ながら、EFSF

やＥＳＭのような信用補完のメカニズム、ＥＣＢによる一般的な通貨供給の目的とは異なる個別国の国債購入を可能にするプログラムなどが整備されていくことが必要となった。

ユーロ支援に関連して、日本がＩＭＦの資金基盤強化のために行った貸付も、思い出深い仕事だ。ＩＭＦは、二〇〇八年以降、アイスランドやウクライナなどのＥＵ非加盟国、ラトビア、ポーランド、ハンガリー、ルーマニアなどのＥＵ加盟国でユーロ圏外の諸国、そしてギリシャ、エストニア、アイルランド、ポルトガルのユーロ参加国の支援プログラムに資金を用いたので、今後の危機に対応する資金の不足が心配された。ＩＭＦは、一九七〇年代に主要国が変動相場に移行したのちは、途上国の国際収支問題に対応することが役割になっているはずだったので、ユーロ圏の支援はいわば想定外であった。

結局、日本は、ユーロ圏自体がもっと努力をすべきだという観点から、二〇〇八年秋の一〇〇〇億ドルよりは少ないものの、六〇〇億ドルの貸付を外貨準備からＩＭＦに行うことにして、二〇一二年四月十二日に安住大臣からラガルド専務理事に伝えた。私自身、この貸付の決定の前に、Ｇ20の各国代理と何度も電話でユーロ圏の状況やＩＭＦへの支援について話し合いを繰り返した。中国の朱財政部副部長もその一人だ。日本は、安住大臣が、二〇一二年一月に来日した英国のジョージ・オズボーン財務大臣、二月に北京で会った王岐山副総理との間でもＩＭＦ支援の必要性について意見交換をしてきていた。結局、日本に続いて中国は四五〇億ドル、英国は一五〇億ドルを他国に先駆けてコミットしたので、ラガルド専務理事にはずいぶんと感謝された。

日中金融協力

日中の金融協力についても大きな進展があった。二〇一一年十二月二十五日には、北京での日本の野田首相と中国の温家宝首相の首脳会談で、日中両国の金融市場の発展に向けた相互協力が合意された。そのなかでは、①両国間のクロスボーダー取引における円・人民元の利用促進、②円・人民元間の直接交換市場の発展支援、③円建て・人民元建ての債券市場の健全な発展支援、④海外市場での円建て・人民元建ての金融商品・サービスの民間部門による発展、⑤これらの分野における相互協力を促進するための「日中金融市場の発展のための合同作業部会」の設置、がうたわれている。このうち②については、二〇一二年六月に東京市場と上海市場で、ドルを介さない円と人民元の直接交換が始まった。

金融協力の合意内容は、一二年二月十九日の安住財務大臣と王岐山副総理の北京における会談で改めて重要性が確認され、合同作業部会も翌日、第一回が開催されている。これとは別に、一二年四月七日には、安住大臣と謝財政部長、私のほか、双方の次官、予算や税制など国内部局の各局長が参加する日中財務対話も久しぶりに開催された。四谷の日本料理店でのランチのあと、謝部長を含め中国側の一行と一緒に、お花見のグループでいっぱいのお堀の土手を歩いたのはよい思い出だ。

財務官時代に中国には六回出張し、電話会談もしばしば行って、金融協力の詰めや王岐山副総理との会談のセット、G20での協調などを議論した。この過程では、先述した朱財政部副部長や易綱人民銀行副総裁ほかとも何度も話し合い、そこでの信頼関係は私にとっては財務官時代、ＡＤＢ総裁時代を通じての重要な財産となった。

二〇一二年夏に尖閣諸島の問題から日中関係が悪化したこともあって、日中金融協力は期待ほどの速度で進んだわけではない。しかし、その後も日本の金融庁・財務省と中国の金融監督当局が議論を進めていく土台を築いたと思う。二〇一一年の合意のなかには、国際協力銀行（JBIC）によるパンダ債（非居住者が中国本土で発行する人民元建ての債券、日本のサムライ債に対応）の発行も含まれていた。中国の財務諸表の作成基準などの技術的な問題もあり実現していなかったが、二〇一八年一月にみずほ銀行と三菱東京UFJ銀行が日本企業として初のパンダ債発行を実現した。

ASEAN＋3のチェンマイ・イニシアティブの強化

ASEAN＋3（日中韓）の枠組みでは、外貨準備の相互融通であるチェンマイ・イニシアティブ・マルチラテラリゼーション（CMIM）を強化した。仙台で開催した二〇一一年十二月の代理会合、二〇一二年三月のプノンペンでの代理会合などで準備をした。仙台では秋保温泉に皆で泊まり、会議後には二〇一一年三月十一日に起きた津波のあとの復興の状況を市の担当者に見せてもらった。誰だったかが、自分の国ではこれほど早い復興は無理だと言っていた。

二〇一二年五月三日にマニラにおけるADB年次総会の際に開催されたASEAN＋3の大臣・総裁会合では、①CMIMの資金規模をそれまでの一二〇〇億ドルから二四〇〇億ドルに倍増、②IMFの支援プログラムがなくても支援できるデリンク割合を三〇％に引き上げ、一定の条件のレビューを前提として二〇一四年に四〇％へ引き上げ、③危機への対応だけではなく、危機前の予防機能（CMIM予防ライン）を導入、を決定し、発表された。

また、二〇一一年にシンガポール法人として設立されたASEAN＋3マクロ経済リサーチオフィス（AMRO）を、国際条約に基づく国際機関にする方向性も合意された。その後、設立協定が合意され、各国による批准を経て二〇一六年に国際機関化が達成されている。

ここで、少し歴史を振り返っておきたい。一九九七年から九八年に起きたアジア通貨危機の経験から、危機時には大規模な外貨の支援が必要であり、そのためにはIMFの資金だけでは足りないということがわかった。タイで危機が起こった直後、韓国やインドネシアが問題になる前の一九九七年夏の時点で、日本はすでに「アジア通貨基金」（AMF）構想を提唱していた。IMFのカムドシュ専務理事も、IMFの資金を補完するAMFの創設には当初理解を示していた。しかし、米国のサマーズ財務副長官（当時）が、AMFはIMFの機能を弱め、モラルハザード（弱い借入条件で安易に資金を得ることができる）につながるとの理由で強く反対し、実現しなかった。ただ、AMF構想にあった、①IMFを補う外貨の相互融通、②マクロ経済の共同監視、③健全な政策運営のための技術支援、④事務局の設立、のうち最初の三つは、一九九七年十一月のマニラでの次官級会議で、いわゆるマニラ・フレームワークの合意の形で結実した。

私自身、一九九七年七月にはIMFから帰国して財務省国際金融局（当時）に戻り、企画官として日本輸出入銀行と海外経済協力基金の統合法案を準備していたが（一九九九年に統合実現。現在は国際協力銀行〔JBIC〕と国際協力機構〔JICA〕の円借款部門に再び分かれている）、ある日、AMFを手伝うことを命ぜられた。この構想の主唱者であった榊原英資財務官を補佐して提案の文書を作り、九月にはバンコクで開催されたASEM（アジア欧州会合）の蔵相会合や香港で開催されたIMF世銀総会にも出張して各国との調整に関与した。AMF構想を断念することになった一九九七年十一月のマニラの次官級会議では、アジア各国の財務省や中央銀行の代表、それに当時は米財務省の国際金融担当の次官補でのちに長官になったティム・ガイトナーとともに声明起草のための会議に参加し、深夜までこの重要な次官級会合の共同声明（次官級の会合では常に声明が出されるわけではない）の文言の交渉に当たった。

文言について私がこだわったのは、共同声明をただ何日の次官級会合の声明とするのではなく、AMF構想に代わるアジアの金融協調の枠組みに何らかの名前を付けて、それを声明のタイトルにすることであった。もしもファンドではなく、ファシリティでもないとしても、何かよい言葉はないかと探して合意ができたのが、フレームワークという言葉が入った「金融の安定化を促進するアジアの地域協力強化のための新しいフレームワーク」であった。この通称マニラ・フレームワークには、米国、オーストラリア、ニュージーランド、カナダ、香港も入っており、半年ごとに集まってアジアの経済・金融情勢を議論した。

マニラ・フレームワークは、ASEAN＋3の二〇〇〇年五月のチェンマイにおける蔵相会合でチェンマイ・イニシアティブ（CMI）が合意され二〇〇三年に発足したこともあり、二〇〇四年に解消した。CMIはその後、相互に融通する外貨額の枠を拡大し、また、二国間の外貨融通取り決めの束ではなく多国間の一本の取り決めで資金を動員できるマルチ化も二〇一〇年に実現し、CMIM（CMIマルチラテラリゼーション）と略称されるようになった。

マニラ・フレームワークは、CMIのような地域協力メカニズムの礎石になったと思う。また、CMIMの発足とその強化やAMROの創設と国際機関化などで、AMF構想の四つのすべての要素が実質的にかなりの程度実現したとも言えるだろう。歴代財務官もASEAN＋3の金融協力には、深く関与してきた。二〇〇四年から〇七年に財務官を務めた渡辺博史氏（現在国際通貨研究所理事長）やそのあとを引き継いだ篠原氏は、CMIのマルチ化の構想や各国の資本市場の育成を図るアジア債券市場イニシアティブなどに熱心に取り組んだ。ちなみに、篠原氏やのちに国際金融情報センター理事長も務めた加藤隆俊氏は、ADBの理事の経験があり、財務省の国際派のなかでもアジア通だ。

CMIMはこれまで発動されたことがなく、有効性を疑問視する声もあるが、ASEANの国々は、後発のベトナムやミャンマーなどを含めて、二〇〇三年のCMIの発足以降そもそもIMFやCMIの支援を必要とするような深刻な国際収支危機に陥っていないということがある。AMROのレポートをもとにASEAN＋3の当局者が定期的に集まって、各国の適切な政策を議論すること自体が危機を抑止する効果があるだろうし、各国当局間の協力関係、信頼関係を高めている。

東京でのIMF世銀年次総会

二〇一二年の十月九日の週には、東京でIMF世銀の年次総会が開催された。会期中に行われるIMF世銀関係の多くの会議、G20ほかの国際会議、面会、各種セミナーなどに参加するため、世界中から大臣、中央銀行総裁ほかの当局者や金融関係者が集まる一大イベントだ。もともと二〇一二年の総会は、エジプトで開催される予定だったが、二〇一一年の「アラブの春」の混乱でエジプトが総会のホストを辞退した。日本は東日本大震災からの復興の姿を見てもらおうという意味も込めて、ホストに名乗りを上げた。財務省では、二〇一一年の夏から仲浩史国際局総務課長（のちに世界銀行副総裁兼内部監査総長）を準備事務局長に任命して全国の財務局などからスタッフを動員し、民間企業からも出向者を出してもらって準備に当たった。

結果的には、公式な登録数だけでも一万数千人に上って、予想を上回る盛り上がりを見せた。メインの会場は有楽町の東京国際フォーラムであったが、準備事務局スタッフの献身、警察、ホテル、空港、東京都などの協力もあって、街路をブロックしたりすることもなく自然な警備が行われ、食事はおいしく、好天にも恵まれた。直前の十月一日に安住大臣に代わって財務大臣に就任した城島光力大臣も、韓国のパク・ジェワン（朴宰完）大臣、英国のオズボーン大臣、米国のガイトナー長官との会談、ＩＭＦの国際通貨金融委員会への出席、椿山荘での城島大臣主催の夕食会などを精力的に務めた。野田首相主催のレセプションのほか、皇太子殿下（今上天皇陛下）には開会式でご挨拶を賜った。

外国からの訪問者のなかには、はじめての日本であったり、久しぶりの来日だったりした人も多かったが、「一九九〇年代以降日本は停滞していると考えていたので、東京がこれほどきれいで、栄えているとは思わなかった」だとか、「震災後一年半でこれほど復興しているとは思わなかった」といった声も聞かれた。ラガルドＩＭＦ専務理事は、総会のあとに会ったときに、完璧な総会をホストしてくれたと日本への感謝を改めて述べ、自分が分刻みの六日間の日程をすべてこなして宿泊していた帝国ホテルを離れる際、ホテルのスタッフやシェフが整列して見送ってくれたときには涙が出たと語っていた。

実際、日本のサービスはスタッフの仕事へのプライドと心が感じられてすばらしい。さらに皇居や東京駅周辺は、私自身、仕事で各国の首都を訪ねているが、江戸の伝統と明治のモダンに現代性が重なり合っていて、清潔で緑も多く、世界に誇ることができる首都だと思う。

ミャンマー支援国会合の開催

二〇一二年のＩＭＦ世銀の東京総会の際には、十月十一日に私が議長となって三田にある政府の共用会議所でミャンマーの支援国会合を開催した。日本からは城島大臣、ミャンマーからはウィン・シェイン財務大臣、このほかＡＤＢの黒田総裁、世界銀行のスリ・ムルヤニ専務理事、ＩＭＦの篠原副専務理事（元財務官）、米国のブレイナード次官らの各国代表が集まり、国際社会として、ミャンマーの改革と国際金融システムへの復帰を支援していくとの共同声明を出した。余談だが、城島元大臣はこの支援国会合が縁となって何度もミャンマーに招かれ、両国の友好のために引き続き尽力されていると、二〇一七年の横浜でのＡＤＢ総会の際に聞いた。

ミャンマーでは、二〇一一年に民主化と少数民族との和解、経済改革のプロセスが進捗し、二〇一二年には米国がドルの使用等に関する制裁を緩和したのを受け、日本は政策対話や貸付の再開の道を探っていた。どの金融機関もそうだが、貸付の再開のためには、まず延滞を解消することが必要になる。二〇一二年四月の野田首相とテイン・セイン大統領との会談では、円借款の延滞を解消する方策について基本的な合意がなされた。この問題には、国際局の門間大吉審議官（のちに局長）が熱心に取り組んでくれた。

一般に、二国間の公的債務のリスケジュール（繰り延べ）や削減などは、パリクラブという債権国の集まりで議論されることになっており、自国だけが債権の回収をしようとしたり、あるいは勝手に緩やかな条件を出して規律を乱すことなく、一体として対応することになっている。また、IMFの支援プログラムを債務再編の条件にすることも慣例となっている。私は二〇〇二年から二〇〇四年の開発政策課長時代に、インドネシアの債務のリスケジュールなどのために何度もパリクラブに出ているので、日本のミャンマー救済が国際的な慣例にしたがっていることをきちんと説明する必要があると考えていた。

二〇一二年七月にはヤンゴンに出張して当局者と会い、八月三十日にモスクワで開催されたAPEC蔵相会合の際に開かれたミャンマーに関する蔵相代理の会合や、九月十一日のパリでのG7D会合でも日本の方針を説明した。別途、米国のブレイナード次官とパリクラブの議長であるフランスのフェルナンデス次官には、日本の円借款の債務救済はパリクラブの原則を損ねるものではなく、IMFの支援プログラムはなくとも、IMFをマクロ経済政策のモニターにしっかり関与させることなどを丁寧に説明した。

ミャンマーの場合は、元本ベースで債務の圧倒的割合が日本によって一九七〇年代以前に提供された円借款であり、これは国連貿易開発会議（UNCTAD）の決議に基づく債務救済の対象となっていたので、パリクラブの通常のプロセスの対象ではなく、他国に先んじて日本が独自の債務救済を行うことが受け入れられた。支援国会合の翌日（十月十二日）には、ミャンマーとIMFの担当局長との会合をセットして、ミャンマーがマクロ経済政策や金融セクターの改革を進めるうえでIMFとよく連携することもアドバイスした。途上国の場合には、IMFから政策を評価されることが国際的な信用につながる。

結局、ミャンマーの円借款の延滞元本二七三五億円のうち、二〇〇三年三月以前に期日が来ていた一五九八億円は、日本の民間銀行がつなぎ融資を行って、いったんミャンマー政府がＪＩＣＡに返済したあと、ＪＩＣＡが直ちに新しい予算支援型の円借款を出してつなぎ融資の返済に充てる（実質的に円借款の借換）、それ以降に期日が来ていた一一三七億円は債務免除をする、金利の支払いについても同様の扱いをする、元利の遅延損害金についてはすべて免除とすることにより、延滞を解消する措置が二〇一三年一月にとられた。二〇一三年にはＡＤＢへの五億一二〇〇万ドルの延滞と世界銀行への延滞も、ＪＢＩＣがつなぎ融資をして、新たなＡＤＢと世界銀行のローンに借換をする形で解消された。これにより、ＪＩＣＡ、ＡＤＢ、世界銀行から新しいプロジェクト・ローンを出すことが可能となって、ミャンマーへの支援は一気に加速した。

麻生大臣が安倍内閣の発足に伴い二〇一二年十二月二十六日に就任したあと、最初の海外出張に随行したのも、二〇一三年の正月二日から四日のミャンマー出張であった。この出張では、日本兵の墓地やティラワ工業団地も視察し、首都のネピドーではテイン・セイン大統領に面会した。大統領にはＡＤＢに移ってからも会うことがあったが、国際的なメディアからは軍部の息のかかった政権のトップとして悪く言われがちでも、極めて温厚で知的な紳士であり、約束した民主的な選挙を実施して敗北したあと、アウンサンスーチー政権に粛々と権力を譲ったところは、立派だったと思う。

ミャンマーは一八八六年に英領インドにビルマ州として併合されたが、その前は伝統ある仏教の王国であった。第二次世界大戦中にはインドまで攻略することをねらった無謀なインパール作戦で多くの日本兵が命を落としたところであり、日本人には特別の思いがある。一九四八年の独立後も、一九六二年以降ネ・ウィン政権によりビルマ式社会主義の閉鎖的・統制的な政策がとられ、一九八八年以降は軍事政権のもとにあって国際社会から制裁を受けていたので、ASEANのなかでも開発の遅れた国であった。それだけに、今後適切な経済政策と国民和解の努力を続ければ、成長のポテンシャルは高いと思われる。日本の歴代政権も民間も、ミャンマーを支援したいという気持ちは一貫していた。

第3章　為替をどう考えるか

為替はどう決まるのか

　為替問題には、いわば私の人生を通じてずっと関わってきた。課長補佐、課長の時代から担当してきたG7の重要な議題の一つであり、一九九四年から九七年にIMFの政策企画審査局で働いていたときも、アジア新興国の事実上のドルへのペッグ（固定）と資本流入、経済の過熱が問題になっていた。大学では浜田宏一先生や館龍一郎先生の国際金融のゼミにいたので、国際収支と為替レートの関係などはそのころから勉強してきた。もっとも、大学時代の教科書では、一ドル三六〇円の固定為替相場制度が終わってまもなくでもあり、為替がどう決まるかではなく、為替レートの変更が経常収支（財・サービスの取引）にどのような影響を与えるかが焦点であった。国際局長のときに、東京大学で二年間にわたって春学期の毎週土曜日に実践的な国際金融論を教えたこともある。

　為替レートは、外国との取引をしている人にとっては重大な意味を持つ。一ドル一〇〇円のときに一ドルのものを売る契約をして、円が九〇円に上がってしまえば、一〇円の損になる。一円でもコストを削る努力をしている輸出業者にとっては大きな負担だ。一方、ドル建てで契約している輸入業者にとっては、円高はメリットであり、円安は損になる。もちろん為替の先物予約などにより為替リスクをヘッジ（回避）することは可能だが、限界がある。為替は本来は安定しているのに越したことがない。しかし、一九七〇年代前半に主要国間で変動相場制に移行したのちは、ときに為替レートの動きは非常に大きなものになっている。

為替レートを説明する理論には、購買力平価説（各国の物価が同じようになるように為替レートが決まる）、フロー・アプローチ（経常収支と資本収支、なかでも経常収支と長期資本収支の合計である「基礎収支」が為替に影響を与える）、アセット・アプローチ（各通貨建ての金融資産のリターンを調整するように為替が決まる）などがある。いずれも一定の説明力は持っているが、実際の為替レートの動きは理論どおりにはならない。

たとえば、購買力平価説によれば、物価上昇率が低い国の通貨は高い国の通貨に対して切り上がっていくはずであるが、円の場合には物価上昇率が米国に対して低いのに二〇一二年秋以降は為替レートもむしろ切り下がっていく傾向にある。実際、絶対水準で見ても、ドル建てで見た日本の物価は米国の物価に対して今やずいぶんと低くなっている。英国のエコノミスト誌が出しているビッグマック指数では、二〇二〇年一月時点のマクドナルドのビッグマックは米国が五・六七ドルであるのに対し、日本は三九〇円であり、一物一価が成り立つなら為替レートは一ドル六九円ということになる。これに対し、二〇二〇年一月の実際の為替レートは一ドル一一〇円だった。もちろん、貿易可能な財以外にはもともと一物一価が成り立つわけではないが、各国を回ってみてホテルに泊まったり食事をしたりすると、日本の物価は米国や欧州各国に比べてかなり低いと感じる。

私自身は、購買力平価は長期的には成り立つだろうと考えているが、少なくとも短期的な為替レートの動きは、事実として、各国の金融政策、成長予想、雇用の状況などを材料とした資本の流出入に大きな影響を受けている。世界金融危機の前までの円安から危機後の円高への変化は、「キャリートレード」の影響が大きかったと言われる。

すなわち、危機前には低金利の円を借りてドルに交換して金利が高めのドル資産で運用するいわゆるキャリートレードが多く行われ、円安要因となったが、危機後はそれが巻き戻されて、ドル資産を円資産に換える動きが強まり、円高要因となった。本来は、金利の差（たとえばドルの一年ものの金利のほうが円の金利より二%高い場合）は、裁定取引により為替の直物と先物の差である直先スプレッドも同じになる（一年先に円はドルに対して直物より二%高くなる）。したがって、為替リスクをヘッジした投資では円資産もドル資産もリターンは変わらない。しかし、実際にはヘッジをしていないキャリートレードが、上記のような円安と円高をもたらした。

東日本大震災のような大災害や今回の新型コロナウイルスの流行などに際し、為替レートが思わぬ形で大きく変動することがある。かつての経常収支が支配した為替市場の状況とは異なり、資本の動きがその圧倒的な大きさで為替レートを動かす。短期の為替の変動から利益を得ようとする投機的な活動が、変動をさらに大きくしている。従来からある証拠金取引に加え、最近では人工知能を使った高頻度トレードなどが極めて短時間に大きく相場を動かすこともある。

為替システムに関する考え方の変遷と途上国の対応

少し理論的に歴史を振り返ってみる。

「国際収支のトリレンマ」という言葉がある、①為替の安定、②各国の金融政策の独立性、③国際的な資本移動の自由、という三つの目標は同時には成り立たないということを意味する。

第二次世界大戦後のいわゆるブレトンウッズ体制では、①の固定相場制と②の金融政策の独立性を確保するために、③の短期資本の移動は制限するという立場であった。各国は外貨準備を用意して、為替市場で外貨と自国通貨を売り買いして外貨の需給を調節し、為替レートを一定に維持していた。

日本では、一ドル三六〇円を維持するために必要な外貨準備は不足しがちで、経常収支が赤字になってドルが足りなくなりそうになると（「国際収支の天井」）、資本流入でそれを賄うのではなく（企業による外国の銀行からのインパクトローン取り入れも一部認められたが）、緊縮的な財政金融政策を採用して国内需要を抑え、輸入を減らさなければならなかった。ＩＭＦは、各国が国際収支困難に陥ったときに、財政と金融の緊縮を条件として外貨準備を相互に融通する仕組みであった。日本も一九六〇年代前半には二回にわたって条件付きのＩＭＦ借入（スタンドバイクレジット）の取り決めを結んだことがあるが、結局は借りずに済んだ。

一九七一年に米国のニクソン政権は、各国当局が保有するドルと金の交換を停止したが、これをきっかけにブレトンウッズ体制は崩壊し、主要国通貨は変動相場に移行する。トリレンマのうちの、

②と③を優先する体制と言うことができる。①の為替の安定も、一九八〇年代までは各国の政策協調（②の譲歩）とプラザ合意のような協調介入である程度は追求するという考えも見られたが、国際的な資本移動が活発化し、大規模になるとそれも困難になり、一九九〇年代以降は、各国が安定的で適切な経済政策をとること、つまり自分の家のことをきちんとする（put your house in order）ことにより為替の安定を図るという考え方が支配的になった。

先進国では、為替市場への介入は次第に日常的に使われる手段と考えられなくなった。また、IMFは主として新興国や途上国の国際収支問題を取り扱う機関となった。一方、欧州ではユーロが発足したが、これは金融政策の独立性を完全に放棄し（ECBが域内全体の物価安定を主な目的として政策を決める）、域内での為替レートを完全に固定し（通貨を共通にし）、域内での資本移動を完全に自由にするという体制である。つまり、①と③の目的を完全に満たし、②は完全に放棄している。

国際的な金融・為替システムは、多角的な自由貿易と経常取引の自由化だけではなく、各国金融セクターの自由化や国際的な資本移動を推進するものになった。これにより、新興企業や途上国がより早く、より多くの資金を得て、高い成長を遂げることもできるようになったというメリットがある。今さらブレトンウッズ体制のように、資本移動を制限することは不可能だし、望ましくもないだろう。先進国については特にそうだ。他方で、今の国際的なシステムのもとで、為替の変動は大きくなり、アジア通貨危機、世界金融危機、ユーロ債務危機のように、急激な資本移動が危機をもたらすことも増えた。また、産業セクター以上に金融セクターに利益が集中する傾向も見られる。

ただし、アジア通貨危機のあとは、特に途上国の為替政策の考え方について、一定の変化がある。一方では、アジア途上国の各国通貨が事実上ドルにペッグされていたことが為替リスクを無視した資金の流入につながったという反省から、これらの国の通貨は市場の動きにしたがってより柔軟に動くようになってきた。しかし、同時に、途上国の多くは、自国への資本の流出入や自国の資産価格の状況により大きな注意を払い、銀行の外貨借入への準備率を増減させたり（価格メカニズムを使った資本流入規制）、住宅ローンの頭金の比率の規制を変更したりする、いわゆる「マクロプルーデンス」と呼ばれる政策を積極的にとっている。

より柔軟性の高い為替政策をとることと、資本取引の自由化を進める場合は短期資本の移動のモニターとその抑制のためのマクロプルーデンス政策にも意を用いることとは、現在においてはＩＭＦの途上国に対する標準的な処方箋の一部にもなっている。資本取引（国内への直接投資や株式投資、外国からの借入、外国への投資と貸付）の自由化に当たっては、国内の金融セクターの状況など条件が整っているかどうかをよく見て、段階的に行うべきことは言うまでもない。これは、アジア通貨危機後に、日本が強く主張したことだ。私がＩＭＦの政策企画審査局に出向していた、危機前の一九九四年から一九九七年には、経常取引（財・サービスの貿易、利子や配当などの所得移転）だけではなく、ＩＭＦの協定改正により資本取引の自由化もＩＭＦ加盟国の義務とすることを通じていわば強制的に進めることが検討されていたことに比べると大きな変化だ。

実際上は、今でも多くの途上国が、為替レートの過度の変動が信用の不安を招いたりすることを避けるために、一定の介入をして通貨の安定を図っている。したがって、このような現在の途上国の体制をトリレンマに当てはめると、資本の流出入は基本は自由だがモニターされていて必要があれば政策で抑制され、金融政策も独立しているが資本の流出入により影響を受けて変更され、つまりトリレンマの②と③は基本的には満たされているが制限があり、①の為替の安定を完全に捨てているわけでもないということになろうか。

途上国、特に新興国にとって先進国の金融政策の変化などに応じた資本の流出入は、悩みの種だ。現実に、アジアを含めた世界の新興国は、世界金融危機後の先進国による金利引き下げ、量的緩和によって、自国への資本の流入、通貨価値の上昇に直面した。私が財務官だったころのG20では、新興国の大臣や総裁が、先進国の金融政策は他国への影響をもっと考えて慎重に運営すべきだという意見を展開していた。危機後の米国や欧州の量的緩和策は、金融システムの崩壊を回避し、成長を下支えするために必要だったし、それらは新興国にとってもよいことだった。しかし、新興国の不満もわかる。

逆に、私がADB総裁になってから、二〇一三年五月にバーナンキFRB議長が議会証言で量的緩和策の縮小の開始を示唆したあとは、同年の秋にかけて、インドネシアやインドなどの新興国の通貨が大きく下落した。インドネシアやインドの経常収支や財政の赤字が原因として取りざたされたが、もともと新興国は成長のための高い投資を支えるために外国からの借入、政府の借入は大きくなりがちであり、それほど不健全な政策をとっていたわけではない。結局、両国の為替市場は安定を取り戻したが、先進国の金融政策に揺れる途上国の姿を見たエピソードだった。

為替介入は政策オプションになるか

それでは、日本のような先進国にとって、為替介入は政策のオプションになるのか。私自身は、これまで書いてきたように、また、実際、財務官としてそのように行動したように、為替の介入を政策手段から排除するべきではないという立場だ。投機的な動きで為替が過度に変動し、それが安定した経済活動に大きな害を与えていることが明白なときに、もちろんG7の枠組みで事前に協議をしなければならないし、協調介入にすることができればそれに越したことはないが、単独介入もやむをえない場合がある。

財務官のときの経験からも、最近の主要国の通貨は、特に各国の金融政策のスタンスに強く反応してきていると感じる。為替介入は牽制効果があったと思うが、円ドルレートも各国の金融政策の影響が大きかった。本来は、金利が〇・二五％だけ動いたり、中央銀行の資金供給（ベースマネー）が多少増減しても、為替レートが大きく動く必然性はないのだが、事実としては、投機の部分も含めて、そういう動き方をしている。

最近の国際金融の世界での支配的な考え方は、少なくとも先進国に関しては、各国の金融政策は物価の安定（デフレ回避を含む）、雇用、危機対応（金融機関への流動性供給）などのために自由に用いてよいが、為替レートは（特に短期的な変動はともかくとしてその水準は）基本的には市場の動きをそのまま受け入れるべきだということになる。果たしてこの二元論は正しいのだろうか。

戦後の財政政策と金融政策の変遷を見ても、次第に考え方は変わってきている。財政政策をケインズ理論にしたがって景気変動の調整に活用する考え方が主流だった時代から、その有効性（どれぐらい成長を高めるのか）や効率性（公共事業の拡大は生産的な投資になっているか）に疑問が唱えられるようになり、金融政策が従の立場から主の立場に置き換わったかと思うと、最近は金融政策の有効性にも疑問が投げかけられ、またまた財政政策の重要性を強調する流れとなっている。

為替介入についても、一つの政策オプションとしてもっと前向きにとらえる考え方が、将来的に世界で再び強くなるかもしれない。介入を政策手段とする場合、たとえば、日本のドル買い円売り介入で言えば、財務省と日銀が協調してできるだけ「不胎化」しない形、すなわちドルを買って円を売る介入をしたあとに円の通貨供給量を増やしたままにするようにすれば、もっと効果は上がるだろう。もっとも、介入を実際に政策手段として活用するには、どのような為替の状況で、どのようなタイミングで行うことにするのか、介入は各国ごとの金融政策とは違い相手国通貨があるわけだから、相手国の非難を招かないように行うことができるのかなど、難しい問題が残る。

ところで、日本の為替介入はトータルで見て損をしておらず、むしろ大きな利益を生んでいるということにも触れておきたい。

為替介入に使われる日本の外貨準備は、二〇一九年末には一兆三二〇〇億ドルであり、金やユーロ建てでの資産もあるが、太宗はドル建ての米国債だ。また、外貨準備は、そのほとんどは財務省の外国為替資金特別会計（外為特会）の保有する資産であり、一部が日銀の外貨資産となっている。ドルが一ドル三六〇円のときからドルを買ってきているので、円建てで見ると為替差損を生じているが、円とドルの金利差による利益はそれを上回っており（金利差の一部はドル資産のほうが円負債より期間が長いことによる）、全体としては利益を上げている。利益の一部は外為特会から一般会計へ繰り入れられて国の財政を助けている。二〇一九年三月末の外為特会のバランスシートを見ると、資産と負債の差額は二五兆二五〇〇億円の資産超過になっている。これは為替差損六兆七三〇〇億円やそれまでの一般会計繰り入れ累計四四兆三二〇〇億円を引いたあとの数字であり、全体として大きな利益を上げていることがわかる。

私が財務官のときの二〇一一年八月四日と同年十月三十一日から十一月四日の単独介入は、合計で一三兆六〇四五億円を投入して一七二二億ドルを購入したので、平均して一ドル七九円ちょうどでの取引であった。二〇一九年末の一ドル一一〇円を用いて一七二二億ドルを換算すると一八兆九四二〇億円に評価が上がっており、この時点で五兆三三七五億円の為替差益を生んでいる。一般に、投機が儲かるときには（相場操縦があるときは別だが）、安値で買って高値で売っていることになるので、そのようなときは投機が価格安定化の役割を果たすと言われる。その意味では、二〇一一年の介入は、今の時点の円ドルレートで外貨資産を評価するかぎり、大きな利益を上げて価格安定化にも役立ったということが言えるだろう。もちろん、介入は市場の投機的な動きに対抗するために行うわけであり、利益を目的とする投機ではないのだが。

円安はよいことか

このように書いてきたうえで、私は、日本では為替レートに注目が集まりすぎではないか、円安がよいことのように受け取られすぎではないかと思うことがある。米国は、自動車業界が円が安すぎると非難することがあるが、全体としてはドル高のほうがドルの信認を高め、世界から資金を集めやすいと考えている面がある。当局者と議論をしていても、急激な円安には苦言を呈するが、ドル安のほうがよいと思っているふしはない。ユーロも域内市場が大きいこともあってか、為替レートに対してそれほど神経質ではない。その点、日本は輸出依存度が高いからと言うが、モノの輸出のGDPに対する比率は二〇一八年に一四・八％であり、米国の七・八％よりは高いものの世界的に見るとそれほどではない。

確かに、円安になれば、輸出品のドル建ての価格を下げて売り上げの数量を伸ばすことができるし、輸入品が国内生産に代替される効果もあるので、そのかぎりでは生産や雇用にプラスになる。数量が同じでも輸出の円建ての収入は増えるし、円建ての投資収益や円建ての海外資産の評価も上がる。日本の会社の有価証券報告書では企業収益を円で見ているので、円安になれば東京証券取引所の株価もそれに反応して上がる傾向がある。逆に、円高の急速な進行、過度の円高は明らかに望ましくない。

しかし、輸出数量の為替に対する感応度は、日本企業の海外生産が増えていることもあり、昔ほどではなくなっている。円安になっても国内生産や雇用への影響は限られるのだ。円が安くなるということは、企業の価格戦略にもよるが、日本の製品が安値で買われてしまうということにもつながる。さらに、円が安くなれば、輸入品の価格や外国での観光のコストは上がって、消費者にとっては不利益だ。円が安くなるということは、日本人の購買力、ドル建てで各国と比較する所得が下がるということにほかならない。私自身は、一九八五年のプラザ合意後の円高は、それに対応した財政金融政策による景気刺激策の効果もさることながら、日本人の購買力が上がって米国よりも豊かになったと感じさせ、それが消費や投資を刺激し、バブルにつながった面もあるのではないかと考えている。逆に言えば、円安で購買力が下がることは、内需にマイナスの効果もありうる。

第14章にも述べるように、日本の一人当たりのGDPは一九九〇年代は米国より高かったが、二〇一八年は三万九〇〇〇ドルと六万三〇〇〇ドルの差がついている。為替レートのためだけではもちろんなく、全体的な日本経済の弱さを示しているのだが、円が弱くなれば弱くなるほど、同じ円建ての所得でも計算上ドル建て所得が下がることは事実だ。実際、企業でも大学でも、日本の給与では外国人の優秀な人材をとることは難しくなってきている。円の購買力が下がれば、海外の優良企業を買収するコストも高くなる。

各国にとって本当に困ることは、自国通貨と国債が売られて、自国通貨安と国債価格下落が進行し、外国通貨で借りた資金の返済が困難になってそれがさらに自国通貨の減価を呼ぶとともに、国債の発行金利が上がって財政赤字のファイナンスや国債の借換が難しくなるような事態だ。このようなことになると、企業や金融機関のバランスシートが傷み、金融危機も起きる。輸入物価の上昇に加え、人々が自国通貨をモノに換えておこうとするので、激しいインフレだって起こりうる。

世界的に、企業も人材も、国際的な舞台で活動することが求められる時代だ。特に日本は、人口減少と高齢化のなかで、日本のなかだけでものを考えていては成長に限界がある。実際、国際的に活動する日本企業も、円建ての決算報告への影響を別にすれば、為替のことは世界的な視野で考えている。日本の社会一般でも、為替についての見方が変わっていって、単純に円安を歓迎し円高を怖がる姿勢がもう少し減ってもよいのではないかと思う。

電話会議とはどういうものか

少し本筋を離れて、今まで何度も述べてきた電話会議について説明をしておきたい。G7などの電話会議は、時差の関係から、米国が朝早く、欧州が昼頃、日本が夜遅くという時間帯が多い。相手が一人で電話会談を行うときは、通常の方法で電話をかけて、マイクとスピーカーを使って、同席する幹部やメモをとる課長補佐も話を聞けるようにする。相手もそうしていることが多いようだった。米国のブレイナード次官との電話会談が最も回数が多かったが、日本の夜の時間に、自宅から電話をしたり、自宅に電話がかかってくることもしばしばであった。その場合は、自分で電話をしながら簡単にメモをとって、必要があればあとで部下に口頭で伝えて（「デブリーフ」と呼ぶ）、メモに起こしてもらう。

大臣が参加する場合には、実際に面会する場合と同様、保秘の条件付きで通訳の専門家に入ってもらう。かつては財務省のスタッフが通訳した場合もあったようだが、相手の発言を聞き漏らさない、スピードをもって翻訳するということでは、そのための教育と訓練を受けた通訳にはかなわない。財務大臣の通訳は、長い間同じ女性にお願いしていたが、専門用語や中身にも通じているので、横で聞いていても驚くほど正確であった。

Ｇ７Ｄの電話会議のように、多数が同時に電話に入るときは、通常は米財務省が指定した電話番号にそれぞれが電話をかけて、AT&Tの電話会議システムに入る。誰かが新しく入ってくるとチャイムが鳴り、入った本人が、**This is Takehiko from Tokyo.** というように名乗る。昔はＧ７Ｄには財務大臣の代理だけが参加していたようだが、私が財務官のころはＥＣＢを含めた各国の中央銀行の役割も大きく、日銀からは中曽国際担当理事が入っていた。ＩＭＦからもだいたいリプトン副専務理事が参加していた。したがって、全体の人数は財務省が七人、中央銀行が七人、それにＥＣＢ、ＩＭＦ、欧州委員会も入るので、全体では二〇人弱になる。

これだけ人数が多くなると、紙をめくる音のような雑音も増えてくるし、声やアクセントだけで誰が話しているかを推察するのが難しくなる。発言のたびに名前をファーストネームで名乗ることになっているのだが、議論が白熱するとそれを忘れる人が多い。もちろん内容でもだいたい推察できるが、同席していた部下に「今のは誰？」とメモを渡すこともあった。そのようななかで、自国の立場について発言をし、インパクトを持たせるには、話に割り込む度胸とタイミング、発言の中身の明快さと説得力が必要となる。私の場合は、G7DDで議長を務めた国際局次長時代からの経験と、それを通じた知り合いが多いことに救われた。それがなかったら、本当に大変だったと思う。

私が財務官のあいだは、国際機構課の松本千城補佐や為替市場課の木原大策補佐が、内容がわかっていなければ絶対にとれない完璧な記録を素早く作ってくれた。自分が発言をしようとしていると、どう言おうかということに頭を使うので、他の発言者の話を完全にはフォローできなくなる。説得力を持つ議論を展開するには、その会合のときまでの経緯をよく踏まえて対応しなければならないし、記録には省内の関係者で必要な情報を共有する、さらに、将来へのアーカイブという意味があると思うので、私は記録のためのメモを残すことには熱心だった。

新型コロナウイルスの問題で実際に集まることが難しいなか、IMFやG20の大臣級の会議などに画像付きのものも取り入れつつあるが、G7DやG7DDは今のところ従来通りの電話会談のようだ。いずれは顔を見ながらテレビ会議のようにするのだろうか。しかし、時差があるときに、早朝や深夜でも行う会議でそんなに多くの人の顔を見ているのはかえって疲れてしまうような気がする。

電話会議には、海外出張を節約できる利点がある。私も、財務官時代、あるいはそれまでも数えきれないほど海外出張をしてきた。その多くは、ワシントン、ニューヨーク、ロンドン、パリ、次いで、そのほかの欧州の都市であった。飛行機で片道一二時間ぐらいはかかるので、行きは半分は書類を読んで準備の勉強をし、半分は食事や睡眠に当てた。飛行機が到着するのはワシントンの場合昼前、欧州の場合は午後が多いが、着いてすぐに会議が始まって、それが深夜まで続くこともあるから、食事と睡眠はきちんととっておかないと十分に機能できない。各国一人限定の会議も多いが、睡魔に襲われていては自国の利益を主張できないし、何が話されていたかもわからないことになりかねない。

したがって、行きの睡眠、食事、そして入眠のためのワインはいわば仕事の一部のように感じていた。その分、帰りはリラックスをして、ビジネスクラスの機内サービスの音楽や落語を聴きながらワインを飲んで、寝たいときに寝るというスタイルだった。海外出張は時差もあるし、移動時間も必要で大変ではあるが、やはり参加者の表情を見て、その場の空気を同じ部屋で感じながら行う会議には、大きなメリットがあると思う。

共同声明作り

国際会議の共同声明作りについても書いておきたい。政府の仕事はどの国でも文書に落とす作業が極めて重要だ。国際会議の最後に出すコミュニケ、日本で言う共同声明も、たぶん関係者以外の人は想像がつかないぐらいに、各国は一言一言にこだわる。退屈に見える文言でも、その裏には長時間に及ぶドラフティング・セッションがあるし、各国政府は声明の内容を真剣にとらえている。大臣会合の声明のドラフティング・セッションは代理が出るが、重要度に応じてある部分を代理の代理に交代してもらう場合もある。世界金融危機後のG20のサミットや財務大臣・中央銀行総裁会合の議論では、金融規制も多く取り扱われたので、そのような部分は、金融庁の国際担当参事官や課長が参加してくれた。

私は、一九九三年の東京サミットの準備のときから、数えきれないほどのＧ7、Ｇ20、ＡＰＥＣ、ＩＭＦの委員会などのドラフティング・セッションに出てきた。議長として原案を用意し、各国の意見をまとめることも多かった。そうすると、文言でもめるときにどのような言い回しをすれば妥協ができるかについても、知恵が付いてくる。たとえば、「何かをする」（will）と言い切る代わりに、「考慮する」（consider）を使う、あるいはそれでもだめなら、「可能性を考慮する」（consider the possibility of）、さらには、「可能性を考慮する用意がある」（prepared to consider the possibility of）という具合だ。日本にも「霞が関文学」という言葉があるが、「コミュニケ文学」とでも言うのだろうか。

財務省の同僚から、コミュニケ作りが生まれつき好きなのではないかと言われたことがあるが、もちろんそのようなことはない。しばしば徹夜にもなってしまうドラフティングを早く終わらせたい一心だ。せっかく各国に出張しているのに、国際会議の行われるホテルやＩＭＦ、各国政府のビルの一室に閉じこもっていただけの出張も多かった。今でもそのような時間を思うと、懐かしいというよりは、頭が痛くなりそうだ。コミュニケ文学の技能が、ほかの世界ではあまり役には立ちそうにないこともよくわかっている。

国際金融に関わる人々

もうしばらく、本筋を離れた話をお許しいただきたい。総裁職を黒田前総裁から引き継いだわけだが、思い返してみると、黒田さんには財務省の勤務を通じて、指導を受ける立場になることが多かった。一般に、日本の財務省のいわゆる国際畑の人たちは、国際機関に出向したり他の部局に行ったりしても、いつの間にか国際局や財務官室などに戻っていることが多く、いつ一緒に働いたのかがわからなくなってくるぐらいだ。ここまでも触れてきたが、日銀はもちろん他国の政府で同様の仕事をしている人たちも含めて、多くの経験を共有しており、その分、個人の信用も長い間に築かれてくると感じる。

ちなみに、財務官在任中、そしてADB総裁就任後も私のカウンターパートであったブレイナード次官は、元マサチューセッツ工科大学（MIT）の経済学准教授で、クリントン政権ではホワイトハウスの高官として二〇〇〇年のG8九州・沖縄サミットのために大統領のシェルパ（個人代表）を務めていたので、その時期にG7の財務大臣・中央銀行総裁会合の担当課長だった私も見かけたことがあった。その後、私が米国大使館勤務の時代には、ジョージ・W・ブッシュ共和党政権になってブルッキングス研究所に転じていたところを訪ねて意見交換をした。バラク・オバマ民主党政権で国際担当財務次官になったが、国務省で日本を所管する東アジア担当次官補のカート・キャンベル氏の夫人であり、私が財務官時代に何度もお互いに自宅から電話で話をしたときには、後ろのほうで小さなお嬢さんの呼ぶ声がすることがあった。ADB総裁になってから面会した際に、お嬢さんへのつぐないと称して成田で買った日本の洋菓子を持って行ったら、大変喜ばれた。二〇一四年六月以降はFRBの理事になっている。

米国のコリンズ財務次官補は元IMFのエコノミストとして知っていたし、ソベル次官補代理にいたっては、政治任用ではないプロパーの役人なので、一九九三年のG7東京サミット、二〇〇〇年のG8九州・沖縄サミットを準備していたときからの二〇年来のカウンターパートだ。スマギECB理事は、九〇年代にイタリアの財務省でマリオ・ドラギ次官のもとでG7を担当していたときから知っていた。

国内では、のちにいずれも日銀の副総裁を務めることになる中曽理事と雨宮理事は、ゼミは違ったが大学の経済学部時代に廊下で雑談をした仲だ。もともと国際金融の専門という面はあるにしても、国境をまたいだ非常に狭い社会だと感じる。

困難な問題にともに取り組んだり、国益を代表して戦った時期のことや、面白いエピソードは、財務省の同僚との間でも、外国の当局者との間でも、忘れられないよい思い出として何度も話題になる。よい思い出になるか、苦い思い出になるかは、その人が立場は違っても堂々と道理にしたがって国益を代表したかどうか、フェアであると感じられたかどうか、相手の立場も理解するような度量があったかどうか、によると思う。あまりよい譬《たと》えではないかもしれないが、私にとっては「敵ながらあっぱれ」と思えるような相手は最も尊敬できる人だ。

黒田さんとのご縁に話を戻すと、最初に話をしたのは、私が主税局調査課の外国調査担当係長だった一九八二年から八四年だ。黒田さんは間接税を担当する税制第二課の課長補佐、続いて総務課の企画官だったので、米国のレーガン政権の税制改革や各国の付加価値税法などについて質問されることがあった。黒田さんは、気鋭の官僚だったが、学者のような雰囲気もあって、よくにこにこしながら冗談も言っておられた。カラオケにみんなで行ったこともあった。

一九八〇年代末から九〇年代初も主税局でご一緒した。私は租税条約や外国税額控除などを取り扱う国際租税課から、税制第一課、調査課の課長補佐に転じ、所得税制のほか今は廃止された地価税の導入に関わる仕事をしていたが、黒田さんも国際租税課、続いて税制第一課の課長として地価税法案の準備をしていたので接点が多かった。

一九九二年から一年間黒田さんが副財務官だったときは、九三年のG7東京サミット議長国の日本が財務大臣・中央銀行総裁会合など各種会議の議長も務めていた。私は、国際機構課の課長補佐として準備に関与していたので、いわば黒田さんの指揮下にあった。なかでも、構造問題に関するG7の蔵相報告のとりまとめの仕事はよく覚えている。東京サミットに報告書を出すことが決まったのを受け、黒田さんが議長となってG7DDをパリなどで何度か開催し、投資貯蓄バランス、財政赤字、高齢化、医療費などを議論した。私も事務局としてG7DDの席に一人加わった。食事をはさんで行う会議のときは、発言が聞き取りにくく、メモが取れずに苦労した。

このG7DDのプロセスと中身は、ともに非常に勉強になるものであり、私が今度は国際機構課の課長として二〇〇〇年のG8九州・沖縄サミットの蔵相宣言案をまとめる作業に当たっていたとき、二〇〇八年のG8北海道洞爺湖サミットの際に国際局次長としてG7DDを務め、同じように蔵相宣言に関わったときもモデルとした。

一九九三年のサミットの準備と言えば、もう一つよく覚えているのは、九三年四月に京都の都ホテルで開かれたG7蔵相代理会合だ。私はやはりメモ取りおよび事務局として各国蔵相代理の七人以外に一人だけ部屋に入ることを許された。小さい部屋で日本食の夕食をとりながら、千野財務官の議長のもと、米国のサマーズ財務次官（のち長官）、いずれものちにECBの総裁になるフランスのトリシェ国庫局長（次官）とイタリアのドラギ次官、のちにIMFの専務理事やドイツの大統領になるケーラー次官らが、ソ連解体後の国際金融システムやバブル崩壊後の日本の経済政策などを議論した。この時期、米国は繰り返し日本の公共事業の大幅な拡大を求めていた。今思えば、大物通貨マフィアが一堂に会した瞬間だった。サマーズ次官がダイエット・コークを切れ目なく飲んでいたことを思い出す。

黒田さんが一九九七年から榊原英資財務官のもとで国際金融局長、九九年から二〇〇三年まで財務官をされていたときは、私も国際金融局の企画官、国際機構課長、主計局に移って外務・経済産業・経済協力担当の主計官、名称が変更された国際局に戻って開発政策課長だったので、アジア通貨危機後のIMFのアジア支援プログラム、アジア通貨基金構想、債務救済を含めた日本によるアジア各国の支援、G8九州・沖縄サミットの準備、日本の金融危機後の経済政策に関するG7での議論など、多くの仕事でご指導をいただいた。

財務省の役人にもいろいろなタイプがあるなかで、黒田さんは、本を読んだり自分でも書いたりする知的な活動が好きな学究肌である一方、行政官としては判断が早く、あまり物事に動じないタイプであり、ユーモアのセンスもある人だと感じてきた。さまざまな刺激を受けた、敬愛する先輩の一人だ。その黒田さんのあとにADB総裁を務めることができたこと、また、何度も一緒に仕事をしたことがある国際畑の後輩で、私の財務官時代に副財務官も務めていたことがある浅川前財務官に後任を託すことができたことは幸運であった。

Ⅱ　ＡＤＢ総裁時代

二〇一三年四月～二〇二〇年一月

第4章　ＡＤＢ総裁には三つの役割がある

マニラへの着任

二〇一三年四月二十六日、ＡＤＢ（アジア開発銀行）総裁に全加盟国の支持を得て選任されたことが発表され、二日後の四月二十八日、マニラに着任した。財務省出身で黒田さんのときから務めている斎須朋之首席補佐官、日本のＪＩＣＡからＡＤＢに転籍した岡みお補佐官ほかが夕食に付き合ってくれた。四月二十九日の月曜にはあわただしく各局から事務の説明を受けて、四月三十日の火曜にはインド・デリーでのＡＤＢの年次総会に出発した。財務省の仕事を通じてＡＤＢの仕事に一定の土地勘があったとはいえ、いきなり年次総会に出て、五日間にわたり加盟国ほぼすべて（図表3参照）の大臣ほかの代表、金融機関のトップと面会し、全体会合でスピーチをし、メディアの取材を受け、セミナーに参加するというのも、思えば強行日程だった。

インドから戻って、マニラでの総裁としての仕事がスタートした。早速、五月にはタイのチェンマイでのアジア・太平洋水サミットに参加し、インラック首相にお目にかかった。六月三日には、

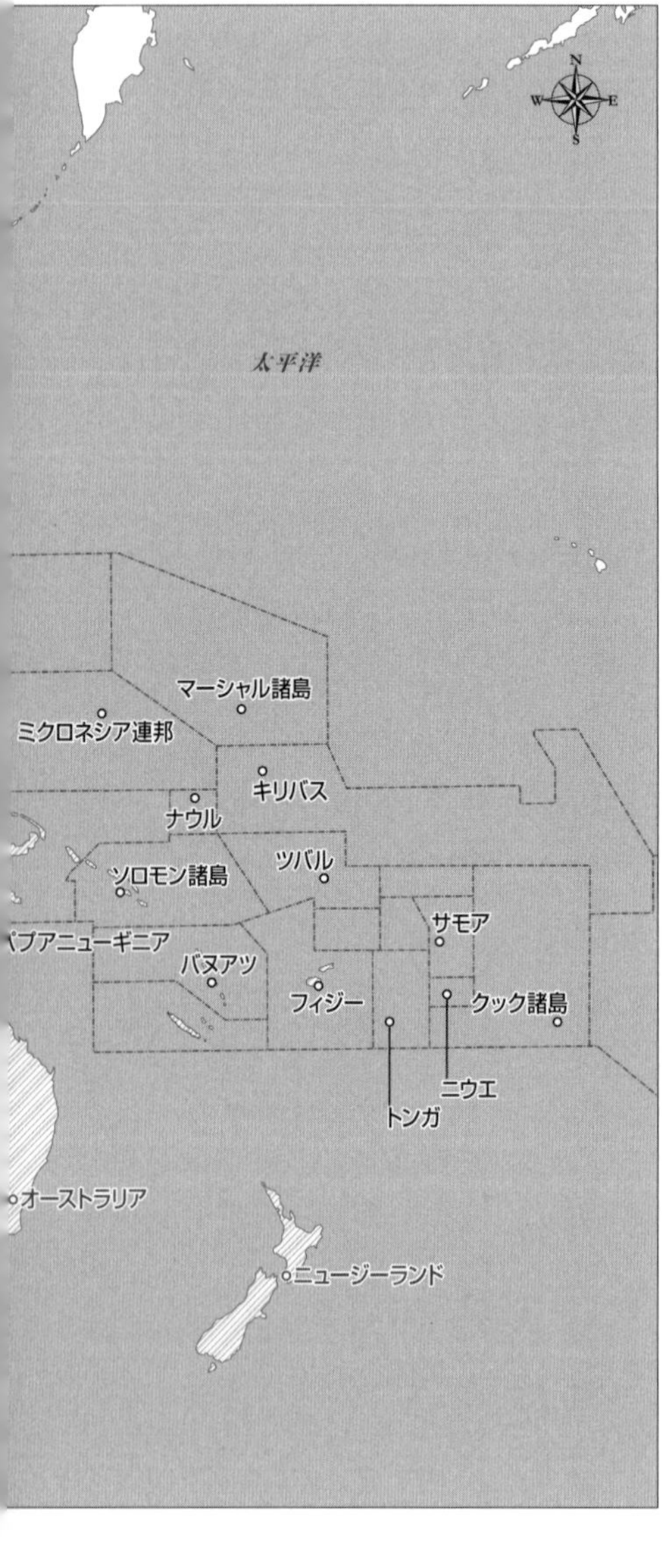

フィリピンのシーザー・プリシマ財務大臣と面会し、五日にはベニグノ・アキノ大統領にもマラカニアン宮殿でお目にかかった。六月には、カナダ、パプアニューギニア、オーストラリアを公式訪問し、七月には、ドイツ、フランス、英国、モンゴルも回った。

本部での仕事も、ほとんど毎日朝から夕方まで各局からの案件についての会議が続く忙しいものであったが、結局、七年の間に欧米先進国を含めた六八の加盟国のほとんどに合計一三一回、七四三日間の出張をした。二年間は丸々出張をしていた計算になる。特に最初のうちは、できるだけ多くの加盟国を早く回ろうとしたので、たとえば二〇一四年は二四回、一三一日間出張している。一度の出張で、ブータンとインド、アゼルバイジャンとキルギスタンなど複数国を回ることもあった。

図表３／アジア開発銀行域内メンバー（49ヵ国・地域）

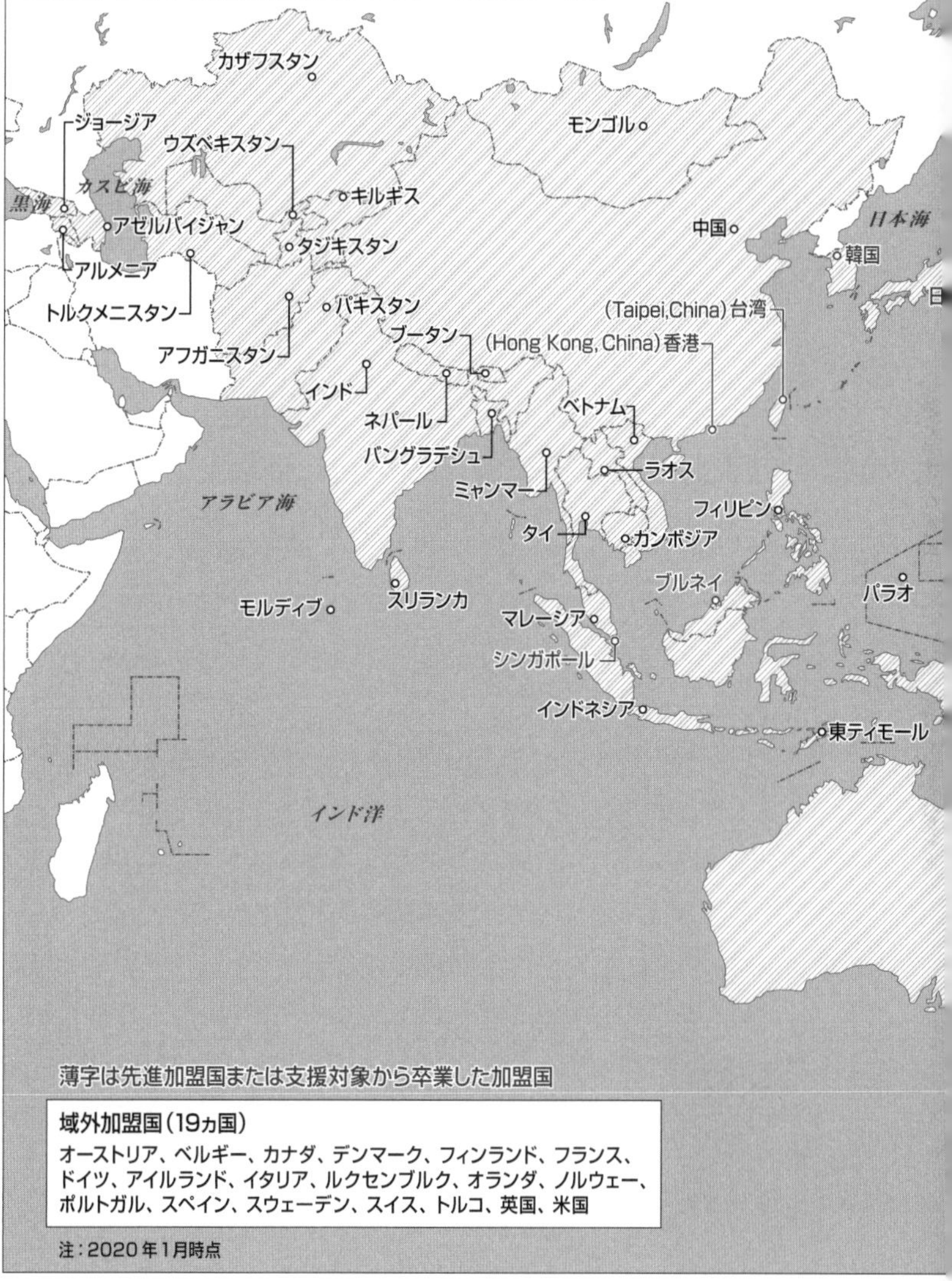

薄字は先進加盟国または支援対象から卒業した加盟国

域外加盟国（19ヵ国）

オーストリア、ベルギー、カナダ、デンマーク、フィンランド、フランス、ドイツ、アイルランド、イタリア、ルクセンブルク、オランダ、ノルウェー、ポルトガル、スペイン、スウェーデン、スイス、トルコ、英国、米国

注：2020年１月時点

今思うと、よく体力が続いたものだ。マニラに住んで、アジア各国を訪ねるという生活から、日本から見るのとはまた違って、アジアの活力を実感した。

生活面では、最初はＡＤＢの本部のそばにあるシャングリラでホテル住まいだった。マニラはそれまでも何度か仕事で訪れたことがあったが、あわただしく会議に出るだけで、ゆっくり市内を見ることはなかった。私が選んだ住居は、緑豊かな新興都市のボニファシオ・グローバル・シティにあるアパートだ。周りには、コールセンターのビルや高層アパートが立ち並び、ショッピングモールやレストランのほか、日本のコンビニも増えている。五三階の最上階からは、窓の下に歴史あるマニラゴルフとマニラ随一の邸宅街であるフォーブス・パークの緑が広がり、遠くにはマニラ湾に沈んでいく夕日を見ることができた。スペインと米国の植民地であったことから、特に富裕層の生活スタイルにそれらの伝統を感じることも多かった。

フィリピンの人々は親切で、マニラの生活を楽しむことができた。食事もスペイン料理、中華料理、日本料理を含めて、最近はよい店がたくさんできている。率直に言って、これまで二回住んだことのあるワシントンより食の環境はよいと思った。もっとも食事はメイド任せで、食材を求めるのも大変だったので、東京で私が習慣にしていた週末の近所での買い物と料理はできなかった。一方、土曜日に近くのポロ・クラブ（一九〇九年に米国の将校たちがポロをするために始めたクラブ）でテニス、日曜日に郊外で気軽にゴルフを楽しむことができたのは、私にとっては非常に幸運だった。

家族も三ヵ月遅れで合流し、日本で中学校一年生の長男と小学校四年生の次男は、日本で一学期だけ済ませて、九月入学のマニラのインターナショナル・スクールに転校した。いきなりの英語環境で最初は大変だったと思う。

総裁のある一日

手帳の記録に基づいて、ある日の朝起きてから夜寝るまでを振り返ってみよう。二〇一九年二月十一日月曜日だ。

七時一五分に起床。あわただしく顔を洗って着替えをして、七時半にダイニング・ルームへ行き、一方の窓からはマニラの南東方向にあるラグーナ湖、もう一方の窓からは西のほうにマニラ湾をながめながら、メイドが焼いてくれたトーストとオレンジジュース、コーヒー、パパイヤの朝食を簡単に済ませる。パパイヤはフィリピンでは新鮮なものが簡単に手に入る。

八時にアパートの下に降りていくと、警備の警官が待っていてくれる。パブロ、アーギル、レオの三人の警官がローテーションで私の警備を担当してくれた。車は防弾仕様のトヨタ・ランドクルーザーだ。フィリピンの治安は一九九〇年代ぐらいまでに比べるとすっかりよくなり、特に私の住んでいた地区やADBの本部のあるオルティガス地区では、安全上の不安を感じることはなかったが、念のために総裁車は機関銃や地雷にも対応可能な装甲の付いた重いものだった。ゲートのあるフォーブスパークの一戸建て邸宅街を抜けてエドサ大通りに入り、八時半にADB本部の八階にある総裁室のオフィスに着く。総裁室は、デスクとそのそばにあるパソコンとキャビネット、大きな応接セット、二〇人ぐらいが入ることができる会議室からなっていて、全体で三〇畳ぐらいだ。

オフィスでメールを確認し、急ぐものはすぐに返事を出す。ただし、自宅用のパソコンからもADBのアドレスは使えるので、時差のある海外とのメールのやりとりは自宅ですることが多かった。

午前中に、理事二人がマネージメント（経営陣）と理事会との業務分担について話をしにくることになっているので、官房長と法務局長を呼んで簡単に現状の説明を受ける。

九時から一〇時半までは、年に一回ぐらい開催されるＡＤＢの気候変動についてのアドバイザリー・グループとの会合に出席し、ＡＤＢの取り組みを説明して意見交換をする。温暖化ガスの影響を評価するＩＰＣＣ（気候変動に関する政府間パネル）の議長でもあるリー・フェソン氏（李会晟、高麗大学教授）が委員長、ほかに中国国家発展改革委員会の周大地氏（エネルギー研究所名誉所長）、高村ゆかり氏（東京大学教授）がマニラで参加し、今回はジェフリー・サックス氏（コロンビア大学教授）、リーナ・スリバスタバ氏（ＴＥＲＩ〔The Energy and Resources Institute〕教授〔インド〕）、アンドリュー・ステア氏（世界資源研究所所長〔元世界銀行〕）、ローレンス・トビアナ氏（欧州気候基金教授）はビデオでの参加であった。

一〇時半にフィル・ローズ理事（英国）、一一時半にポール・ドミンゲス理事代理（フィリピン）と、個別プロジェクトの承認の一部をマネージメントへ授権し（マネージメントが一定金額以下のプロジェクトは理事会に諮らず進めることができるようにする）、一方で、理事会での戦略的な議論の機会を増やす改革について話す。この議論は二年間ぐらいにわたって続けてきたが、プロジェクトの承認は理事会の最も基本的な権限であることから、なかなか意見がまとまらず、結局私の退任までに結論は出なかった。

一二時から気候変動アドバイザリー・グループと総裁用ダイニングルームでランチ。ＡＤＢには腕のよいシェフがいて、前菜、スープ、メイン、デザートからなるランチを出してくれる。ワインのサービスは行っていない。ただ、このような会食が入っているのは一週間に一度程度であり、普段は総裁室のなかで、ハンバーガー、サンドイッチ、麺類などでさっと済ますことが多かった。

午後一時半、民間部門業務局からミャンマーの民間向け業務のプロジェクトについて、少数民族の住む地域が十分にカバーされているかどうかの短い説明を受ける。

総裁室での会議　フィリピンのドミンゲス財務大臣（左から２人目）と著者（右から２人目）（2018年１月）

午後二時から、理事会メンバーとのティー・セッションと呼ばれる非公式の会合で、退任した米国出身のスティーブ・グロフ副総裁にかわる候補として、同じ米国人で政府および投資銀行での経験があるアーメド・サイード氏の推薦を伝える。現在六人いる副総裁を選出するのは理事会の権限だが、事前に非公式に総裁の推薦する候補を伝えて後日の理事会で正式決定してもらう。なお、理事会は多いときには週に三回ぐらい、少ないときは一回程度、午前一〇時から一二時ごろまで理事会室で開催され、私が議長をする。私が出張でいないときに個別プロジェクトの承認のための理事会を副総裁の議長で行うこともある。ＡＤＢの戦略や政策、あるいは予算などの重要な事項に関する理事会は、私がマニラにいるときを選んで日程を調整する。

午後二時半から四時まで、マネージメント・コミッティー会議と呼ぶ、総裁、副総裁、官房長、法務局長、戦略政策・パートナーシップ局長（以下「戦略局長」）、経済調査・地域協力局長（以下「調査局長」）、持続的開発・気候変動局長からなる会議を総裁室で開催する。二週間に一回程度だが、所掌の懸案事項、出張の結果などを議論する。黒田総裁のときには、決裁のための会議という性格が強かったようだが、私になってから懸案事項の自由な意見交換の場となり、時間はいつも予定を上回って一時間半か二時間ぐらいになってしまった。しかし、重要な問題について早めに情報をシェアし、各人の意見を聞き、私自身の感触も伝えるという意味では非常に有意義だった。

午後四時半から五時半まで、池田洋一郎首席補佐官との間で、私が直接評価をしなければいけない幹部職員の人事評価の話をする。

五時半にオフィスを出る。帰りの時間は交通渋滞にあうことが多く、四五分程度かかるので、車のなかでラジオの音楽を聴きながら仮眠をとって帰ることが多かった。

六時半から七時半ごろまで自宅で家族と話をしながら夕食。マニラでも夜の会食の予定はほとんど入れなかったので、海外出張のとき以外は家で食事をしていた。これは、財務省で課長になって以来の習慣だ。基本はメイドが作ってくれるが、妻や私が指導することもあった。私が作り方を伝授したのは、コロッケ、ハンバーグ、餃子、煮魚などだ。夕食後は、自分の書斎で、デスクのうえに置いたミニ・コンポでジャズやクラシックのＣＤをかけながら読書や仕事をしたり、テレビを見たり、メールのやりとりをしたりする。一二時前には就寝することを目指した。

ＡＤＢの政策、戦略を決める

総裁の任期中に、ＡＤＢ総裁という仕事には三つの役割があると考えるようになった。第一に、ＡＤＢの日々の業務についての責任を持ち、そのための政策や将来への戦略を検討し、決断していく役割、第二に、各国当局やメディアに対してＡＤＢを代表する役割、そして第三に、組織の長として、組織を運営し、内部を管理していく役割だ。たぶん企業のトップも同じだろう。

業務や戦略の内容については、以下の章で具体的に書いていくが、私が総裁であったときの主な課題は何であったかをここで思い返してみる。

一つは、貸付能力の拡大である。二〇〇八年の世界金融危機以降、インフラへの投資や気候変動対策にＡＤＢなどの国際開発金融機関がより大きな役割を効果的に果たすべきだという考え方がG20などで盛んに議論され、そのような国際的な流れに応じて、ＡＤＢの貸付能力を拡大し、開発効果の高い仕事を目指さなければならないということがあった。世界金融危機の前には、公的な国際開発金融機関はできるだけ業務を限定し、インフラも開発も民間セクターを活用すればよいという考え方があったのに比べると大きな違いだ。期待に応えて業務の拡大を目指すのだから、やりがいも大きくなったということになる。

また、新戦略の策定も求められた。新しい国際的な環境のなかで、ＡＤＢのこれからの役割についての長期戦略を明確にし、加盟国の支持を取り付けていく必要があった。

さらに、アジアインフラ投資銀行（ＡＩＩＢ）への対応である。ＡＩＩＢは二〇一六年一月に発足したが、これをどう受け止め、どのような姿勢を発信し、どのような対応をとっていくのかということも大きな課題だった。

予算と貸付計画、将来に影響を及ぼす長期戦略、将来の貸出見込みに対する資本の必要量、金利政策、リスク管理、調査全般、あとに書く人事制度や組織といった分野では、私自身、当初に思っていた以上に、細かく関与することが多くなった。もちろん、外部的な要因により新たな問題が出現してくるのだが、総裁として日々仕事を進めていくにしたがい、手を付けるべき課題が見えてくるという面もある。また、自分がＡＤＢの運営について知識を増やしていくとともに、より多くのことに注目するようになり、それで余計に自ら仕事をすることにもなる。

スタッフのやる気をそがないために、いわゆるマイクロ・マネージメント（細かすぎる関与）は戒めなければならないが、「悪魔は細部に宿る」という英語の言葉があるように、業務の細部がわからないと大局観も出てこない。私のマネージメント・スタイルは、私が大事だと考えた問題については、英語で言えばハンズオン、すなわち、直接関与し、場合によってはとことん詰めて、判断するということだったと思う。私自身、二十代で主税局調査課で係長を務めていたときに、しばしば課長から外国税制について質問を受けることがあったが、それは私の担当している分野に課長（当時はかなりえらく見えた）が興味を持ってくれているということでやりがいに感じたし、必要な調べをしてうまく答えを返すことができたときは誇らしかった。質問をするというのは、スタッフに対する関心と敬意の表明でもあると考えていたのだが、大変だと感じた人もいたかもしれない。

スタッフのなかには、私が彼らの用意したペーパーを予めあらかた読んでいるのではないかと考えていた人も多かったようだ。しかし、それは美しい誤解というべきであって、実態は、ほとんどの案件についてはその場でペーパーのサマリーをスタッフと一緒に読み、何がそのペーパー、あるいはその会議の目的なのかを聞き（私の承認が欲しいのか、意見を求めているのか、あるいは、私に情報提供しようとしているのかを含め）、そして具体的によく見るべきところはさらにその場で読み、自分の知恵と経験を最大限生かしてまた質問を投げかけて理解を深め、決断するということであった。事前にペーパーを読む時間はあまりないし、読んでいて疑問を持ったときに、説明を求め、議論する相手がほしい。重要な案件は、何度かにわたって総裁室での議論を行うこともあった。スタッフの帰宅が遅くならないように、また、自分の健康と家族との生活もあるので、普通はオフィスを夕方五時半か六時には出るようにした。その分、昼間は本当に忙しかった。

私のハンズオンの関与に付加価値があるとすれば、一つには、五つの地域局による政府向け業務、民間向け業務、財務や会計、セクターやテーマごとのグループ、経済調査、それに戦略などの領域をすべてカバーしているのは総裁しかいないので、全体が見えるということがある。もう一つには、日本の財務省での経験を通じて、Ｇ７やＧ20などで議論される国際的な流れ、各国のリーダーや財務大臣たちが何を求めているか、各国の議会が何に注目しているのかがわかることだろう。また、為替、外貨準備の運用、途上国の債務問題、予算、税制などをかつて実際に担当したということが役に立つと感じることが多かった。調査活動に関しては、私自身がもともと興味と経験を持っていた分野であった。

もちろん、すべてをハンズオンでやっていたわけではない。六人の副総裁と局長たちが準備し、私の決裁を求めてくることに対し、そのまま了解して、ご苦労様でしたということも多かった。特に、五つの地域局（南アジア、中央・西アジア、東アジア、東南アジア、太平洋）や民間部門業務局が担当しているローンやグラント（返済義務のない無償支援）、出資、保証の個別案件については、コメントをすることは少なかった。

個別案件であえてコメントをし、指示を出すのは、多額の政策連動ローン（財政支援型融資）を行う案件、理事会でかなり棄権や反対が出そうな案件、ＮＧＯなどがプロジェクトの実施に伴う環境への影響や住民移転を問題視している案件などだ。モンゴルとパキスタンに対しＩＭＦによる国際収支支援と協調して大きめの政策連動ローンを出したときは、案件組成の段階から総裁室にスタッフを呼んで、ＩＭＦは支援対象国の現状をどう見ているか、ＩＭＦは協調融資をどの程度求めているのか、ＡＤＢとして貸付のリスクをどう見るのか、どのような政策を条件として貸すのかなどを詰めた。

いずれにせよ、難しい案件、新しい企画はすべて総裁室で議論するので、そこでのやりとりを踏まえて、必要な指示を出し、最終的な判断をするというのは大変な仕事だった。個別プロジェクト、重要な事項は理事会を通すのだが、具体策をまとめて提案する総裁の責任は重い。前職の財務官のときは、組織運営や内部管理に関する事項は役人のレベルでは基本的に事務次官が対応するから財務官は国際金融に関する具体的な政策と各国とのやりとりに専念できたし、自分の所掌する業務分野でも大事な案件は大臣に上げて了解をとるので、気持ちのうえで責任が軽くなるような面もあった。

ところで、総裁の日程等に気を配り、出張にすべて付き合い、総裁に上げるべき案件を選んで事前に各局から話を聞き、総裁に必要なアドバイスをするのは、総裁の副官である首席補佐官の仕事だ。組織の拡大に伴い、今では総裁室の補佐官は三人になっているが、首席補佐官の役割は決定的に重要だ。知力、気力、体力、そして人柄をすべて備えていなければ務まらない。

幸いにして、私の総裁任期中は、いずれも財務省国際派の後輩で四十代そこそこの斎須朋幸、陣田直也、池田洋一郎の三氏が首席補佐官として私を献身的に支えてくれた。現在、斎須氏は主計局、陣田氏は主税局の課長として活躍しており、池田氏は引き続き私の後任の浅川総裁を支えている。ちなみに、私の退任時点で他の二人の補佐官は、マレーシア出身のニニー・コー氏、パキスタン出身のサミール・カマル氏で、それぞれ経済学博士と環境工学修士だ。

ＡＤＢを代表して加盟国と向き合う

第二の代表機能に関して、まず大事なのは、ＡＤＢ総裁として、支援を受ける途上国のリーダーや大臣と良好な関係を築き、各国のニーズをくみ取り、ＡＤＢの業務を効果的なものにしていくことだ。上述したように、あまたの出張をして、大統領、首相などの国のトップ、ＡＤＢを各国で担当する財務大臣（国によっては経済大臣、中央銀行）、インフラや教育などを所管する大臣、中央銀行の総裁に会ってきた。

出張をする前には、ＡＤＢとの関係、貸付や技術支援の状況に加え、その国の経済状況、すなわち人口、人口増加率、一人当たりのＧＤＰ、財政収支、国際収支（輸出、輸入、旅行収支、海外にいる労働者からの送金、資本流入などがどういうバランスになるか）、外貨準備、雇用やＧＤＰに占める各産業の比率（一般に農業の比率が高いほど発展が遅れている）、輸出入の相手と内容、教育や保健などの社会指標、それに最近の経済状況、たとえば為替レートが下落していないかとか、資源価格の低下により歳入が大幅に減っていないかとかをしっかり頭に入れる。一九九〇年代にＩＭＦで働いていたときに、各国に支援プログラム策定のために出張した経験が役に立った。

私の場合は、各国の歴史や政治的な状況を勉強することにも時間をかけた。その国を理解し、敬意を持ち、首脳たちの優先事項や悩みに共感するためには、その国の歴史や政治を知ること、あるいは知ろうとすることは不可欠だと思う。外国の高官が日本の首脳に会うときに、奈良時代のことも、戦国時代のことも、明治維新のことも何も知らないのと、ある程度でも知っているのとでは、その人に対する印象がまったく異なるだろう。

各国に行った際には、先方が歴史的、文化的な遺産への訪問も予定に入れておいてくれることが多い。トルクメニスタンやアゼルバイジャンなど、日本にあまりなじみのない国では、特に目を覚まされるような世界遺産に出会った。最近の博物館はどこでも見やすく、興味を引くようにできており、学芸員の説明を受けながら見学すると、本で読むだけではわからない歴史の実相を垣間見ることができる。博物館見学はこちらからお願いすることもあった。

財務大臣は私のいわばカウンターパートであり、話の内容も経済政策やＡＤＢの支援のあり方なので、あまり緊張することはなかった。しかし、大統領や首相に会うときは、先方は国の指導者としてそれぞれ強い個性を持っており、その関心の重点が必ずしも定かではなく、国内政治であったり、経済政策であったり、あるいは国際問題だったりするので、多少は緊張する。先方の話を聞きつつも、当方の関心事項、意見を述べ、また、失礼のないようにしながらもある程度リラックスした雰囲気を出すということをしなければならない。先方に、この人と話をしても面白くないとか、得るものがないと思われると、ＡＤＢのためにもならない。

幸いなことに、ＡＤＢは一九六六年に創設されて以降、各国のプロジェクトを貸付やグラントで支援してきており、ファイナンスと専門知識の提供をあわせたその貢献は高く評価されていると感じた。先進国の金融政策の影響、所得格差の是正の方策、ＩＴ革命への対応など、財務省時代からの私の経験や知識に基づいて各国の経済を議論し、それによって打ち解けたリーダーも多かった。

ＡＤＢは、各国に現地事務所を持ち、その規模は、ジャカルタ、北京、ダッカ、ハノイ、デリー、イスラマバードでは、六〇人から九〇人にもなる。そうして、日常的に関係当局といろいろな課題を話し合っていることも信頼関係につながっている。

渡辺武初代総裁は、しばしば「教えようとする前に、よく話を聞くように」とスタッフに言っていたそうだ。ＡＤＢのような国際機関は、スタッフも海外で高い教育を受けていて、一定の専門性を持っているうえに、資金を提供する立場なので、ついつい〝上から目線〟になりがちだ。しかし、実は、各国の当局者は自国の強さも弱さも一番よく知っているのだから、まずはよく話を聞いてからアドバイスをするべきだ。

また、ＡＤＢは各国に困ったことがあったらすぐ相談できる「ファミリー・ドクター」の役割を果たすというのも、発足以来の考え方だ。今はアジアの各国における貸付は世界銀行をしのぐぐらいであり、専門知識も蓄積しているので、「全国重点病院」に近づくぐらいの力はある。ただ、何か問題があれば、できるだけ早く親身になって助けようとするという「ファミリー・ドクター」でもあり続けようとしている。このようなことが、ＡＤＢに対する各国の親近感を生んでいる。

私自身、できるだけ加盟国の立場になって考えるように努めた。たとえば、二〇一三年十一月のフィリピンのハイヤン台風、二〇一八年九月のインドネシアのスラウェシ島での地震と津波、太平洋諸国を何度か襲ったハリケーン、中央アジアの資源価格低下に伴う苦境、バングラデシュへのミャンマーからの難民流入などには、できるだけ迅速に、予算支援型のローンやグラントを動員し、あるいは、承認済みのローンの使用先を見直して支援をした。

また、ＡＤＢのプロジェクトの準備や実施が時間がかかりすぎると言われがちなことについても、調達の基準の見直し、現地事務所への業務の移管などを含め、プロセスの迅速化を図った。できないという理由を考えるのではなく、本当に必要な支援であれば、部内の規則を改定してでも実施するべきだとスタッフには言ってきた。困ったときに迅速に支援できなければ、途上国の支援のために創設されたＡＤＢの存在意義がなくなってしまう。

先進加盟国への訪問、あるいは国際会議でＡＤＢを代表する機能ももちろん大事だ。先進国の加盟国は税金を使ってＡＤＢに資本や拠出金を提供し、アジアの途上国を支援してきたサポーターだ。丁寧な協議が不可欠だ。また、ＩＭＦ世銀の春の会議と秋の総会にはすべて出張し、その機会に行われるさまざまな会議やセミナー、世界銀行や米州開発銀行など他の国際開発金融機関の総裁会合に参加した。ダボス会議にも毎年出かけた。Ｇ20やＧ７のサミットや大臣会合にも招かれ、発言を求められた。

メディアへの対応

メディアへの対応も、ＡＤＢを代表するという意味で、総裁の大事な仕事だ。二〇一四年六月にスリランカに行ったときには、記者会見が予定に入っていなかったが、ＡＤＢの支援戦略は現地メディアの興味をひくのではないかと考えて声をかけてもらったら、一日前に言っただけなのに、テレビカメラ数台とともに三〇人ぐらいの記者が来てくれた。広報局には、どの国についても、他国との関係など政治的に難しい質問や、ＮＧＯ（非政府組織）がよく取り上げるプロジェクトの環境・社会配慮に関する問題で総裁が追及されるのは避けたいという考えもあるようだった。しかし、ＡＤＢがその国のために正しいことをやっていると信じるなら、堂々と説明すべきだ。それ以降は、各国を訪れたときは、必ず記者会見を開くようにした。

よく問題になるのが、ダムや道路の建設のために住民が移転を求められる際の手続きや手当てが十分であったかという点だ。しかし、ＡＤＢでは、プロジェクトによる悪影響から環境や社会をセーフガードする政策が確立されている。プロジェクトの環境や社会（住民）への影響は事前に「持続的開発・気候変動局」が地域局とともに丹念に評価し、それらへの対応（補償金、代替地など）を政府と一緒に検討して実施する。住民やＮＧＯから問題が提起されれば、まず「プロジェクト特別調整部」が現地に行って住民たちの相談に乗る。この部のウォレン・エバンス部長は、世界銀行で環境局長を務めたベテランだ。それでも解決しない問題は「環境社会配慮遵守審査部」と理事会直属の独立したパネル（数人の学識経験者からなるCompliance Review Panel）が、ＡＤＢがセーフガード政策をきちんと遵守したかどうかをチェックし、必要があれば是正策をとるよう理事会に勧告する。これらの一連のプロセスは、「説明責任メカニズム」（accountability mechanism）と呼ばれ、長い時間をかけて整備されてきたものであり、よく機能していたと思う。

プレスリリース（記者発表）にも力を入れた。各国を訪問する前に、面会の相手、各国の経済状況、なかでも経済成長や構造改革の成果、ＡＤＢのこれまでの協力、これからの支援戦略、プロジェクトの現場視察などを書き込んだ二枚程度のものを用意しておいて、訪問先で文言を加筆修正し、できれば面会の写真を加える。記者会見で配布をしたあとに、ウェブサイトで発表するというスタイルをとった。この作業は、メディアへの対応という本来の目的に加え、面会相手と話すときのポイントの整理、現地や本部でその国を担当するスタッフとの情報シェア、それに将来へのアーカイブ機能を果たすことになる。

総裁在任中には、ＣＮＮ、ＢＢＣ、ブルームバーグ、ロイター、ＷＳＪ、「エコノミスト」誌など国際的なメディアからのインタビューも多かった。もちろん、日本、中国、ドイツなどのメディアからの取材もたくさん受けた。インド出身のラメッシュ・スブラマニアン東南アジア局長は、ＮＨＫの英語版国際放送をよく見ると言っていた。カバーするニュースの範囲が広く、客観的なのだという。私も日本のメディアは、記者の数も多く、手間もかかっていて、結構よい記事、番組が多いと思う。

メディアから一番よく聞かれたのは、アジア経済の成長率や二〇〇八年の世界金融危機後の先進国の政策の影響、ＡＤＢとＡＩＩＢ（アジアインフラ投資銀行）の関係、中国への貸付姿勢などだ。テレビではインタビューがそのまま流されるので、スーツやネクタイにはそれまで以上にこだわるようになった。

ＡＤＢの組織を運営する

第三の組織運営、内部管理の責任者という役割が実は結構大変だ。ＡＤＢの職員は六八のメンバー国・地域から多様な人材が集まっている。三五〇〇人を超える全職員のなかで、どこの国にも赴任することが求められる国際職（インターナショナル・スタッフ）は修士号取得者を中心におよそ一三〇〇人だ。このほかのスタッフはナショナル・スタッフ、アドミニストラティブ・スタッフと呼ばれ、各国をまたいで異動することは基本的にない。ナショナル・スタッフは、各国で最も高い教育を受けたような人材であり、マニラでも現地事務所でも、当局との連絡やプロジェクトの準備、統計の整備などの重要な役割を果たしている。アドミニストラティブ・スタッフは補助的な、あるいは秘書的な役割で、この人たちの献身がなければ組織は回らない。

現地事務所は、各国を訪問するたびに訪れ、スタッフとの意見交換の機会を持つようにした。なお、ＡＤＢは二九の途上国に現地事務所があり、ワシントン、東京、フランクフルトにも代表事務所を置いている。このほか太平洋の小さな国には最近相次いで連絡事務所を開いている。二〇一九年には民間セクター向けの業務を支援する小規模のオフィスをシンガポールに立ち上げた。

公平で実力本位の採用や人事、効果的な組織運営がＡＤＢの使命を実現する前提となる。次ページの図表4が示すのが幹部陣と部局だが、これを見ても、多くの国の出身者がいることがおわかりいただけると思う。図表5（九七ページ）には、国際スタッフの国籍別の内訳が出ている。日本は一五二人で最大の勢力だが、多くの国からスタッフが来ている。米国、英国、オーストラリア、カナダなどの国籍を持つ人でも、インドや中国などアジア出身の人も多い。専門分野ということでは、経済学、ビジネス、会計、法律、国際関係論、エンジニアリング、環境など、さまざまだ。博士も少なくないし、学部卒で経験を重ねた人も多いが、多数は修士レベルだ。

日本人は、世界銀行や国連の機関、ＪＩＣＡ、ＪＢＩＣ、民間金融機関、技術系の企業、国土交通省、農林水産省などで国際的な仕事をして、転籍してきた人が多い。企業や官庁（財務省、環境省、会計検査院など）からの出向者もいる。日本人女性は二〇二〇年一月時点で五〇人が活躍している。国籍より個人の違いのほうが大きいので一般化できないが、日本人スタッフは、基礎的な教

図表４／アジア開発銀行組織図（2019年12月末現在）

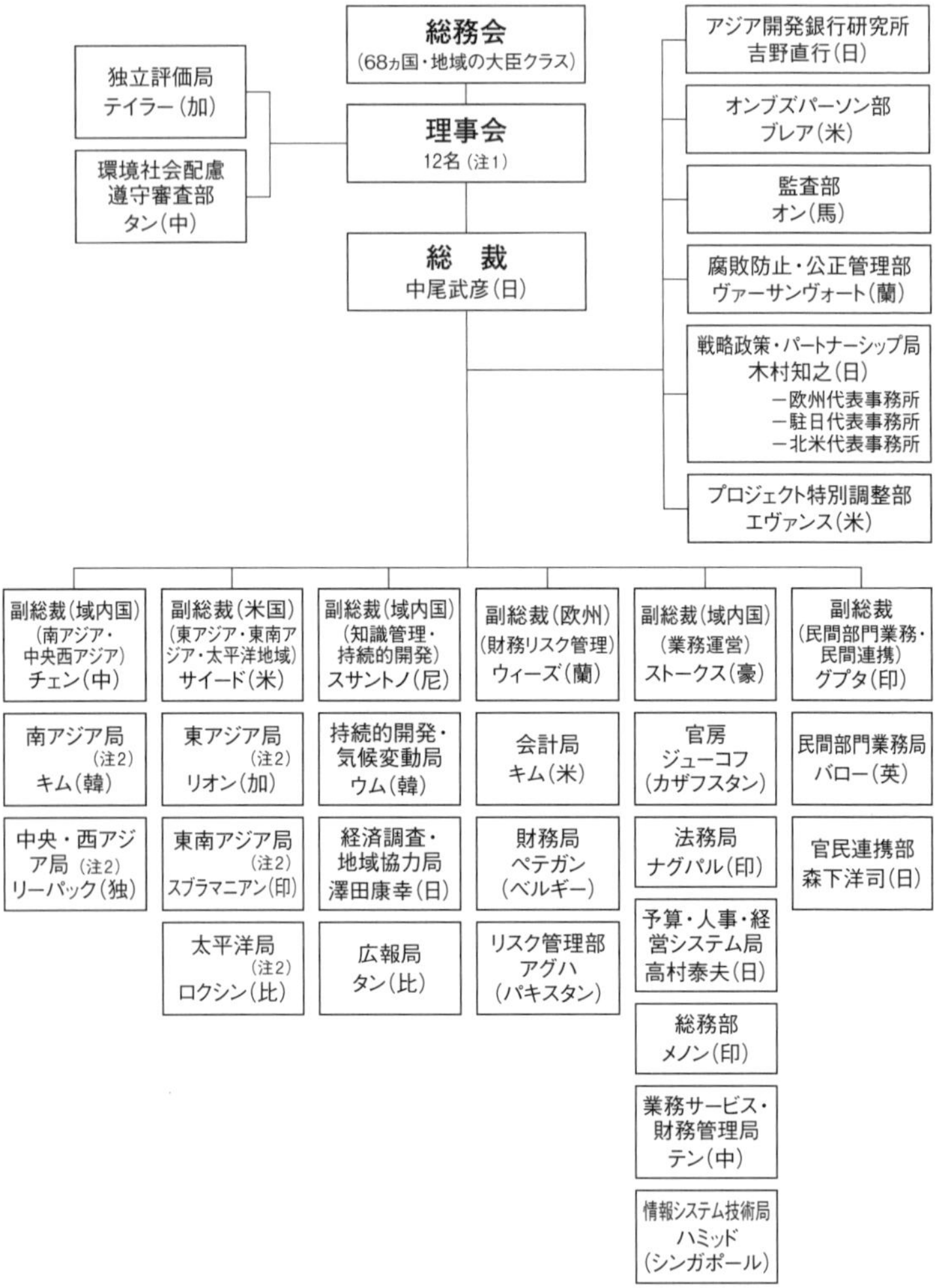

注１：現在の12名の理事の出身国は日、米、加、独、仏、豪、中、韓、尼（インドネシア）、印、馬（マレーシア）、比（フィリピン）。
注２：各地域局の下、29の国に現地事務所あり。

図表５／加盟国によるアジア開発銀行への貢献

（2019年末）

通常資本財源（OCR：Ordinary Capital Resources）（出資シェア／投票権シェア）
日本（15.6%／12.8%）、米国（15.6%／12.8%）、中国（6.4%／5.4%）、インド（6.3%／5.4%）、豪州（5.8%／4.9%）、インドネシア（5.4%／4.6%）、カナダ（5.2%／4.5%）、韓国（5.0%／4.3%）、ドイツ（4.3%／3.8%）、その他（30.4／41.5%）
アジア開発基金（ADF）（累積拠出シェア）
日本（38.1%）、米国（13.8%）、豪州（7.9%）、カナダ（6.0%）、ドイツ（5.7%）、英国（5.0%）、フランス（4.2%）、その他（19.3%）
専門職員数（1,291人）
日本（152）、米国（143）、インド（92）、英国（81）、豪州（78）、韓国（75）、中国（65）、カナダ（56）、フィリピン（48）、フランス（45）、ドイツ（44）、パキスタン（42）、インドネシア（30）、その他（340）

育をきちんと受けているし、組織での基本的な動作を身に付けている人が多いという印象だった。日本人はよくおとなしいと言われるが、ＡＤＢで働く日本人たちを見るかぎり、国際的な経験が豊富なこともあり、メッセージを明確に出すことに慣れていて、決しておとなしくはない。

櫻田謙悟ＳＯＭＰＯホールディングス社長（現・経済同友会代表幹事）のインタビュー記事に出ていたが、同氏が一九九〇年代にＡＤＢに出向したとき、歓迎のランチで「私はまだ何もわかりませんので、よろしくお願いします」と日本では普通の謙虚な挨拶をしたら、同じ時期に着任した経済学博士のドイツ人が、「自分は皆さんにない経験と知識を持っているはずなので、何か付加価値がある仕事でお役に立ちたい」と言ったことに印象付けられたそうだ（「日本経済新聞」二〇一八年二月一日付夕刊）。女性の活躍、実力主義、アウトプット主義の人事にも刺激を受けたという。日本的な人事のあり方にもよさはあると思うが、私も、高度成長期とは違い、国も企業も将来の方向性が決まっておらず、グローバルな競争がますます厳しくなるなかで、多様な人材の活用、付加価値がある仕事のできる突出した人材の抜擢は不可避だと思う。

すべてのスタッフの採用と任命は、設立協定（加盟各国の批准を経た条約）では総裁の権限であり、実際、局長・部長、次長までの採用と昇任には深く関与し、実質的な決定を行った。課長以下の人事は、私が最終的に決裁するにしても、あまり意見を出すと、すべてのスタッフを同じように知っているわけではないので、不公平になってしまう。また、人事の権限を持ちすぎることは、スタッフが率直な意見を言いにくい環境につながる。基本的には、人事予算局長と副総裁たちの判断を尊重した。

副総裁は、ＡＤＢの発足当初は一人で、設立準備にも当たったインド財務省出身のクリシュナ・ムルティ氏が長くその職にあった。現在六人いる副総裁は、着任順に、インドネシア、インド、オーストラリア、オランダ、中国、米国から来ている。欧州、米州、アジアというように地域を絞って各国政府から推薦をもらい、あるいは民間の人材コンサルタントに呼びかけてもらい、ショートリストに綴った候補者何人かを総裁がインタビューして候補者一人を理事会に推薦し、理事会が決定することになっている。これだけスタッフの数が増えて、業務が多岐にわたり、出張の機会も増えると、有能な副総裁が支えてくれることは非常に重要だ。六人の副総裁の担当分野は図表4を見てほしい。

二〇一一年十月に黒田前総裁のときに選任され、私が二回再任を推薦したのが米国出身のスティーブ・グロフ副総裁だ。二〇一八年二月までの長期間にわたり東アジア、東南アジア、太平洋諸国を担当した。祖先にバーモント州の知事がいる名門の出で、エール大学とハーバード大学大学院を出ているが、若いころはアラスカで漁船に乗って学費を稼いだり、米国の平和部隊（青年海外協力隊の米国版）に所属してフィリピンに派遣されていたこともある。ＡＤＢやＯＥＣＤでスタッフの経験のある開発の専門家で、二〇一九年三月にサウジアラビアの国家開発ファンド（ＰＩＦ）総裁に転身した。

新人の採用は、ヤング・プロフェッショナルという制度で、修士あるいは博士をとって間もない若いスタッフを数名から一〇名程度採用するほか、むしろ多いのは、三十代から四十代の一定の経験を積んだ専門家の中途採用だ。ポストが空いたら、内部からの昇進、異動もあるが、他の国際機関や民間企業からの応募や推薦を経て、いろいろな方面から情報を集め、インタビューを何度かやって採用する。

内部からの昇進、異動の場合も、前任者の退職や転職、本人の希望に基づく部内異動で空きができたときに、スタッフが自ら応募をして、レベルに応じて人事関係のパネル（審査会）を開催し、インタビューを経て決定する。財務省を含めた日本の組織の多くでは、職員は希望を出すことはできても、ほとんどの人事は定期異動でいわば一方的に通知されるものだから、かなり異なる。ＡＤＢのほうが公平で、透明性があるというメリットがあるが、一方で、ある仕事に就いてそれに満足していると異動を希望するインセンティブがなくなり、他のスタッフ、若いスタッフのチャンスを減らす。本人にとっても別の分野を知る機会を妨げ、結局は組織全体の生産性を下げるデメリットもある。私自身は、財務省の定期人事異動で、いろいろな分野を経験できたことはすごくよかったと感じている。

ＡＤＢ総裁として、人事については次のような改革を進めた。①人事面のモビリティ（動き）向上の観点から、あるポストに長くいるスタッフは他の部署に異動することを誘導する、②局と局の間、現地事務所と本部の間の異動を増やす、③課長以上の採用自体を固定期間（fixed term）三年にして業績をよく見る、④課長以上のスタッフについて三六〇度評価を行う、⑤ポストに空きができる前から一定の見込みに基づいて募集をはじめて空白期間を減らす、⑥日本、韓国、米国などの企業から、出向ベースで特定分野のエキスパートに来てもらう、⑦より効果的な人事評価を行い、スタッフ自身による目標設定や処遇と連動させる、などである。国際職のスタッフに最初から個室が用意されているなかで、局長や課長たちのコミュニケーションやリーダーシップの能力を高めるためのトレーニングも増やした。

私は、スタッフの採用や昇進を考えるときに、国籍を気にしたことはあまりない。学歴も昇進には関係がない。仕事を進める能力があるか、誠実であり開発への熱意があるか、新しいアイデアを持っているか、部下や同僚たちとうまくコミュニケーションがとれるか、リーダーシップがあるか、といったことこそが大事だ。

一方、女性の比率を高めるというジェンダーの平等は、国際的な課題であり、ＡＤＢの国際職でも四〇％を目指していて、現在三七％まで来ている。副総裁六人のうち二人は女性だし、局長クラスでも私の退任時に六名が女性だった。ＡＤＢはインフラ建設のための仕事も多く、大学、大学院で技術系を専攻する女性がそもそも少ないことが制約になるが、そのような分野でも女性の比率は上がってきている。環境社会配慮の専門家、法律家、エコノミスト、会計士などは、女性の応募も多い。女性を女性というだけで優先することは組織の目的ではなく、あくまでも途上国の開発支援が目的なのだが、同じレベルの評価であれば、女性を優先するという方針をとってきた。

マニラの生活で、一般にメイドやドライバーが雇いやすいことは、女性が子育てをしながら働き続けることを助けている。もっとも、低賃金のメイドほかの家事補助の存在はフィリピンの貧富の格差を反映しているのではあるが。一方で、国際職のスタッフがパートナーと共働きをする機会が限られていること、独身の人にとっては交際を広げる場が少ないことが問題だという調査結果も出ていた。

シンポジウムに学者や専門家を招くとき、あるいは舞台に上がってもらうパネリストを選ぶときには、かならず女性が一人以上入っているようにした。女性が活躍する姿を示すことは、ロールモデルとして後進の女性に励みになるし、組織としてジェンダーへの取り組みの姿勢を表すことにもなる。日本のニュースなどで、男性しかいない会議を見ると、会議の中身や性質などと無関係に、反射的にどこか違和感を覚えてしまうようになった。

国際機関は、協定上、各国から職務上の特権および免除を与えられている。たとえば、国際機関は課税されないし、その敷地に各国当局が簡単に入ることはできない。職員たちも、職務遂行上の行為に対して訴訟の対象にならないし、給与は免税になる。もっとも、米国は、米国市民がどこの国にいても課税するという珍しい市民課税の仕組みを持つ国だが、ＡＤＢに加盟する際に自国市民に対する課税権を留保したので、ＡＤＢの米国人職員は米国の所得税を払っていた。居住者に課税する仕組みの日本も、加盟時に日本人に対する課税権を留保しており、東京オフィスにいる日本人職員は課税の対象となる。

総裁になって気づいたのだが、仮にスタッフが職務上の不正を行った場合、解雇などの民事的な処分はできても、刑事罰を科すことはできない。各国の公務員であれば、収賄や横領などをすれば、懲戒免職のうえに、罪の重さにもよるが禁固や懲役の刑事罰を受ける。国際機関もあえて特権・免除をこちらから放棄して、各国の裁判所に不正を訴え、刑事裁判に委ねることもできるだろうが、よい前例にならないし、公正な裁判が受けられるかどうかの保証がない。考えてみれば、刑事罰は、検事、弁護人、裁判所、「正当な法手続き」、それに刑務所があってはじめて成り立つ。私が総裁の任期中に幸いそのような深刻な不正はなかったが、特権・免除が与えられているからこそ、自ら規律を正すことが余計に大事になる。

規律という意味では、給与や年金などについても同様だ。国際機関は、各国の政府に比べると、議会、メディア、そして国民による監視は緩やかになりがちだ。母国を離れて難しい仕事に取り組んでいるわけであり、民間企業や他の国際機関などと競争してよい人材をとる必要があるが、加盟各国の財政や年金が厳しくなっているなか、加盟国の納税者に資金を出してもらって、アジアの途上国の貧しい人を支援しているという組織の基本を忘れてはならない。各国政府、納税者のＡＤＢに対する信託を大事にすることは、マネージメントの義務だ。私の総裁任期中は、給与の伸びを抑制気味にし、諸手当の見直しを行い、二〇一七年十月以降に入行するスタッフから年金を確定拠出型を基本にするという改革を行った。これらの改革が、ある意味で一番神経をすり減らした仕事だった。

このほか、組織運営に関しては、ＩＴシステムとデータ管理の更新と効率化、業務継続計画（ＢＣＰ）の強化、いろいろなハラスメントに対応するメカニズムの整備、ＬＧＢＴ（ゲイやトランスジェンダーなど）に対する差別の排除、独立評価局の知見の活用などに時間とエネルギーを費やした。

ＩＴおよびデータ管理の改革については、ＡＤＢの情報システム技術局長でシンガポール出身のシリン・ハミッド氏が大いに活躍した。彼女はＵＮＤＰ（国連開発計画）のＩＴ部門の長からの転身だ。データのスタンダード化には、一九八〇年代からのＡＤＢスタッフで東アジア局長から転じて総裁特別上級顧問になった小西歩氏の貢献も大きかった。

新型コロナウイルスの広がりから、ＡＤＢは二〇二〇年三月から基本的に在宅勤務（Work from Home）の体制を余儀なくされたが、これまでのＩＴ改革により決裁のペーパーレス化、電話会議・文書同時編集のシステム向上、送信データの容量の拡大などが進んでいたことが大いに役立った。ＩＴ担当のピエール・パッサン課長はフランス出身、世界銀行からの転籍組で、私自身もパソコンのトラブルなどに助言をもらったが、在宅勤務体制を支える超多忙な任務を遂行している。

人事関係の改革や個別の人事、組織の問題を扱うのは、苦労の多い仕事だ。私の後半の三年間を共に働いたデボラ・ストークス副総裁は、元オーストラリアの外務貿易省の局長だが、ローズスカラーでケンブリッジ大学の修士をとった秀才で、緻密さとバランス感覚、ガッツを兼ね備えていた。東京の大使館で公使をしていた知日派でもあり、本当に私を助けてくれた。彼女のもとで、予算人事局の大矢俊雄局長と高村泰夫局長がさまざまな改革をリードし、実現していった。予算人事局長は組織の要であり、副総裁たちの面接を経て、歴代日本の大蔵省・財務省出身で国際経験が豊富な人材が務めてきた。

組織運営と言えば、米英系の企業、組織ではどこもそうなのだと思うが、ＡＤＢでも法務局の役割が非常に重要だ。各国政府向け・民間企業向けの貸付の契約書、各種の政策と設立協定の整合性、調達のガイドライン、人事問題、理事会との関係など、広範な分野をチェックし、コメントを述べる。法務局長（General Counsel）は理事会に常に出席し、その場で法律的な意見を理事会メンバーから求められることもある。ＡＤＢの法務局には九〇人のスタッフがいて、そのうち七〇人は法曹資格を持っている。

私が着任したときから二〇一九年の秋まで法務局長だったクリス・スティーブンソンは、香港のローファームから来た米国人で、ニューヨーク大学ロースクール出身の優秀な法律家だ。広い知識とガッツとコモンセンスをあわせ持ち、条文が先にありきではなく、協定や法律が何を規制しようとしているのかに立ち返って、ときに堅固に、ときに柔軟に法律問題を処理してくれた。ただ、国際機関では通常使わないような難しいボキャブラリー（たとえば、「中身のない言葉」という意味の platitude など）を突然使うことがあった。「エコノミスト」誌に出てくる単語を単語帳を作って片っ端から覚える努力をIMF勤務時代に始めたが、それが役に立ったと思う。お嬢さん三人は私の息子たち二人とインターナショナル・スクールで近い学年であり、よいパパぶりを発揮していた。ADBのあとは、世界銀行グループの民間部門向け機関である国際金融公社（IFC）の法務局長に転じた。

理事会との関係を考える

ここで、理事会との関係についても触れておきたい。ADBは、加盟国の出資によって成り立っている国際金融機関であり、決定はWTO（世界貿易機関）やWHO（世界保健機関）などのような一国一票ではなく、IMFや世界銀行と同様、出資比率に基づく投票権による。もう一度、九七ページの図表5を見てほしい。通常資本財源は、設立最初からある、いわゆる資本に当たるもので、投票権はこれに基づいている。出資比率と投票権に差があるのは、小国に配慮するために基礎票があるからだ。アジア開発基金（ADF）は、もともと長期、低利の譲許的（緩和された条件の）融資やグラント（無償支援）のための任意の拠出金であり、実はこちらのほうが先進国を中心に拠出国の負担は大きいが、投票権には結びつかない。第12章で述べるように、グラント関係の業務をＡＤＦに残し、譲許的貸付の業務とそれに対応する拠出金は二〇〇七年初に通常資本財源に統合した。

理事会　前列左よりチェン副総裁、グプタ副総裁、ジューコフ官房長、著者、ストークス副総裁、ウィーズ副総裁、後ろは関係部局のスタッフたち（2019年11月）

予算、資金調達、重要な戦略、個別の融資プロジェクトなどは、総裁から理事会に諮り、理事会の過半数の承認を得なければならない。理事会は、一二の理事とその代理としての一二の理事代理からなる。投票権を反映して配分されるので、日本、米国、中国は一国で理事および理事代理を選出するが、他の九つの理事室（チェアと呼ぶことがある）は複数の国が選出母体を作っており、日米中とオーストラリア（カンボジア、香港、いくつかの太平洋諸国や中央アジア諸国もこの理事グループに属する）以外は、理事と理事代理は別の国から選ばれ、各理事室に属する各国がローテーションを組んでいる。

私が退任する時点で、六つのアジアの途上国、すなわち中国、インド、インドネシア（理事代理はニュージーランド）、フィリピン、タイ、韓国（ベトナム、ウズベキスタン、スリランカ、台湾、パプアニューギニアが理事室に属する）が理事を出していた。域内先進国からは、日本とオーストラリア、域外先進国からは、米国、フランス、ドイツ、カナダから理事が来ていた。

フランスはイタリアやスペインなどと組んでいるので「ワイン・カントリーズ」、ドイツは英国などと組んでいるので「ビール・カントリーズ」、カナダは北欧と組んでいるので「アイス・カントリーズ」と呼ばれている。これらの国は一般に、気候変動、ジェンダー、プロジェクトの環境社会配慮が十分か、といったことでの注文が多い。

米国は、ＡＤＢで日本と同じ出資比率、投票権比率を持っており、ＡＤＢの創設も米国の支持があって可能となった。アジアへの関与のあり方としてＡＤＢを重要視しているが、増資などの形で自国の納税者の負担が増えることは望まず、予算の効率的使用を求める。議会の行政府に対する縛りが法律に入っていることもあり、特定の国に対するプロジェクトについては、棄権または反対を自動的に投票することも多かった。

オーストラリアは、太平洋諸国の支援に熱心で、民間セクターへの支援も重視しているし、アジアの途上国チェアは、一般にプロジェクトが円滑に実施されることを求める。

日本理事は、おおむねマネージメントをサポートする立場だが、質の高いインフラの整備や国民皆保険の普及などには関心が高い。

理事会決定は、投票権の過半数をとることで決まり、同じ理事室のなかで意見が分かれるときには国ごとの投票権を計算する。日本と途上国の投票権を合計すれば五八％となり、逆に日本と他の先進国の投票権を合計すればこれも五〇％を超える。仮に過半数を超える見込みであっても、あまり強引に理事会に持って行くと、信頼関係が壊れて円滑な機関運営ができなくなるので、最後まで意見の一致を目指し、最後は、賛成はできないが理事会の開催自体は反対しないというところまで持っていく。

今でもよく覚えているのが、二〇一三年九月に理事会を通したウズベキスタンの灌漑プロジェクトだ。旧ソ連時代の古いポンプを省エネの最新のものに換えて、より多くの飲料水や農地用水を供給し、同時に二酸化炭素排出も削減するというプロジェクトだったが、国際的なＮＧＯが、水の一部が強制労働、児童労働が行われている綿農場に行くことになると批判し、問題になった。

同国のアジモフ財務大臣と電話で何度も話したが、綿農場は十九世紀以来のロシアによる支配の産物で、実は同国自身が綿栽培からの農業の多角化を図っている。収穫期に国民が一斉に綿花の収穫に当たるのが同国での習慣だが、一定の給金も払われているという。結局、理事会を一ヵ月延長している間に、強制労働や児童労働が行われないよう国際労働機関（ＩＬＯ）のモニターを受けるという条件をセットし、理事会では日本とアジアの途上国が賛成、その他は棄権ないし反対で、どうにか通すことができた。

理事たちの多くは、各国の行政府から来ており、特にアジアの理事たちはかなりの高官が来ている。行政経験があるので、理事というよりは総裁をはじめとするマネージメントが行っている経営そのものに関心がある人もいて、スタッフへの個別の質問やコメントが非常に多い場合がある。理事会とマネージメントを設立協定が分けて、日々の経営は後者に委ね、重要な決定は理事会が行うというのは、効率的な組織運営に必要だからだ。理事会がまとまって行動する場合はともかく、各理事の行動規範として、個別案件にマネージメントと同じような立場で踏み込みすぎないという点は大事だ。一方で、理事たちに必要な情報を提供するのはもちろんマネージメントの義務だし、理事会による重要事項の決定、マネージメントの業績のモニターはガバナンスの基本だ。

ＡＩＩＢの理事たちは北京に在住せず、理事会はときどき招集されるか、インターネットを通じて行っている。そのほうが企業の経営に近く、効率的ということであり、一理ある。ただ、私自身ＡＤＢについては、利潤を追求する企業とは異なり、開発に対する考え方、ＡＤＢに対する期待は加盟国によって多様なので、一つの場所で意見を述べあうことには大きな意義があると思う。同じ建物のなかに理事たちがいて、ときどき社交でも一緒になり、難しい問題も最後は同僚の（collegial）精神で取り組んでいくことができるのもよいことだ。

理事会および総務会（すべての加盟国の総務つまり財務大臣等がメンバーで、総裁の選任、増資等の最重要事項を決定）の面倒を見るのは、官房長（Secretary）という重要ポストであり、総裁が理事会で議長をする際に、副総裁たちと並んで、常にそばに座っている。私の任期中、官房長は、オランダ出身のマリアン・バーケン氏が半年ほどで欧州復興開発銀行（ＥＢＲＤ）の法務局長に転じたあと、韓国出身のウーチョン・ウム氏、カザフスタン出身のユージン・ジューコフ氏が務めた。いずれも安定感があり、理事たちからの質問やコメントにも誠実に対応してくれた。

第5章　アジア経済の現状をどう見るか

七年間にアジアはどう変わったか

「任期中に、アジアや世界は一体どう変わったかと思うか」

ＡＤＢ総裁辞任の意図を二〇一九年の九月に発表した後、二〇一九年十二月に中国に出張した際、中国の英語テレビ局ＣＧＴＮのインタビュー番組で聞かれた質問だ。突然の大局的な質問だったが、これまで考えてきた論点を三つ挙げた。七年の間に、本当にアジアも世界も大きく変わった。

一つ目は、先進国が二〇〇八年のリーマン危機に始まる世界金融危機以降の低成長やデフレ的な状況から抜け出せず、長期的停滞という議論もあるなかで、アジア経済が堅調に成長し、世界のなかでの存在感を増したことだ。このことについては、以下で詳しく述べていく。

二つ目は、中国の大国として台頭だ。中国自身は自国をまだ途上国だと言っており、実際に貧しい地域の状況を見るとまだまだ遅れているが、経済面では今や日本のＧＤＰの三倍、米国のＧＤＰの七割に近づく規模であり、国際的なパワーであることは間違いがない。ＡＩＩＢ、「一帯一路」

などのイニシアティブも取り始めている。中国の動きは近隣諸国のみならず世界にも影響が大きく、中国自身が自らのパワーを自覚して、これまで以上に責任ある行動をとることが求められている。

三つ目は、アジアでも世界でも、新技術の影響が次第にはっきりと認識されるようになってきたことだ。インターネットをはじめとするデジタル技術、人工知能やビッグデータの技術はさらに発展し、それらを活用する産業も急速に拡大している。遠く離れた場所への低コストの金融サービスやデータを使ったきめ細かい教育、医療などメリットがある一方で、プライバシー、税制、雇用への影響、いわゆるプラットフォーム企業への利益の集中などの課題も多い。グローバル化の進展と新技術の影響から各国で所得格差が広がっており、それは政治にも影を落としつつある。ポピュリスト的な動きを問題にするだけではなく、各国政府が普通の国民の不満を真剣に受けとめる必要がある。

アジア経済は全体として堅調な成長を続けてきた

ＡＤＢは毎年四月にアジア各国の経済見通しを「アジア開発見通し」（ＡＤＯ）として発表し、年に数回改訂版を出す。その主な対象は、ＡＤＢの域内四九加盟国・地域のうち日本、オーストラリア、ニュージーランドを除く四六ヵ国・地域（以下「アジアの途上国」）である。新興工業経済（ＮＩＥｓ）と呼ばれた四ヵ国・地域、すなわち韓国、シンガポール、台湾（Taipei,China）、香港（Hong Kong, China）も、今は高所得だがかつてＡＤＢから借入を行っており、ＡＤＢの分類上は途上国に含まれている。

ＡＤＢでは、域内国の定義は、設立当時からの整理にしたがって国連アジア太平洋経済社会委員会（ＥＳＣＡＰ）の域内加盟国であってＡＤＢに加盟した国である。一方、域外加盟国は、アジアの開発に貢献する意思を持って加盟した国であり、現在は米国、カナダ、それに欧州の国々の合計一九ヵ国となっている。

図表6に見られるように、アジアの途上国には、人口、一人当たりＧＤＰ（国内総生産）、国全体のＧＤＰのどの指標で見ても、大きなばらつきがある。二〇一八年のデータでは、中国は一人当たりのＧＤＰが一万ドルに迫り、人口も一四億人と多いので、全体のＧＤＰは一三・六兆ドルに上る。

図表6／アジアの国別データ（2018年）

	人口（百万人）	GDP（十億ドル）	1人当たりGDP（ドル）
中国	1,392.7	13,572	9,745
インド	1,333.2	2,727	2,045
インドネシア	265.0	1,042	3,932
パキスタン	200.9	312	1,555
バングラデシュ	163.7	274	1,675
フィリピン	106.6	331	3,104
ベトナム	94.5	231	2,440
タイ	66.4	505	7,603
マレーシア	32.4	354	10,942
ミャンマー	53.9	65.5	1,217
スリランカ	21.7	88.9	4,098
ウズベキスタン	32.8	51	1,539
シンガポール	5.6	361	64,042
韓国	51.6	1,619	31,362
アジア途上国・地域	4,013.4	22,959	5,721
NIEsを除くアジア途上国・地域	3,925.1	20,026	5,102
ASEAN諸国	647.3	2,946	4,551
先進国			
ユーロ圏	339.0	13,639	40,238
米国	327.4	20,580	62,869
日本	126.5	4,972	39,304
ドイツ	82.9	3,951	47,662
英国	66.4	2,829	42,580
オーストラリア	25.2	1,420	56,420

出所：ADB「アジア経済見通し」データベース（2019年12月）、先進国についてはIMF「世界経済見通し」（2019年10月）。

米国には及ばないものの、今後も一定の成長を続ければいずれＧＤＰで米国を抜く可能性があるとされている。また、ＧＤＰでは、中国がアジアの途上国全体の六割近くを占める圧倒的な規模となっている。ほかの国の一人当たりＧＤＰは、インドはおよそ二〇〇〇ドル、インドネシアは四〇〇〇ドル、フィリピンが三一〇〇ドル、ベトナムが二五〇〇ドルぐらいである。

私は常々、アジアの成長は底堅いということを強調してきた。アジアの途上国は、中国が第６章でも述べるようなさまざまな理由で減速してきていることや、米中貿易摩擦の影響などで減速傾向にあるものの、図表７にあるように、全体で六％程度の成長をしてきた。すでに高所得国になっているＮＩＥｓ四ヵ国を除くと六・五％程度の成長だ。中国の人件費の上昇や中国に生産拠点を集中

図表７／アジア各国の成長率

	2016年	2017年	2018年
中国	6.7	6.8	6.6
インド	8.2	7.2	6.8
インドネシア	5.0	5.1	5.2
パキスタン	4.6	5.2	5.5
バングラデシュ	7.1	7.3	7.9
フィリピン	6.9	6.7	6.2
ベトナム	6.2	6.8	7.1
タイ	3.4	4.0	4.1
マレーシア	4.5	5.7	4.7
ミャンマー	5.9	6.8	6.8
スリランカ	4.5	3.4	3.2
ウズベキスタン	6.1	4.5	5.1
シンガポール	3.0	3.7	3.1
韓国	2.9	3.2	2.7
アジア途上国・地域	6.0	6.2	5.9
NIEsを除くアジア途上国・地域	6.5	6.6	6.4
ASEAN諸国	4.8	5.2	5.0
先進国			
ユーロ圏	1.9	2.7	1.9
米国	1.6	2.4	2.9
日本	0.6	1.9	0.8
ドイツ	2.2	2.5	1.5
英国	1.8	1.8	1.4
オーストラリア	2.0	2.5	2.7

出所：ADB「アジア経済見通し」データベース（2019年12月）、IMF「世界経済見通し」（2019年10月）等。

させることのリスクを回避するいわゆるチャイナ・プラス・ワンの考え方にしたがって生産の拠点をバングラデシュやカンボジア、ベトナムなどに移す動きもあり、そうした国の成長はむしろ強まる傾向にある。アジアの成長を支えてきたのは、開放的な貿易・投資体制のもとで、各国と貿易や直接投資を通じたサプライチェーンを構築し、生産能力を高めてきたことだ。

アジア自体に強い国内需要があり、それが成長を牽引してきた。国内需要は、インフラや生産設備への投資の伸びに加え、旺盛な消費需要にも支えられている。所得が上がってくれば、バイクや家電製品、さらに自動車、エアコン、液晶テレビ、それに化粧品などの日用品に対する需要も強くなる。高度成長期の日本がそうであったように、アジアの途上国では、消費者のよりよい生活をしたいという気持ちがとどまることはない。

欧米のエコノミストのなかには、ほとんどの最終需要があたかも米国と欧州にあるというイメージを持っていて、二〇〇八年から二〇〇九年の世界金融危機のあとの先進国の成長低下でアジアの成長も深刻な影響を受けると指摘していた人がいた。いわゆるデカップリング（分離）ができるかどうかという議論だ。実際、世界金融危機後アジアの成長率も下がったが、それほど深刻なものではなく、逆に中国の財政金融による刺激策もあって、アジア途上国の成長は二〇〇八年、二〇〇九年の六%台から九%台に回復し、その後も七%台から六%台の成長を続けてきた。毎年七%で成長すれば一〇年で、六%で成長すれば一二年で経済規模は二倍になる。今のところ高い成長を維持していると言える。

アジア各国の経済は欧米とも密接につながっているので、それによって景気が左右されてしまう部分はある。しかし、それを言えば、米国や欧州にとっても、アジアの需要は大事であり、アジアが偏った形で対外需要に依存しているわけではない。中国は非常に開放的な経済でＧＤＰに占める輸出と輸入の比率は高く、財・サービスの輸出はリーマン危機が九月に起きた二〇〇八年にはＧＤＰの三五％に達したが、二〇一八年は二〇％まで低下した。また、輸出入の差である純輸出を反映した経常収支のＧＤＰ比は同期間に一〇％から〇・四％に縮小している。最近の成長のエンジンは輸出ではなく、投資や消費の内需だ。

長期停滞論はアジアには当てはまらない

ちなみに、先進国については、いわゆる「長期停滞」(secular stagnation)が盛んに議論されている。サマーズ元米国財務長官は、二〇一六年春に米国の雑誌「フォーリン・アフェアーズ(Foreign Affairs)」に寄せた論考で、世界の成長率の低下は貯蓄に対して投資が少ないことが大きな要因であり、長く続く可能性があると指摘している。その背景としては、①貯蓄率の高い富裕層への所得や富の集中、②Googleのように利益が巨大でキャッシュをためている会社の増加、③外貨準備や資源国のソブリン・ウェルス・ファンド(国家資産ファンド)などの資産拡大、④技術革新の速さから陳腐化をおそれて投資を後に回す傾向、⑤労働人口の減少による投資リターンの低下、を挙げている。

確かに日本を含む先進国の状況はよく説明していると思う。要は、お金を借りてでも投資をしたいという人より、今は貯蓄をして消費を先に延ばしたい人が増えているということだ。このような世界では、消費を先に延ばす対価としての金利も低くなる。物質的に恵まれた社会では、これを買いたい、あれもほしい、という衝動が乏しい。通常の経済学では、高齢者は貯蓄を取り崩すと考えられてきたが、自分の寿命がわからないので、最後まで貯蓄をする傾向も見られる。高齢化のなかで将来に不安のある若年層も、消費を節約してより多く貯蓄をする。一方、新興国からの競争の激化で価格は下がり、投資意欲も弱くなりがちだ。

もちろん、今我々が大量に消費している自動車もテレビもエアコンも、産業革命が始まったときには夢の話でしかなかったように、消費や投資は技術革新に促されるので、先のことはわからないのではあるが。いずれにせよ、アジアの途上国に関するかぎり、長期停滞論は当てはまらないだろう。

この原稿を書いている二〇二〇年春の時点で、米中の経済摩擦は少し緩和されたとは言え、技術面や安全保障関連も含めてまだまだ先行きは不透明であり、今後も両国はお互いを必要としつつ別の側面では競争、ないし対立を続ける可能性も高い。

また、二〇二〇年初から明らかになった新型コロナウイルスの流行は、人やモノの動き、生産活動にまで深刻な影響を与えている。消費や投資という需要面、サプライチェーンへのダメージから来る供給面の双方が縮小を余儀なくされている。

いずれも、数年前までは想定外のことだった。しかし、相当程度の調整が必要だとしても、これまでの経済摩擦や一〇〇年前のスペイン風邪のあとがそうであったように、経済的な理由のあるグローバルな人やモノのネットワークが大きく逆戻りすることは考えにくい。長期的には、各国が適切な政策を取り続けるかぎり、強い内需と生産能力の拡大を背景に、これからも多くのアジアの途上国が堅調な成長を持続する可能性が高いと考えている。

「経済発展の八条件」を考える

アジア各国が適切な政策を続けるかぎり、アジアには持続的な成長が期待できると述べたが、それでは、適切な政策とは何だろうか。

私は総裁に着任してしばらくしたころ、日本語、英語の雑誌や新聞（『日本経済新聞』二〇一五年一月十六日「経済教室」など）への投稿を通じて、「経済発展の八条件」という考えを発表した。これまで言われてきたことと比べてそれほど新味があるわけではないが、私自身がアジアの各国を回って感じたことや日本の財務省やＩＭＦでの経験を踏まえたものだ。

私は以前は、各国が発展するのかどうかは結局はその国の実力、たとえばもともとの教育の程度や労働者の勤勉性、培ってきた技術の伝統、などに大きく依存するのではないかと思っていた。しかし、各国を回ってみて、政府の政策のあり方によって発展は大きな影響を受けるという思いが強くなった。なぜ一九五〇年代には日本に次ぐ一人当たりの所得水準を誇っていたフィリピンが、ＡＳＥＡＮの当初の加盟国五ヵ国のなかで最下位になってしまったのか。中国とインドはいずれも古代から高度の文明を築いてきた大国なのに、一人当たりＧＤＰや社会指標でなぜこれほど差が付いてしまったのか。

八条件の第一は、インフラへの投資だ。電力、道路、港湾などが整備されていなければ、国内産業は発展しないし、外国からの直接投資も来ない。国民生活にも大きな影響がある。インフラ投資は民間の電力会社なども行うので多少定義が異なるが、ＧＤＰに占める公共投資の比率を見ると、中国は他国に比べて非常に高い。実際、中国に行くたびにハイウェイや都市インフラが新しく作られているのに驚く。

第二は、教育や保健など人的資本への投資だ。多くの国で小学校への入学率は高くなっているが、中等教育や高等教育の質はどうか、職業訓練が産業のニーズと結びついているのか、など課題は多い。

第三は、マクロ経済の安定だ。インフレ率が二ケタであるとか、財政が不安定で金利も高いような環境では、将来を見通すことは困難であり、将来のために貯蓄したり投資をしたりすることが阻害される。

第四は、開放的な貿易・投資体制、民間セクターの促進だ。あとで詳しく論じるが、中国やベトナムなどもともと計画経済であった国のみならず、インドやインドネシアなど多くの国が反植民地主義、社会主義の影響で輸入代替（先進国から輸入していた工業製品を国内での生産に代替する政策）、価格統制、産業の国有化などを進めた時期があり、成長を大きく妨げた。その後アジアのほとんどの国が、より市場経済を志向する政策に切り替え、ビジネス環境の改善に努めている。

第五は、政府のガバナンスだ。汚職は社会正義に反するのみならず、人々のエネルギーを非生産的な行動に向けて成長を妨げる。行政の執行能力の高さは、各国のパフォーマンスと密接に結びついている。政府や国有企業の透明性、説明責任も不可欠だ。

第六は、社会の平等度だ。資産家と庶民の格差があまりにも大きな国では、成長という目標が国民に共有されないし、教育や健康への投資も貧困層では不十分になり、労働力の質も高くなりにくい。不平等自体が問題であるうえに、成長を阻害する要因になる。

第七は、将来へのビジョン、戦略だ。政府には、その国がどの強みで発展していくべきなのかを見極め、戦略を国民と共有し、それに基づき優先的に支出や公共投資を行い、民間セクターにも指針を与えていく責任がある

第八は、むしろ最初に来るべき条件で、政治や治安の安定、周辺国との良好な関係だ。アジアの過去の五〇年間を振り返ると、ベトナム戦争やカンボジアの内戦、スリランカの内戦などがあったし、アフガニスタンは今でも頻発するテロの脅威にさらされているが、全体としては安定を保ってきており、それがアジアの発展の基礎となったと言えるだろう。

低所得国から現在の中国のような中所得国の上のほうまで行くことは、やるべきことをやれば到達できると思う。実際に各国とも努力をしているが、問題は、適切な政策を持続する政治的なリーダーシップと国民のサポートが確保されるかどうかだ。では、その先さらに高所得国の水準まで行けるかについてはどうか。

この問題に関し、「中所得国の罠《わな》」（middle-income trap）という議論がよくなされる。中所得国の罠は、アルゼンチンやブラジルなどのラテンアメリカ諸国が、鉱物資源や食料品の輸出をテコに中所得国までは行ったのに、その後の成長が停滞し、先進国になっていないことの説明でよく言われる。

しかし、アジア諸国に中所得国の罠の議論がそのまま当てはまるかどうかは考えてみる余地がある。ラテンアメリカでは、何より上記の八条件のうち健全なマクロ経済政策や政治の安定性がしばしば満たされていなかった。多くの国で、資源国であるがゆえに製造業が育ちにくいという問題もあった。それに対し、アジアでは、すでに韓国、シンガポール、台湾、香港が高所得国への移行に

成功している。

二〇一七年春の「アジア開発見通し」では中所得国の罠を特集で取り上げた。中国、マレーシア、タイなどが高所得国にまで行くためには、上記のような適切な政策を続けていくことに加え、技術や教育の水準をさらに高めていくこと、多くの起業家が生まれてくるような環境を整えること、歳出、税制を用いて所得や機会の不平等を減らし社会全体の底上げを図っていくことなどが必要になるだろう。

調査局の仕事とチーフエコノミストたち

アジア各国の経済見通しやアジア全体をカバーする経済問題を分析し、公表するのは、調査局のエコノミストたちだ。加えて、持続的開発・気候変動局、五つある地域局、民間部門業務局ほかの部局、域内加盟国それぞれに置かれているＡＤＢの現地オフィスからのインプットも重要だ。

私が総裁だった二〇一三年四月から二〇二〇年の一月にかけて、チーフエコノミストで調査局の局長を務めたのは、いずれ劣らぬ優秀なエコノミストのチャンヨン・リー（李昌鏞、韓国）、シャンジン・ウェイ（魏尚進、中国）、澤田康幸（日本）の各氏であった。

リー氏はハーバード大学で博士号をとった元ソウル大学教授で、二〇一〇年のＧ20首脳会議の議長国だった際には大統領のアドバイザーをしていたので、理論に偏ることなく実践的な政策論ができた。黒田前総裁に任命され、彼自身ＡＤＢを非常に気に入っていたし、私も頼りにしていたが、韓国政府に推されてＩＭＦのアジア太平洋局長に転出した。彼の仕事の関係もあり、その後も交流は続いている。

二〇一四年八月に着任したシャンジン・ウェイは、カリフォルニア大学（バークレー）で博士号を取得し、コロンビア大学で教授だったところを来てもらった俊英だ。夫人が米国籍をとって米国で働いていたことやコロンビア大学側の事情もあって、彼自身が思っていたより短い期間で元のポストに戻ることになったが、中国を含むアジア経済について該博な知識を持っていた。日本には百年以上続くような伝統のある企業、老舗《しにせ》が他国に比べて多いが、その秘訣は優秀な後継者を維持するために自分に子供がいても養子をとったり、場合によっては夫婦養子を迎えたりすることもあることだ、と言っていたのが印象的だった。

二〇一七年の春に着任した澤田氏は、スタンフォード大学で博士号を取得、開発経済学を専門とする東京大学教授であった。私が国際局の開発政策課長だった二〇〇二年から二〇〇四年に財務省で日本の援助のあり方について研究会を持っていたが、その際のメンバーだったときからの縁があった。フィリピンには、もともと貧困削減や初等教育のための政策の効果がどう出るかといった実証研究のためにたびたび来ていたので、ＡＤＢからのオファーを快諾してくれた。それまでの調査局長は多くがマクロ経済の専門家だったが、現場を重視する開発経済の専門家が来たのはよい刺激になったし、さまざまな成果を上げている。ちなみに、かつて日系米国人でハワイ大学の教授であったナヤ・セイジ氏がチーフエコノミストを務めたことはあるが、日本国籍は澤田氏が初めてだ。

調査局には、およそ一〇〇人のスタッフが在籍し、国際職四八人のうち三五人が博士号を持っている。課長クラス以上だけ見ても、中国、米国、インドネシア、インド、韓国、フィリピンの出身者がいて、それ以外のスタッフも欧州を含めたさまざまな国から来ているので、総裁室での会議自体がときに各国の経験を踏まえたゼミのようになる。私自身、もともと経済が専門であるし、財務省では国際金融のほか税制や予算などの仕事をし、一九九〇年代にはワシントンのＩＭＦでスタッフとして三年間働いたこともあるので、そのような経験を踏まえて意見を言うことが多かった。もっとも、見通しの数字は中立性が不可欠であり、私からコメントをすることは避けた。

調査局のスタッフに求めてきたのは、他の機関がすでに行っている研究を再検証するような仕事を越えて、アジアにあるＡＤＢならではの独自性のある調査・研究をすること、理論的な分析に終わらず、政策的なメッセージは何かを明確にすること、専門用語は説明を付けるなど工夫をして、できるだけ明快で平易な文章を書くことだ。刊行物の発表に関して、総裁室での議論が思わず長くなることもあった。総裁と直接に経済理論の応用や発表文の文言などについて議論することは、若いスタッフには当初緊張を強いたようだが、刺激にもなっただろうと思う。

ところで、ＡＤＢには調査局とは別に東京にアジア開発銀行研究所（ＡＤＢＩ）がある。日本政府が多くを拠出して一九九七年十二月に設立され、テーマを絞った調査、各国の当局者などを東京に呼んでの研修、各種セミナーなどが任務だ。これまでに、日本のほか、オーストラリア、韓国、中国、インドネシアも資金拠出をしている。現在は一四の国からの約六〇名が働いている。

私が総裁になったあと、二〇一四年一月に河合正弘所長が七年間の勤務を終えて東京大学に戻ることになったので、吉野直行・慶應義塾大学教授に来てもらうことにした。吉野所長は、金融経済教育、零細企業やスタートアップ企業に信用を供与する「ふるさと投資」、税収の変化に着目するインフラ投資の経済効果の測定手法、土地信託を用いた土地使用権の譲渡によるインフラ用地の確保策などの研究を手がけ、各国の研究機関とのネットワーク強化にも熱心だった。ＡＤＢＩは、ペンシルベニア大学による二〇一九年の評価で、公的なシンクタンクとしては世界銀行の開発リサーチグループを抜いて世界一を獲得した。二〇一九年のＧ20大阪サミットの際は、日本国際問題研究所、国際通貨研究所とともにシンクタンク・サミットをリードしている。吉野所長には、定期的にマニラでスタッフや理事会メンバーに話をしてもらったが、理事たちの評判もとてもよかった。

吉野所長とは、一九八二年ごろ私が主税局調査課の係長のときに最適課税ミックスなどを研究する学者の懇談会で会ったのが最初だが、何度か慶應義塾大学での単発の講義や国際的なセミナーに呼んでもらったこともある。二〇二〇年四月に所長を引き継いだ園部哲史政策研究大学院大学（ＧＲＩＰＳ）副学長も、私がＯＤＡを担当する主計官のころから、国際開発機構（ＦＡＳＩＤ）での勉強会などで一緒だった。吉野所長をそれまでは先生と呼んでいたのに、部内で先生と呼ぶのも変なので「さん」付けにしたのだが、最初は違和感があった。

考えてみると、財務省やＡＤＢは、経済、国際政治、環境問題などの内外の先生方と知りあう機会も豊富で、教えられることが多かった。国際金融の分野では、伊藤隆敏コロンビア大学教授は、私が一九九〇年代にＩＭＦの政策企画審査局に出向していたときにちょうど調査局に在籍中で、ときどきランチなどをご一緒していろいろ教えていただいて以来の縁だ。

近年は地政学的な問題の重要性が高まっているが、国際政治の分野では、白石隆・前ＧＲＩＰＳ学長には、二〇〇四年ごろにインドネシア関係の研究会を財務省で開催していたころから、ご指導をいただいている。田中明彦・現ＧＲＩＰＳ学長は、私が外務省を担当する主計官だったときの「外務省改革に関する『変える会』」のメンバーであり、ＪＩＣＡの総裁も務めたことがあるので、さまざまな交流がある。北岡伸一・現ＪＩＣＡ理事長とも、ＡＤＢとＪＩＣＡの協力関係だけではなく、外交問題について議論をしてきた。中国の専門家である川島真東京大学教授や高原明生東京大学教授との意見交換にも助けられている。最近では、二〇一五年に名著『戦後日本のアジア外交』（ミネルヴァ書房）を出版した宮城大蔵上智大学教授や大庭三枝東京理科大学教授ほかとの意見交換から多くを学ばせていただいた。

第6章　中国、アジアインフラ投資銀行とどう関与したか

存在感を増す中国

私がＡＤＢ総裁を務めていた二〇一三年四月から二〇二〇年一月のあいだに、中国の国際社会における経済的、地政学的なプレゼンスはますます大きくなった。中国との貸付を通じた関係、二〇一六年一月に発足したアジアインフラ投資銀行（ＡＩＩＢ）を巡る動きは、私のＡＤＢにおける仕事のなかでも、非常に重要な位置を占めた。

中国には、二〇一三年八月の最初の訪問以来、二〇一九年十二月まで、一六回にわたって訪問し、また、ＡＤＢの年次総会やＡＰＥＣ関係の会合などを通じて、政府の高官たちと面会を重ねてきた。財政部や人民銀行の幹部とは、財務省にいたときから、G20、ＡＳＥＡＮ＋3、日中の金融協力などを通じて交流があった。総裁に就任したのは二〇一二年夏の尖閣諸島の問題が尾を引いて日中関係が冷え込んでいた時期だったが、二〇一三年八月に財政部を訪問した際、財政部長（大臣）との夕食のほかに旧知の朱光耀財政部副部長（国際担当次官）が昼食に招いてくれた。同氏の、日本

と中国の関係は今は悪いが、ＡＤＢを通じて日中の協力的な関係を続けていこうと言った言葉には励まされた。私自身が同じような気持ちを持っていたからだ。

　ここで、中国の経済と政治の動きを簡単に振り返ってみる。中国経済は、改革開放路線によって一九八〇年代から二〇〇〇年代まで一〇％程度の成長を維持してきた。特に、二〇〇一年のＷＴＯ（世界貿易機関）加盟以降は、世界の工場として「大いなる安定」とも言われた世界経済の拡大とともに成長を加速させ、二〇〇六年には一二・七％、二〇〇七年には一四・二％にも上る成長を遂げた。

　世界金融危機以降も、中国は財政政策、金融政策を動員して刺激策をとり、国有企業や地方政府が投資を増やして、二〇〇八年から二〇一一年まで九％から一〇％程度の成長を維持した。リーマン危機直後の二〇〇八年十一月に発表された事業規模四兆元（約六〇〇〇億ドル）、ＧＤＰの十数％にも上る経済対策は、世界金融危機後の世界経済を引っ張ったと喧伝された。実際、アジアの途上国も中国への輸出が伸びて高めの成長を保つことができた。中国はアジアの途上国全体の六〇％のシェアを占めているので（二〇一八年の名目ＧＤＰベース）、影響は非常に大きい。

　二〇一二年から二〇一九年も、減速傾向にあったとは言え、七％台から六％台の成長率を保ち、世界経済でのウェイトを高めてきた。二〇一〇年にドル建てのＧＤＰで日本を抜いたあと、二〇一八年のＧＤＰは一三・六兆ドルと、米国のＧＤＰ二〇・六兆ドルに迫りつつある。世界金融危機後は、米国型の経済運営に対して、政府や党がより多く関与する中国型の経済運営のほうがすぐれているという考え方も中国国内には出てきたと言われる。

　そうしたなかで、二〇一二年十一月、第一八回中国共産党全国代表大会（党大会）が開催され、その直後の中国共産党第一八期中央委員会第一回全体会議（一中全会）で胡錦濤に代わり習近平が総書記および党中央軍事委員会主席に選出された。その半月後の十一月末に、中国国家博物館の「復興の道」展を視察した際、習近平総書記は「中国の夢」すなわち「中華民族の偉大な復興」の実現に言及した。二〇一三年三月には、全国人民代表大会（全人代）において、習総書記が国家主席・国家中央軍事委員会主席に選出され、これで党、国家、軍のトップを兼ねることになった。二〇一八年三月の全人代では、憲法改正により国家主席の任期制限（二期一〇年）が取り外された。

経済政策に関しては、二〇一三年十一月の三中全会のコミュニケにおいて、世界金融危機後の投資主導の成長にひずみが見られるなかで、資源配分において「市場が主導的な役割を果たす」ということが明記された。地方政府により大きな裁量を与える、政府の過剰な介入を廃する、企業の競争条件を公平にする、外国企業に対してもより広い事業への参加を認める、などの構造改革が多く盛り込まれ、世界中から好意的に受けとめられた。ただ、そのあとは、企業経営に党の影響力を強める動きや、国有企業を合併させて強化するといった動きが見られるようになり、市場機能との関係を問う声があがっている。

二〇一五年五月に発表された「中国製造２０２５」では、次世代情報技術、ロボット、宇宙航空産業、新エネルギー車など一〇の重点分野を選んで、製造業の高度化を目指すとされた。これは、補助金などを用いて国家による産業政策を目指すのではないかという懸念を生み、建国一〇〇年を迎える二〇四九年に「世界の製造強国の先頭グループ入り」を目指すという長期戦略とあわせて、米中摩擦の背景にもなった。

対外経済政策では、ＡＩＩＢが二〇一三年十月にインドネシアの国会における習近平国家主席の演説において提案され、二〇一六年一月に開業した。陸路と海路のシルクロードで中国から欧州をつなぐ「一帯一路」構想が正式に提唱されたのは、二〇一四年十一月の北京におけるＡＰＥＣのサミットの場だ。

二〇一七年一月のダボス会議では、就任したばかりのトランプ大統領が不参加のなか習近平国家主席が基調講演を行い、グローバル経済を推進し、保護主義に反対するという中国のリーダーシップを謳《うた》って注目を集めた。私もこのスピーチは大ホールを埋めた聴衆の一人として聞いていたが、米中摩擦が始まる前であり、世界的にも中国の存在感が目立ったときであった。

このような一連の動きは、中国が鄧小平以来の外交姿勢とされた韜光養晦《とうこうようかい》、すなわち力を蓄えるまではおとなしくしているという政策から、国際社会で自己主張を強め、大国として影響力を発揮していく政策に転じたことの表れではないかということが言われた。

中国で話してきたこと

中国では、国のリーダーから大臣や次官クラスまで、多くの高官に会ってきたが、中国の制度上、大臣もいわば組織のなかで実績を積み上げて昇進してきたテクノクラートであり、経済や財政、金融のことになると議論はよく嚙《か》み合った。何度か会って親しんでくると率直な意見交換ができるし、知力とともに胆力を感じさせる人が多かった。私自身、中国の歴史や論語の言葉、唐時代をはじめとする漢詩が好きで、就寝前にながめたりすることがあり、そのような話題が会話を円滑にすることもあった。

中国の七人のトップリーダーである党の政治局常務委員には、李克強首相（二〇一五年三月）、張高麗副首相（二〇一四年一月）、韓正副首相（二〇一九年十二月）に表敬をした。これらの面会では、先方から一九八六年に中国がＡＤＢに加盟して以来のＡＤＢの支援への感謝が述べられ、当方からも中国との関与がＡＤＢにとって重要であるという話をした。中国の経済政策や改革が話題になることもあった。李克強首相には、毎年三月に北京の釣魚台で開催される中国開発フォーラムの機会に、各国からの参加者たちと一緒に会う機会もあった。ちなみに、習近平国家主席には、一度だけ、二〇一九年六月のＧ20大阪サミットの際に、待合室で挨拶をして、握手をしたことがある。

ＡＤＢの担当大臣である歴代の財政部長（大臣）の楼継偉、肖捷、劉昆の各氏とは、訪中のたびに夕食の機会を含めて数時間の議論をしたほか、ＡＤＢの年次総会でも毎回、短時間の面会をした。大臣級では、このほか、国家発展改革委員会、生態環境部、社会科学院、政治協商会議の幹部とも意見交換をし、協力のための覚書を結んだりした。

易鋼人民銀行行長（元副行長）、米中交渉の代表をしていることで有名な劉鶴副首相との意見交換は、同じエコノミストのバックグラウンドを持つものとして、長い時間になりがちだった。王毅外交部長（元日本大使）は、二〇一八年三月のハノイでのメコン河流域経済協力（ＧＭＳ）首脳会議に李克強首相の代理で出席していて夕食の席が隣だったので、長時間にわたり話をすることができた。

これらの高官との面会において先方から繰り返し伝えられたメッセージは、ＡＤＢの中国への支援を高く評価している、今後もＡＤＢからの借入を続けて専門知識などもシェアしていきたい、中国もＡＤＢ、アジア地域に積極的に協力していく用意がある、ということであった。中国経済の現状と課題をどう見るか、米中貿易摩擦にはどのように対応していくべきか、中国の国際社会での役割をどう考えるかもよく議論した。日本の米国との貿易摩擦の経験、プラザ合意とバブル経済、およびバブル崩壊後の政策運営についても意見を求められた。

私がこうした話題について言ってきたのは、以下のようなことであった。真摯に耳を傾けてもらえたことが多かったように思う。

①中国は自国をまだ開発途上国だと言うが、経済規模、貿易、金融、技術力、文化的プレゼンスなどいずれから見ても大国であり、普通の途上国ではない。アジアや世界の国々に大きな影響を与えている。二十一世紀半ばに米国と同じような強国になることを目指すと言っているが、G2という言葉があるぐらいで、外からはすでに米国に並ぶヘゲモニーと見られている。自分がどう説明したいかではなく、相手国、世界からどう見えるかもよく踏まえて考えていく必要がある。

劉鶴副首相（左）と易鋼人民銀行長
2019年１月の米中閣僚級貿易会議で
（写真提供・ＡＦＰ＝時事）

②中国の産業の競争力はすでに強まっており、普通の途上国なら許される産業政策も「チャイナ・テイクス・オール」（中国の総取り）を目指しているのではないかとの警戒を生む可能性がある。プライバシーの考え方の違いから、ＡＩ（人工知能）やビッグデータの利用が中国では容易であることも中国が技術面で脅威と見られることにつながっている。知的所有権の保護や、企業活動の

内外無差別は、今後とも進めていく必要がある。

③確かに、中国のなかにはまだ貧しい地域や人々も存在するが、それに対しては、政府が成長戦略を目指す以上に所得格差の是正に重点を置いて取り組むべきだ。具体的には、所得税の対象人口・所得の拡大、相続税や固定資産税の導入、公教育、医療、年金などの充実が重要だ。農村戸籍と都市戸籍に格差があり、自由な都市への移動を制限している戸籍制度（戸口）の改革も、すでに始まってはいるが、さらに推進する必要がある。

④日本のバブル崩壊後のデフレ状況は、プラザ合意による円高から来ているのではなく、円高不況に対応する拡張的な経済政策もあっていったん経済が過熱し、資産価格が高騰したあと、それがはじけた結果のバランスシートの不均衡（資本・負債に対する資産の縮小）が、長い間企業や金融機関の活動を弱めたのが原因だ。もちろん、新興国との競争、人口の高齢化や減少などの構造要因もある。

⑤まずは、バブル、すなわち資産価格のファンダメンタルズからかけ離れた上昇を起こさせないことが肝心だ。特に、変動相場制のもとで成長が強くなると自国通貨も強くなりがちで、輸入物価の低下から消費者物価は安定する一方、資産価格は上昇する。バブル期の日本がまさしくそうだった。中央銀行は消費者物価だけでなく、資産価格や資本流入の状況を注視する必要がある。それでも、もしもバブルが生まれてしまったら、バブルを急激に崩壊させることはバランスシートを傷つけ、その後の調整、回復に長い時間がかかるので、慎重に政策運営を行う必要がある。

上記の③の所得再分配については、中国がもともと社会主義国であり、私的所有権を前提としていないために、相続税や固定資産税が理念として矛盾するという面がある。また、プロレタリアート独裁の考え方のもと、不平等が存在するということ自体が想定されていなかった。さらに、第Ⅲ部でも触れるアジアの開発史を学んで改めて認識したことだが、かつての旧ソ連や中国などの計画経済では、資源を地方の農業地域から都市の工業地帯に動員して急速な重化学工業化を図るという考えがあった。戦後の日本が、資源は都市から地方に移転する形で国土の均衡ある発展を目指していたのとは、いわば逆の方向だったのだ。

④⑤の日本のバブルとその後の停滞、その間の経済政策での対応については、私自身、一九九〇年前後に主税局で「地価税」の導入に関わったり、そのころ行われた日米構造協議で当時の内海孚財務官のもとで米国と交渉した経験、さらには一九九八年初に銀行局の金融会社室長として抵当証券業界の破綻問題に直面した経験、一九九八年から二〇〇〇年はG7財務大臣・中央銀行総裁会合の担当課長として各国への説明に追われた経験から、相当思い入れがある。主計局にいたときに、イタリア中央銀行が二〇〇二年三月ペルージャで開催したセミナー参加のため「日本の一九九〇年代における財政政策の経験」というペーパーを書いたこともあった（日本語版も財務総合政策研究所から発表）。

中国の高官たち

歴代財政部長のうち、楼継偉部長は、二〇一三年八月以来、北京で通算六回面会した。そのほかに、ADBの年次総会でも、いつも短い時間ではあったが、ADBから中国への貸付をはじめとするADBの運営について意見交換をした。清華大学を出て社会科学院にもいた改革派の論客として以前から有名で、一九九〇年代に改革開放路線の深化とマクロ経済政策の安定化を推進した朱鎔基元首相に重用されたことが知られている。私より五歳年上で、言葉数は多くないが、話すことは率直で諧謔もあって、中身が非常に濃かった。財政部のなかにあるダイニングルームや釣魚台の迎賓館で、ランチや夕食のコースをごちそうになりながら、何度も長い時間話した。

楼部長は、もともと財政の専門家であることから、財政の近代化に熱心だった。付加価値税の課税ベースを広げる改革や、地方政府が多く歳出をしているのに歳入が不足することがインフォーマルな借入につながっているという立場から、税制改革で地方の税収を増やし、地方債をルールに基づいてきちんと発行できるようにする改革などに取り組んでいた。私も財務省の主税局で六年間の経験があるので、税制改革の話は大変興味深かった。全国社会保障基金の理事長に転じたあとも、礼を尽くす気持ちもあって、会いに行って意見を求めた。

肖捷部長は、若いころはドイツに留学して財政部で長期計画の仕事をしていたインテリで、隙がなく怜悧に見えるが、話を始めると熱心で、同い年の私とも話が合った。一回目は、先方の就任後まもない二〇一七年一月四日に財政部で面会した。先方の都合で夕食は史耀斌副部長がホストをしてくれて、そのあとの面会となったのだが、当初は三〇分の表敬の予定だったのが気が付けば往復の通訳を入れて二時間半になり、先方の夕食の時間をなくしてしまった。肖部長が、中国の発展は前例のない改革開放により人々のやる気を駆り立てる社会運動の結果だと強調したのに対し、私も、時代は違うが明治の日本の近代化も江戸時代にたまっていた人々のエネルギーが解き放たれたものだと話した。

肖部長とは二〇一七年三月の北京訪問時、五月の横浜でのＡＤＢ年次総会のとき、そして九月にもウルムチで面会をしたが、いずれも短時間だった。ゆっくり話をしたいという肖部長の要請があって、先方が同年十一月の東アジアサミットで李克強首相に伴ってマニラを訪問した際、ADBのオフィスに来てもらった。それぞれ夕食を済ませ夜七時半に始まった会談は、一一時半まで続き、ADBの中国への貸付、中国の財政や国営企業の改革などとともに、AIは人類に脅威となるかどうかなども大議論をした。部長が、囲碁でAIが人間を破ったのを見れば脅威になると言ったのに対し、私は、二〇〇年前から蒸気機関車に人間は走りで負け、コンピューターに計算で負けていても、機械が人間を超えることはないのだから同じことではないか、と応じた。私の面会のなかでもこれまでで最長のものであったが、同席したスタッフたちもあきれていたに違いない。肖部長は、二〇一八年三月に国務院秘書長（内閣官房長官のような要職）に転じた。

後任の劉昆部長とも、二〇一八年三月以来、北京で四回面会した。広東省での経験が長い、実直な実務家タイプの財政の専門家で、税制改革や米中摩擦などの話が多かった。劉氏も私とほぼ同じ年齢なので、あるときの夕食会で、私が子供時代にはプラモデル、カステラ、牛肉などはどれも貴重品であり、その分ありがたみがあったので、ある意味では幸せだったという話をしたら、劉氏も、日本よりずっと貧しかった中国の自分の子供時代の話をして、盛り上がったことがある。

劉鶴副首相とは、記録を調べてみると、二〇〇九年十二月十七日に彼が共産党の中央財経領導小組副主任として他のメンバーとともに日本の財務省を訪れたときに、杉本和行顧問（元次官、みずほ総合研究所理事長を経て二〇一三年三月より公正取引委員会委員長）と一緒に会議をしたのが最初だ。小組の副主任というとあまり重要なポストには見えないが、そのときの組長は温家宝首相、副組長は李克強副首相で、副主任は国のマクロ経済政策のトップアドバイザーだ。そのときは、円の国際化の経験、日本のバブルの経験などについて財務省側が説明を行うのを熱心に聞いていた。

私より四歳上で、一九九〇年代にハーバード大学大学院に学んだ劉氏は、英語を訥々と話す極めて穏やかな紳士で、その発言、質問は非常に的確だった。私が財務官になったあとも、二〇一一年八月と一二年五月に北京を訪問した際、財務省から在中国大使館に出向していた柴田聡参事官を通じて面会を申し込み、ユーロの危機、東日本大震災後の復興、日本の財政再建、中国の景気刺激策などについて一時間程度、幅広く意見交換した。劉氏は、ケインズ的な拡張政策を安易に用いるべきではなく、むしろシュンペンター的な構造改革が重要だと言っていたのが、印象に残っている。ちなみに、柴田氏は現在、金融庁総合政策局総務課長だが、中国経済・金融にも精通しており、関係の本もいくつか出している。

劉鶴氏には、ＡＤＢの総裁に転じてからも二〇一五年九月に面会し、中国の株価対策などを話した。劉氏が政治局員になってから二〇一七年三月に面会した際は、中国の不動産バブルの抑制策、中国の改革の継続、グローバル化と保護主義などについて話し合った。劉氏は、日本の農村も視察したことがあり、中国がいくら発展したとは言っても、日本のすみずみまで行き届いた生活のレベルとはまだまだ大きく異なると言っていた。また、日本の社会保障制度や高齢者介護にも感心したようだった。

最も印象に残っているのは、劉氏が二〇一八年三月に副首相に任命された直後、三月二十五日の中国開発フォーラムの際に、釣魚台にいくつもある迎賓館の一つで劉氏が主催した海外有識者との意見交換会である。易綱人民銀行行長も参加した。海外からの参加者は、パスカル・ラミー（元ＷＴＯ事務局長）、マイケル・スペンス（ニューヨーク大学教授）、ジョセフ・スティグリッツ（コロンビア大学教授)、ジェームズ・ヘックマン(シカゴ大学教授)、マーティン・フェルドシュタイン(ハーバード大学教授)、ニコラス・スターン(ロンドン・スクール・オブ・エコノミクス〔LSE〕教授)、トーマス・ドニロン(ブラックロック会長)、スティーブン・ローチ(元モルガンスタンレー・チーフエコノミスト)、グレアム・アリソン(ハーバード大学教授)、マーティン・ウルフ(「フィナンシャル・タイムズ」紙記者)、マイケル・フロマン(元米国通商代表)の各氏、それに私であった。スペンス、スティグリッツ、ヘックマンのノーベル経済学賞受賞者を含め、ほとんどが経済の専門家だが、アリソン教授は、新旧大国は衝突が不可避かどうかの議論で著名な国際政治学者だ。

二〇一七年春に始まった米中貿易摩擦が深刻さを増していた時期であり、貿易からの相互の利益、知的所有権、技術競争、マルチラテラリズムなどが一時間半にわたって議論された。私からは、現在の米中摩擦は一九八〇年代、九〇年代の日米摩擦を想起させるが、日本は戦争に負けて米国と同盟関係にあるが、中国はその点で異なり、国土や人口も大きく、米国との経済規模の違いが小さいので、逆に衝突が深刻になるリスクがあるということを発言した。劉鶴氏は、そのあと二〇一八年五月には米中の交渉の責任者になり、テレビにもたびたび顔を見せている。

ところで、毎年三月に釣魚台で数日にわたり開催される中国開発フォーラムには、中国側の中央・地方の政府関係者とともに、多くの外国人が参加する。二〇一八年三月の場合は、著名な学者が数十名(上記のほか、ローレンス・サマーズ〔ハーバード大学教授〕、ロバート・シラー〔イェール大学教授〕、ジェフリー・サックス〔コロンビア大学教授〕も参加していた)、アップル、グーグルやフォード、ロイヤルダッチシェル、香港上海銀行、日本の代表的企業など世界中の大企業のCEOが数十名、それに世界銀行は二〇一九年十月にIMFの専務理事に転じたクリスタリナ・ゲオルギエヴァCE

Ｏ、ＯＥＣＤがアンヘル・グリア事務総長、ＩＭＦが中国の人民銀行出身で日中金融協力でも何度か議論をしたことのあるジャン・タオ（張濤）副専務理事だった。ジャン氏はＡＤＢのスタッフの経験があり、中国人民銀行国際局長だったときには日中金融協力について何度か議論をしたことがある。二〇一四年から二〇一八年まで毎年参加したが（二〇一九年は都合により欠席）、中国の国威を見るようで壮観だった。

従来からの慣習で、中国側の最初のスピーチは副首相だが、ＡＤＢ総裁は外国側の参加者のなかではＩＭＦのラガルド専務理事に次ぐ順位でスピーチをし、李克強首相とのグループでの面会を行ってきている。二〇一八年三月にはラガルド専務理事が参加していなかったので、私が外国人のなかで最初にスピーチをした。ちょうど改革開放から四〇年の記念の年だったので、中国の歴史的な成功は市場機能と民間活動に基づくものであること、効率的な市場の維持と安定的なマクロ政策の継続が重要であること、所得格差への対応が喫緊の課題であることなどを一〇分ぐらい話したが、外国からの参加者には評判がよかった。

いつもここでのスピーチの最後は漢詩などで締めくくるのだが、このときは私もときどき噛みしめる論語の最初の言葉、「学びて時にこれを習う。またよろこばしからずや。朋あり遠方より来る。また楽しからずや」を引用して、過去から学ぶことの大事さ、世界中から話ができる友人たちが集まることの大切さを述べた。

日本からも、日立の中西宏明氏、野村の古賀信行氏、東京海上の隅修三氏、みずほの佐藤康博氏ほかが参加していて、私のスピーチを応援してくれているのがわかった。比較制度分析で有名で中国とのパイプも太かった青木昌彦先生は二〇一五年三月のフォーラムまでは来ておられたが、残念ながら同年七月に亡くなってしまった。

中国との関与の歴史とプロジェクト視察

中国（中華人民共和国）がADBに加盟したのは一九八六年だ。それまでは、台湾（中華民国：当時の呼び方）が一九六六年の発足時からの原加盟国であった。一九七一年に国連で中華人民共和国が中国を代表することが決議され、このとき台湾は国連から離れることになった。一九八〇年には世界銀行、IMFでも中国の代表が台湾から中国に変わった。ADBでは一九八三年に中国から加盟に向けた働きかけが始まったが、一九八一年から八九年に第四代のADB総裁を務めた藤岡眞佐夫氏の努力もあり、長い交渉の末に、ひとつの中国の原則のもとに中国も台湾が残ることに反対しないということで決着した。ADBでは台湾のことをTaipei,China（コンマのあとにスペースがない）と呼び、ADBの理事会では韓国理事のグループに属している。

藤岡総裁は、中国との協力は、ADBがアジアの開発機関として自らを確立するうえで、大きな利益だと考えていた。一方、中国もADBへの加盟によって、その当時はまだ貴重だった外貨資金と大きなインフラのプロジェクトに関する専門知識を得ることができるし、国際社会、特にアジアに対して自らを開放して協力するという姿勢を示すことができると考えた。今や中国は外貨資金には不足しておらず、ADBのプロジェクトも大規模インフラではなくなっているが、ADBと中国の協力が、アジアにおける国際的な協力のあり方として重要な意味を持つという点では変わっていないと思う。

中国は、一九八六年の加盟から二〇一九年末までに、累積で政府向けの融資コミット（契約）額が三七一億ドル、民間企業向け業務が三八億ドルで、合計四〇九億ドル、インドに次いで第二位の借入国だ。ただ、経済発展を受けて、最近は金額が抑制されてきており、二〇一九年には政府向けが一八億ドル、民間向けが四億ドルで、合計二二億ドル、シェアは一〇％、インド、フィリピン、パキスタンに次ぐ四位の借入国だった。

政府向けの融資の第一号は、一九八七年に承認された、中小企業への支援を目的とした中国投資銀行への一億ドルの融資であった。最初のころの貸付は、政府が成長のための重点地域と位置付けていた沿海部のインフラ・プロジェクトを中心に行われた。なかでも、一九九〇年代初に完成した上海の黄浦江に架かる南浦大橋と楊浦大橋、上海市内を流れる蘇州河の再生浄化プロジェクトは、記念碑的なプロジェクトとして記憶されている。その後、中国への貸付は、徐々に経済開発の遅れた内陸部に重点を移し、分野としても、上水・下水、農業、貧困削減、職業訓練、環境、気候変動などが中心になっていった。

中国は自国の政策に介入されることを好まず、一定の政策の実施を条件として貸出を実行する政策連動型のローンは加盟後ずっと借りたことがなかったが、二〇一五年には北京・天津・河北の大首都圏の大気汚染対策のために、石炭エネルギーからの転換、公共交通システムの促進、規制とモニターの強化などを条件とする三億ドルのローンをはじめて借りた。この大首都圏イニシアティブと並んで、ＡＤＢが複数年にわたる大きな支援を行ってきているのは、揚子江流域生態的回廊への支援だ。現在ＡＤＢは、これらの気候変動や環境対策のための大規模イニシアティブへの支援を、プロジェクト・ローン、成果連動ローン、政策連動ローンをすべて活用して行っている。

近年は、中国への貸付は、民間向け業務も含めて、環境対策や気候変動関係のプロジェクトがほとんどで、地理的にも沿海部より内陸部が中心になっている。これらのプロジェクトは、周りの国、あるいは国際社会にとっても、環境汚染の悪影響を減らし、二酸化炭素の排出を抑制するという外部性のメリットがある。一部のローンは、中国ではまだ制度が不十分な高齢者介護などを助けている。

二〇一六年十一月に上海での中国のＡＤＢ加盟三〇周年シンポジウムに訪れた際、蘇州河の浄化プロジェクトを訪れた。蘇州から流れてきて上海の中心部を通る蘇州河は、中国の初期の工業化が進んだ一九二〇年代から汚染が始まり、一九八〇年代の終わりには人々が平気でごみを投げ入れることもあって、目も当てられないような汚さであった。ＡＤＢが支援したプロジェクトを含めて、川の浚渫と浄化、工場移転、下水やごみの処理場の整備、規制の強化などが図られ、今は川沿いの美しい遊歩道を市民が散歩することができる。第二次世界大戦前からの元ビール工場を博物館と公園にしているところを見学したが、案内役の人が、二〇〇〇年代に蘇州河に魚が戻ってきたときの感動を話してくれた。

この上海出張では、一九九〇年代から上海市に勤めてきた市政府の幹部が夕食に招いてくれた。彼は、ＡＤＢの上海におけるさまざまなプロジェクトは、外貨が不足していた時代に資金を提供しただけではなく、設計、準備、実施、評価、環境社会配慮などの専門知識を持ち込み、極めて有意義だったし、現在でもそのような現場の専門知識を共有できるＡＤＢの事業は、中国にとって大事だと言っていた。外から見ると上海は日本の大都市と変わらないぐらい立派だが、廃棄物の処理、大雨が降ったときの流路の整備、交通の円滑な規制など、まだまだ学ぶことが多いと言っていた幹

雲南省山間部の集落を視察する（2013年８月）

部の発言も覚えている。

上海に限らず、中国では地方のＡＤＢ関係のプロジェクトを多く視察した。なかでも、河北省の上下水道プロジェクト（二〇一三年八月に訪問）、雲南省の貧困削減プロジェクト（一四年三月）、湖南省長沙の大型空気清浄機工場（一五年九月）、四川省成都をＧ20大臣・総裁会合出席のために訪れた際に寄った日本の商社が手掛けた水道施設（一六年七月）、江蘇省蘇州の廃棄物からエネルギーを作る工場（一六年十二月）などが印象に残っている。

雲南省で訪れた山間部の集落は、本当に驚くほど貧しかった。案内してもらった外から風も吹きこむような古い小さな家には、白熱球が一つだけぶら下がり、ガスも水道も下水もなく、藁《わら》で作ったようなベッドに老婆が寝ていた。四十代の息子が世話をしていたが、狭い畑だけからの収入では結婚もできないと言っていた。村の中心部にはアパートが用意されていて、山あいの貧しい村から人々を移住させようとしているのだが、父祖の地を離れたくないという気持ちを持っている人が多いのだという。北京から同行した史財政部副部長もショックを受けたようで、思わず自分の財布からいくばくかのお金を渡していた。史副部長は、何度も会ったが、情のある誠実な人柄がにじみ出ていた。

中国政府も努力しており、この集落のような絶対的な貧困は減っているが、所得格差、地方格差は大きい。中国が、外からの支援に依存するのではなく、自らが国内の資金、特に税収を使って対応しなければならない分野だ。

地方都市の視察のときには、省の党書記や知事、市長などがランチや夕食をホストしてくれることが多く、それぞれの地方の特徴や課題を聞くことは参考になった。昔は食事のときは強いお酒を徹底的に勧めあう習慣だったと聞いていたが、最近は相当変わり、私が訪問したときは、なごやかに話をして一定の時間でお開きとなることがほとんどで、その点は楽だった。視察の途中には、ナシ族が多く住む雲南省の麗江古城、十世紀に創建され湖南大学のもとになった岳麓書院、成都の杜甫草堂、各地の博物館などを案内してもらって、これまで本でしか知ることのなかった中国の歴史に触れることができた。

中国への貸付をなぜ続けるのか

中国はADBからの借入を卒業するべき所得に達しているのに、なぜADBは貸付を続けているのかという質問をよく受ける。卒業は開発支援の最終的な目的であり、もっともな質問である。韓国やシンガポールなどもADBからの借入から卒業しているし、日本も世界銀行からの復興資金の借入を一九五二年から電力、高速道路など多くの大規模プロジェクトに関して行ったが、一九六六年の借入を最後に卒業している（完済は一九九〇年）。

ADBの借入からの卒業基準は、世界銀行と横並びで、①一人当たりGNI（国民総所得）が六九七五ドル以上（二〇一八年基準、毎年更新）、②リーズナブルな条件で資本市場からの資金調達が可能、③重要な経済的・社会的制度が一定の発展レベルに達している、のすべてが満たされれば、当該国と卒業のプロセスを話し始めることになっている。一定の所得になれば自動的に借入から卒業ということではない。

中国の場合は、一人当たりのＧＮＩは二〇一八年に九四七〇ドルで基準を超えているし、市場での資金調達も可能だが、③の制度的な強さが十分ではないという考え方だ。実際、世界銀行の場合も、中国への貸付は減らしながらも当面維持していく方針であり、一万二三七五ドル超の高所得国の範疇に入るブラジルにさえ貸付を行っている。

私は、ＡＤＢが中国への貸付を当面続けることの理由について、以下のように説明してきた。①中国への貸付は今や環境や気候変動など、外部効果のある分野に焦点を置いているし、金額も絞ってきている。②中国のような国への普通の貸付は、ＡＤＢの市場での調達金利にスプレッド（五〇ベーシスポイント、すなわち〇・五％、それに返済期間が長いものはプレミアムが二〇ベーシスポイントまで加算される）を乗せて貸すので、ＡＤＢの経費を賄い、また、それでも残る利益は貧困国への支援や資本の積み上げ（将来の貸付のベースになる）に用いている。③中国のように信用度の高い、大口借入国を失うと、貸付ポートフォリオの分散が下がることもあって、ＡＤＢの財務リスクが高まり、ＡＤＢ債について同じトリプルＡの格付けを取るのにも余分の資本を要するようになる。④中国のようなプロジェクト実施能力のある国で仕事をすることは、ＡＤＢ自体の知見、経験蓄積を助けて、それは他の途上国への支援にも応用できる。⑤そもそも、中国とＡＤＢが貸付を通じてともに事業を行い、協力関係を結ぶのは、アジア地域や国際社会の協力のあり方として好ましく、逆にもしもそのような関係がなくなれば、ＡＤＢの意味（relevance）も下がってしまう。

この最後の点は、先述したように、藤岡元総裁が中国を加盟させるに当たって考えたことから変わっていない。貸し出している金額が中国の必要としている開発のための資金の総額から見て微々たるものであったとしても、中国自身がＡＤＢからの借入を高く評価していることは、私と中国との対話のレベルや中身からもうかがえる。

私は、当面中国への貸付を続けるにしても、中国のような中所得国のなかでも所得が高い国への貸付は、金利を少し高くしてもよい、逆に言えば、そういうことによって中国への貸付は正当化しやすくなると考え、二〇一七年ごろから中国ほかの途上国とも議論をしてきた。金利に差を付けることは、二〇一八年七月に発表した「ストラテジー２０３０」においても、今後検討していくと明確に書いている。世界銀行も二〇一八年四月に世界銀行グループの主要機関である国際復興開発銀行（ＩＢＲＤ）および国際金融公社（ＩＦＣ）の資本増強パッケージにおいて、中国などの所得が高めの国への金利引き上げを決めている。

さまざまな曲折を経て、二〇一九年十一月十九日の理事会で、先進国や中国自身を含む多くの途上国の賛成も得て、二〇二一年の新規借入から金利に差を付けるということが決まった。中国の支払う金利は、返済期間に応じたプレミアムを期間の長さによって二〇ベーシスポイントから三〇ベーシスポイント余分に引き上げることになる。戦略局、東アジア局の幹部は何度も中国や他の途上国に出張して説得に当たったたし、私自身も中国やインドの大臣と何度も話した。中国が賛成に回ったのは、非常によかった。

この動きには、劉昆財政部長に加え、国際担当副部長の鄒加怡氏、それに中国の財政部からＡＤ

Ｂ理事に来ているジュージン・チェン（程智军）氏の理解とサポートが大きかったと思う。鄒加怡氏は、彼女が日中などの二国間関係担当の局長だった一〇年ほど前からの長い付き合いだ。東京ですき焼きを食べながら、日中金融協力の話をしたこともある。

ＡＩＩＢの創設への動き

私がＡＤＢ総裁時代に、国際的なメディアで最もよく聞かれた質問がＡＩＩＢとの関係だ。ある意味では、ＡＩＩＢのおかげで、ＡＤＢと私自身も日本でも中国でもあるいは米国でも、よりよく知られることになったのではないかと思う。結論から言えば、ＡＩＩＢはＡＤＢのパートナーであり、協調融資も行っている。

ＡＩＩＢが提唱されたのは、二〇一三年十月のインドネシアの国会における習近平国家主席の演説でのことだ。しかし、その前に、二〇一三年八月に私がはじめて北京に出張した際に、のちにＡＩＩＢ総裁になる金立群氏からそのような話は聞いていた。記録を見ると、八月十二日のことだが、ＡＤＢの北京事務所がＡＤＢの元スタッフたちとの夕食会をセットしてくれて、そのなかに二〇〇三年から二〇〇八年まで中国人としてははじめてとなるＡＤＢの副総裁を務めた金氏が入っていた。千野総裁（一九九九年から二〇〇五年）、黒田総裁（二〇〇五年から一三年）は重なっていたわけだが、私は初対面だった。

この夕食会のときに、金氏は、中国が発案してアジアのインフラ投資を助けるような国際的な機関を作りたいと言っていた。そのときは、ＡＤＢが協力しているＡＳＥＡＮインフラ・ファンドなどそのようなイニシアティブはたくさんあるので、それほど大きな話とは思っていなかった。

金立群氏は一九四九年、浙江省寧波市の生まれで、文革時代には下放で長く農作業に従事した経験がある。その後北京外国語大学で英文学を勉強し、改革開放が始まっていた一九八〇年に中国財政部に入り、一九八七年からは一年間、米国のボストン大学大学院で経済学を学んでいる。財政部では国際畑を歩み、一九八八年から五年間世界銀行の理事を務め、財政部に戻ったあとは国際担当の副部長（次官）にまで昇進した。東京で藤岡元ADB総裁にお会いしたとき、中国のADB加盟交渉に参加していた若き日の金氏をよく覚えていると言っておられた。地方で農作業に従事しながらも、シェイクスピアを原語で読み続けたという話は有名で、実際に英語は流暢で説得力があり、英語の古典の引用など教養も感じさせた。

金氏とは一対一の面談だけでも十数回、そのうち私がAIIBの準備オフィスと設立後のオフィスを訪問したのが二回、彼がマニラのADB本部に来たのも二回であった。そのほか、金氏は、ADBの元職員の集まりに出る目的もあったのか、二〇一五年のバクーと二〇一六年のフランクフルトでのADB年次総会に参加していたし、二〇一七年の横浜での総会には夫人同伴で来てくれた。

国は違っても、いわば私と同じような財務省の国際派という職歴であることから、国際金融、財政、税制などについての話はお互いによく通じた。国際機関がもっと組織の無駄をなくし、経費の節約を図らなければいけないという彼の主張には大いに共感するところがあった。金氏は、AIIBのモットーとして、Lean, Clean, and Green（無駄をなくす、腐敗を許さない、環境に配慮する）を挙げているが、Lean が最初に来ているところが彼らしい。

AIIBの設立前後の話に戻り、時系列に沿って進展を振り返ってみたい。二〇一四年一月に会った中国の高官は、ＡＩＩＢの開業時期として二年後を考えているということであった。結果としてそれは実現された。ただ、その時点では、アジアの国々を加盟国に考えていて、Ｇ７諸国を含めた世界中の国々を対象にするという意図を持っているようには見えなかった。しかし、次第にＡＩＩＢの構想は大きくなっていき、Ｇ７や韓国、オーストラリアなどにも加盟を求めるようになっていった。

二〇一四年十月二十四日には北京でＡＩＩＢ設立に向けた覚書の署名式が行われ、金立群氏は設立準備局長に指名された。東南アジア諸国、インド、モンゴル、中近東諸国など二一ヵ国が参加したが、韓国、オーストラリアは入らなかった。新聞報道では、米国が牽制したことが背景にあると書かれていた。

私は、その直前に北京に滞在していたが、ＡＩＩＢの署名式には出ていない。そのころの記録を見ると、十月二十日朝の便でマニラからシンガポールに行って国際的な金融機関の集まりである国際金融協会（ＩＩＦ）の会合で基調講演を行い、ターマン財務大臣（当時）に面会し、深夜の便で十月二十一日朝に北京に入った。その日は宗慶齢（宋家の三姉妹の次女で、孫文の二番目の妻。中国の国家副主席も務めた）の旧邸宅で行われたＡＰＥＣ財務大臣会合のリトリート（郊外や別荘地などで気分を変えて行う会合）に参加し、他の参加者とともに人民大会堂で李克強首相に表敬した。二十二日はＡＰＥＣ財務大臣会合のマクロ経済セッションに出席し、麻生大臣、韓国のチェ・ギョンファン（崔炅煥）企画財政部長官にも面会した。

十月二十二日の夜は、社会科学院、清華大学、北京大学ほかのエコノミスト五人を招いて夕食会を開き、人口の内陸部から沿海部工業地帯への移動が少なくなることの成長への影響や、景気刺激策の効果などについて意見交換をした。

二十三日には中国の第一三次五ヵ年計画（二〇一六年から二〇二〇年）について、ADBと国家発展改革委員会のハイレベル・フォーラムを持ち、今後の課題を話し合った。ちなみに、かつては五ヵ年計画について意見を求める相手は世界銀行とOECDだったが、第一三次五ヵ年計画の策定はADBもいくつかの分野を手伝っており、第一四次計画のアイデアについてはかなり包括的なレポートも出している。そのあと楼財政部長と面会し、AIIBのことも話題になった。午後は北京大学経営大学院で講演をして、午後八時のマニラ行きで北京を離れている。

二十三日は、インタビューや記者会見にも応じた。二十四日のAIIB設立に向けた覚書の署名式の前日でもあり、私のAIIBについてのコメントは中国内外で大きく報道された。

私のAIIBに対するメッセージは、当局向けもメディア向けも、二〇一四年から二〇一六年一月のAIIB発足まで一貫しており、①アジアのインフラ投資を助けるというAIIBの目的は理解できる、②AIIBがプロジェクトに関する調達や環境社会配慮の最良の基準を採用することが重要である、③AIIBが設立されたときには、ADBは共通の優先分野においてAIIBとの間で適切な協力を検討する用意がある、というものであった。

メディアは、ある部分だけを切り取って報道するところがあるので、ADBのスタンスを明確にするために、北京からマニラに戻った十月二十四日には、上記の三点を含んだ私の名前のステートメントを公表した。二〇一四年十一月十四日の「ニューヨーク・タイムズ」紙での私の写真入りの長めのインタビューでも、インフラへの民間資金の活用とあわせて、これらの三点に触れている。

なお、最後の③の部分については、設立が近づいた時点で、「AIIBが設立された時点で」という言葉が落ちて、「協調融資も含め」という言葉が入った。

中国側のＡＩＩＢに関するメッセージも一貫しており、①ＡＩＩＢは、アジアほかの途上国のインフラ投資を助ける機関であり、国際的な最良の基準を遵守する、②ＡＤＢや世界銀行を補完する機関であるが、これらの機関よりも新しい機関であるだけに、ガバナンスなどが時代に合っていて、効率的な部分もある、③ＡＩＩＢができてもＡＤＢの中国にとっての重要性は変わらない、というものであった。

国際的な議論は、次第にＧ７はどうするのか、日米は入るのか、という話になっていった。二〇一五年一月にダボス会議が開催された際、朝日新聞の元主筆の船橋洋一氏、日銀の黒田総裁、ＪＩＣＡの田中明彦総裁、ＪＥＴＲＯ（日本貿易振興機構）の石毛博行理事長、日本のいくつかの企業のトップが入った勉強会で議論になったこともある。

二〇一五年二月二十七日には、フランスのローラン・ファビウス外務大臣（元首相）とマニラで面会し、気候変動に関してパリで同年十二月に予定されているＣＯＰ21（気候変動枠組み条約第二十一回締結国会議）への協力を依頼されたが、その際に、先方から、欧州各国がＡＩＩＢへの参加を検討中という話があった。私自身ＣＯＰ21には出席したが、その前の二〇一五年九月には、ＡＤＢの気候変動の緩和（地球温暖化ガス削減）と適応（干魃《かんばつ》、海面上昇、自然災害などに対応）のための貸付を二〇一四年の年間三〇億ドルから二〇二〇年までに六〇億ドルまで倍増させることを他の機関に先駆けて発表した（一年前倒しで二〇一九年に達成）。ファビウス大臣の要請に応えたこととなった。

二〇一五年二月ごろ日本の財務省の幹部と話していたら、やはり日本の財務省も、英国を含めて欧州各国がＡＩＩＢへの加盟について検討中との感触を持っているようだった。ちなみに、ＡＤＢのいろいろな課題については、米国、中国、インド、オーストラリア、インドネシア、韓国、ドイツを含めた主要加盟国とは、理事を通じて、あるいは政府の高官との面会や電話でときどき意見交換をしていた。総裁の七年間を通じて、日本との意見交換が取りたてて多いというわけではなかった。

二〇一五年三月の北京での中国開発フォーラムに出席した際、ＡＩＩＢ設立準備局長になっていた金氏と短時間話した。金氏は、日本にもぜひ入ってほしいので、働きかけてくれないかということだった。私は、日本が入るかどうかは、日本政府が決めることであって、いま国際機関の長をしている自分が関与することはできないと言った。

日本政府の判断だ、というのは、これも私の一貫した答えだった。別の中国の当局者からは、①これまでの国際秩序はずっと欧米が中心だった、②日本は明治の近代化でも、戦後の高度成長でも頑張って、アジアの存在感を高めた、③いまは中国が頑張っているのだから、ＡＩＩＢも中国と日本が一緒に支えていこうと言われたこともあった。

これに対して、私からは、以下のことを言った。①中国はすでに、いろいろな面で十分存在感のある大国であり、日本が経済的にピークであった一九八〇年代とは比較にならない国際的な発言力を持っている。②国際機関のなかでのシェアが小さいというが、ＩＭＦや世界銀行でも日本が長い間苦労してやっと手に入れたようなシェアと幹部ポストをいち早く確保している。③日本は戦前に西欧へのリゼントメント（対等に扱われていないことへの憤り）やいろいろな事情はあったにしても、拡張主義に陥って、国土も国民も周辺国の人々も、そして自らへの信頼も大きく傷つけたという歴史がある。④中国もアヘン戦争以降の歴史については悔しい気持ちがあるかもしれないが、それまでは疑問の余地のない大帝国であり、尊敬もされてきたのだから、あわてて存在感を示す必要はなく、しっかりと安定的な成長と国民の生活向上を目指したらよいのではないか。⑤そうすれば、自分から言わなくても、もっと存在感は大きくなり、もっと尊敬される国になるのではないか。

先方は黙って聞いていたが、どう受け取ったのかはわからない。

日米のAIIB参加の是非を巡る議論

二〇一五年三月十二日に英国はAIIBへの参加の意思を表明した。米国は、「英国の主権国としての判断だが、AIIBが高い基準を持つように英国が声を上げることを期待する」とのホワイトハウスの声明を出した。同時に、三月十三日の「フィナンシャル・タイムズ」紙は、ホワイトハウスの匿名の高官が「米国は英国から実質的に何の相談も受けなかった。英国の中国に対する不断の融和的態度（constant accommodation）を懸念する」と話したと報道した。

このあと、三月十六日にはフランス、ドイツ、イタリア、二十六日には韓国とブラジル、二十九日にはオーストラリアと、多くの国が相次ぎAIIBへの参加の意図を表明した。四月十五日には、中国が五七ヵ国の創設メンバーを発表し、六月二十九日には設立協定調印式が北京で行われた。

欧州でどのような検討が行われたのかはわからないが、のちに面会したドイツの高官は、英国が予想外の参加表明を行ったのでドイツも追随せざるをえなかったと言っていた。予想外というのがタイミングのことを言っているのか、入るという判断自体のことも言っているのかは聞かなかった。

二〇一五年三月以降、日本でもＡＩＩＢに参加すべきではないか、という声が高まり、政府や自民党、経済団体などで活発な議論がされた。私もワシントンでのＩＭＦ世銀関係の会議に出張のあと東京に寄った際、四月二十二日に自民党の外交部会、財政金融部会ほかの合同会議に招かれ、意見を求められた。私は、日本が参加すべきかどうかの意見は言わないという条件でこの会議に出て、ＡＤＢの歴史やアジア諸国の開発への貢献を説明し、ＡＩＩＢの設立後は協調融資を含めた協力も考えたいと述べた。世論調査でもそうであったが、その場で発言した多くの議員が、日本のＡＩＩＢへの参加は必要がないという意見であったと思う。

そのころの日本でのＡＩＩＢについての加盟賛成論と反対論を整理してみると、おおむね以下のようになるのではないか。米国でもこのような二つの対立する意見はほぼ同じ構造だった。二〇一五年四月十七日に私がワシントンの戦略国際問題研究所（ＣＳＩＳ）で旧知のアジア経済上級アドバイザーのマシュー・グッドマン氏に呼ばれて二〇名ほどの会合で話をしたときにも、意見は分かれていた。

ＡＩＩＢに入るべきという論者は、以下のようなことを言った。①アジアのインフラ投資の資金需要は大きく、ＡＤＢや世界銀行だけでは不十分なのだから、ＡＩＩＢには理由がある。②中国との関係は重要であり、中国が国際的な貢献をしようとしているのだったら、協力すべきだ。③プロジェクトの工事、資材調達に日本企業が不利な扱いを受けないためにもＡＩＩＢとは協調すべきだ。④ＡＩＩＢが環境社会配慮や調達などで国際基準を遵守するなど、よい機関になるように意見を言うのは、外から言うより中に入って言ったほうが効果的だ。⑤日本がＡＩＩＢに参加することはすでに参加を表明しているアジア諸国も求めている。

これに対し、加盟の必要はない、あるいは反対という論者は、おおむね以下のような立場だった。①ＡＩＩＢの設立に理由があるとして、ＡＩＩＢを非難する必要も敵対する必要もないが、域内先進国である日本には欧州諸国を上回る資金貢献が求められるであろうなか、ＡＩＩＢに直ちに多額の税金を投入して参加する必然性はない。②各国のインフラ投資の資金は、もともと税金、自国の国債市場での資金調達、あるいは電力などは民間の事業として行っているものが中心で、国際機関からの借入は金額的には限られている。③中国との関係は大事だが、中国の国際的な貢献を評価しつつ、たとえばＪＩＣＡや日米が影響力を持つＡＤＢを通じてＡＩＩＢとの協力を深めることもできる。④調達については、日本企業による工事や資材は途上国にはオーバースペック（質が高すぎる）でコストが高く、ＡＤＢやＪＩＣＡの案件でも国際競争入札にすると日本企業はなかなか落札できない。それに、ＡＩＩＢは、調達は加盟国かそうでないかによって差別をしないと言っている。⑤ＡＩＩＢ部内から影響力を行使すると言っても、中国が圧倒的なシェアを持っているなかで影響力は限られる（日米が入っていないこともあり、二〇一九年末の投票権シェアは中国がおよそ二六％に達している）。むしろ一定の距離を保っているほうが、何か問題があったときも自由に意見が言える。⑥他のアジア諸国は、日本がＡＩＩＢに入ったほうが中国とのバランスがとれるという意味で好ましいと思うのは当然だが、そうするかどうかは日本の判断だ。⑦ＩＭＦや世界銀行の創設を一九四四年のブレトンウッズ会議で議論したときも、一九六六年のＡＤＢの創設をアジア諸国、それに米国などの域外加盟国が議論したときも、多くの問題で各国の意見は分かれ、十分な時間をかけて検討する必要があった。実際、主唱者の日本も投票で敗れ、ＡＤＢの本部を東京に持ってくることはできなかった。今回は、ほとんど中国が具体案までを詰めてから提案して加盟を呼びかけたものであり、マルチの機関と言ってもだいぶ性格が異なる。

私はどちらかと言えば後者の立場であった。そして、日米が加盟しなかったからこそ、ADBがAIIBと協調し、国際基準などに関する知見をシェアすることには意義があると考えた。

ADBとAIIBの協力

少し時間を戻して、二〇一四年十一月には、中国財政部からADBに対して、ADBのAIIBへの協調的なスタンスを感謝するとともに、設立の準備のために協力をしてほしいとの正式の要請があった。当方からは、ファン・ミランダ事務総局長の名前で、同氏をフォーカル・パーソンとし、当時の東アジア局の小西歩局長を含めた関係局長、北京事務所のハミッド・シャリフ所長が協力を惜しまない旨の返事を出した。その後、ADBは、プロジェクトの環境社会配慮に関するセーフガードのポリシー、調達に関するポリシー、債券発行による資金調達や余資運用などの財務、さまざまな内規の整備などの知見をシェアしていった。

二〇一五年の九月に私が北京のAIIBの準備事務局を訪れたときは、AIIBの発足の前ではあったが、金立群事務局長との間で協調融資プロジェクトの候補を検討し始めることで一致した。二〇一六年一月十六日にAIIBが正式に発足し、金総裁が就任したときは、祝意と協力の姿勢を示す声明を出した。このようなADBの対応を評価して、「フィナンシャル・タイムズ」紙（二〇一六年三月二十八日）への投稿で、イリノイ工科大学ビジネススクールのケアリー・タークー教授は、中国を卒業させるべきだという議論があるなかでADBが北京の空気汚染対策の大型ローンなどを出していること、ＡＤＢとＡＩＩＢが協調融資を目指していることは、「日本が主導する」ＡＤＢを通じた善意を示すもので、アジアの将来を占ううえでよいハーモニーを表していると書いた。

二〇一六年六月には、ＡＤＢとＡＩＩＢのはじめての協調融資案件であるパキスタンの高速道路プロジェクト（それぞれ一億ドルの融資）が両機関の理事会で承認された。これには、英国の援助機関のＤＦＩＤ（国際開発省）も三四〇〇万ドルのグラントを提供している。その後、これまでに一〇件の協調融資案件が承認されている。プロジェクトの準備や貸出実行はその多くをＡＤＢが請け負っており、ＡＩＩＢの協調融資部分については、一定のフィー（手数料）をＡＤＢが受け取っている。

二〇一六年十二月には、金総裁がＡＤＢ本部を訪れて、副総裁たちや幹部職員を含めたランチ、理事会メンバーとの非公式意見交換を開催した。その後、二〇一九年三月にも金総裁はＡＤＢを訪れて、協調融資の議論をさらに深めた。二〇一九年五月には、今度は私が北京のＡＩＩＢ本部を訪れ、ホールを埋めたＡＩＩＢのスタッフの前で話をした。双方の行き来は、いずれも非常に友好的な雰囲気があって、良きパートナーということを感じさせた。

ＡＤＢとＡＩＩＢには、下記のようないくつかの重要な違いがあるが、だからこそ協調することが余計に意味があると言ってきた。①ＡＩＩＢがインフラ投資に焦点を置いているのに対し、ＡＤＢはより広い開発が目的であり、インフラに加え、教育、保健、貧困削減などのプロジェクトも手がけているし、そのために低所得国には長期、低金利の譲許的融資やグラントの提供も行っている。一方、政府向け融資とともに、民間向け融資も増やそうとしていることでは一致している。②ＡＤＢは、各国の改革を推進するための政策連動ローンを行っており、国際収支や財政の困難に対してもこれを使って支援ができる。③ADBはマニラに常駐の理事、理事代理がいるが、AIIBは効率性の観点から北京に駐在する理事を置いていない。AIIBでは理事会は年に数回北京で開催され、また、インターネットなどを使って行っている。④ADBは途上国のほぼすべてに現地事務所を持っているが、AIIBは経費への配慮から持たない方針だ。

ADB本部を訪れたAIIBの金立群総裁と　後ろに並ぶのは双方のスタッフたち（2019年３月）

AIIBにADBが圧倒されるのではないかということをときどき聞かれる。しかし、AIIBのローン提供額は、二〇一九年は四〇億ドル（中国向けの五億ドルの融資を含む）に対し、ADBの二〇一九年のローンおよびグラントのコミットメントの合計は二一七億ドルで、相当の規模の差がある。何より、スタッフの数はADBが三五〇〇人に対し、AIIBは二百数十人で差が大きい。AIIBのプロジェクトはシンプルなものになりがちだし、世界銀行やADBとの協調融資を重視することになる。

AIIBの加盟国は、二〇一九年末に一〇一ヵ国（加盟予定で設立協定の国内批准手続きを待っている二三ヵ国を含む）で、ADBの六八ヵ国を上回る。これはAIIBが、ロシア、サウジアラビアやUAE、イラン、イスラエルなどの中東諸国、アフリカ諸国、ブラジルなどの中南米諸国なども加盟国に含んでいるからだ。ＡＩＩＢは、協定上、一定の手続きを踏めばアフリカや中南米の加盟国にも融資ができるし、そもそもロシアや中東諸国は域内国の扱いになっている。

ＡＤＢにも域外国としての加盟を希望する国はあるが、今のところ現在の加盟国の支持は得られておらず、一九の域外国は、米国とカナダ、欧州諸国に限られている。加盟国数が増えると、いくら投票権が出資額に応じていると言っても、意思決定は複雑になり、効率的な機関の運営が難しくなる。ＡＤＢはアジアの開発に協力する意思と資金を有する先進国に域外国を限っていると言ってよい。

ＡＩＩＢは発行する債券（外貨建て長期）の格付け（Ｓ＆Ｐ）でＡＤＢと同じトリプルＡをとった。中国（Ａ＋）、日本（Ａ＋）、米国（ＡＡ＋）よりも高い。もちろん経営の健全性も評価されてのことであるが、格付けは債券発行者のデフォルトの確率を表すものであり、ＡＩＩＢの場合は、払込資本金が五年間の分割払いで三〇〇億ドルになるので、貸出残高以上のキャッシュを自己資本として持っていることも一因だ。

少し技術的な議論になるが、資本金（授権資本）では、二〇一九年末にＡＤＢは一四八〇億ドル、ＡＩＩＢは一〇〇〇億ドルだ。ＡＤＢの一四八〇億ドルにはＡＤＢの発行した債券の償還が難しくなるような事態になったときにＡＤＢからの請求を受けて加盟国が支払うことになる「請求払資本金」の一四〇七億ドルを含んでいる。請求払資本金は、いわば加盟国によるＡＤＢへの保証であって、キャッシュによる払い込みを要しない。「払込資本金」は、これに対し、税金を使って現金で払い込まれるものだ。ＡＤＢの場合は、発足時の加盟国からの出資に加えて二〇〇九年まで五回増資をしているが、次第に授権資本の増資額のなかで払込資本金の比率は下がり（二〇〇九年の第五次増資で四％）、これまで五四年間の合計で七二億ドルしかキャッシュでの出資を受けていない。これに利益を積み上げた累積準備金の一四〇億ドル、それに第12章で述べる、二〇一七年初のアジア開発基金（ＡＤＦ）との資本の統合で増えた三一〇億ドルを加えて、バランスシート上には五二〇億ドルの自己資本を持っていることになる。ちなみにＡＤＢの貸付残高は、二〇一九年末に一一四〇億ドルだから、相当厚い自己資本比率を持っており、まだ増資なしに貸出を伸ばしていくことができる。

それに対し、ＡＩＩＢの場合は、授権資本のなかでの払込資本金の比率が高く、いきなり三〇〇億ドルのキャッシュを受け取ることになっている。私の部下のなかには、株主（加盟国）からＡＤＢが不公平に扱われていると嘆く人もいたが、できた時期が違うし、また、文脈も違う。ＡＤＢは自分たちで稼いだり、資本統合の工夫をしたりして、自己資本を大きくしたのだからよいではないかと慰めておいた。

金立群氏は、ＡＤＢからスタッフを引き抜くことはしないと繰り返していたし、実際そのようなことは起こらなかった。何人かのスタッフがＡＩＩＢに移ったが、定年に近くなって新たなチャンスを求めるスタッフ、あるいは昇任の機会を求める若手のスタッフが自主的に数名移った一方、ＡＩＩＢから移ってきたスタッフもいる。

また、ＡＩＩＢは、国際的な基準にしたがって運営されている。欧州各国、オーストラリア、韓国なども入っており、ＡＤＢも協力しているのだから、私はもともと基準を逸脱するようなことはありえないとは思っていた。中国がＡＩＩＢの創設を構想したのは、むしろ国際的な中国のリーダーシップ、威信を示すためであって、非難されるようなことをするなら、そもそも創設する意味がない。

一帯一路の機関になってしまうのではないかという懸念を持つ人もいるが、ＡＩＩＢはこれと一定の距離を保っている。中国はもともと自国の輸出入銀行や開発銀行から多額のタイドの融資（中国からの調達に結び付けた融資）を行っており、いわばある程度自由に途上国への貸付を行っているのだから、ＡＩＩＢにそのような役割を期待する必要はない。

一帯一路についての考え方

ところで、一帯一路についても中国からＡＤＢに対して協力の呼びかけがある。これに対しては、①中国は漢や唐の時代からシルクロードを通じて中央アジア、欧州と交易を行っており、これに再注目するというのは自然なアイデアだ、②ＡＤＢも中央アジア地域経済協力（ＣＡＲＥＣ）やメコン河流域経済協力（ＧＭＳ）など、各国のつながりを促進するサブリージョン（アジア域内の一定の地域）のイニシアティブを推進してきた、③プロジェクトの選定に当たっては、経済的に十分なリターンがあるかどうかを精査する必要がある、④もしも協力できるプロジェクトがあれば、ケースバイケースで協力したい、というスタンスで対応してきた。今のところ、協力の具体例はない。

一帯一路については、このイニシアティブのもとで行われるプロジェクトが中国からの借入急増を招いて、各国の債務問題を引き起こしているとの批判がある。一般に、プロジェクトの貸付を行う際には、各国の経済状況や債務返済能力を考慮する必要があるし、プロジェクト自体が経済合理性を持ち、いずれは外貨の獲得にもつながるようなものでなければならない。ADBの場合には、設立協定自体に「経済的な考慮」の条項がある。調査局の当初の重要な目的も、プロジェクト自体の経済的リターン、間接的な効果も含めたリターンを分析することだった。銀行だから経済性のない政治的なプロジェクトは避け、サウンドバンキング（健全な銀行経営）に徹する必要があるということは、渡辺初代総裁が譲らなかった原則の一つだ。

先進国のクラブであるOECDの枠組みでは輸出信用や援助借款について詳細な規制がある。借入国の負担に配慮し、また不公正な競争を避けるのが目的だが、中国はOECDに入っていない。また、政府間貸付の債権国会議であるパリクラブは各国の債務状況をIMFとともにモニターしているが、中国はパリクラブのメンバーではない。どのような条件でどのような融資を行っているのかの情報開示も遅れている。

そのような中国の他の途上国への貸付に関する問題は、二〇一八年秋にADBを訪問した旧知の中国財政部の幹部に言ったことがあり、先方も真剣に耳を傾けていた。私は、中国が意図的に他の途上国を「債務の罠」に陥れようとして過剰な貸付をしているとは思っていない。無理な貸付をすれば、通常、債務者も債権者も傷つく。中国のいろいろな機関が、調整なく性急にプロジェクトと貸付を進めていることに問題がある。

二〇一九年のG20大阪サミットで、「質の高いインフラ投資のための原則」が中国を含むG20すべての国により合意され、環境社会配慮、透明性のある調達、ライフサイクルコストの考え方（建設自体は安くとも、あとの維持費が高ければ結局高くつく）などとともに、債務の持続可能性が入ったのは大きな進展だった。

中国経済の今後をどう見るか

少し話題を変えて、この機会に、今後の中国経済をどう見るか、私なりの考え方を整理しておきたい。一言で言うと、引き続き強くなっていくという見方と、そう簡単ではないという見方がいずれもありうる。

事実として、中国は、先進国に比べると堅調な成長を続けているが、それでも前よりは明らかに減速してきており、成長率は二〇一九年に六・二％まで下がっている。中国自身がニュー・ノーマル（新常態）とも言っている。六％の成長を続ければ一二年間でＧＤＰは二倍になるので、この成長を続けることができれば上出来なのだが、足元の新型コロナウイルスの影響を除いたとしても、いくつかの減速要因がある。

まず、構造的な要因として、労働力人口が減少し始めていること、また、農村からの労働者が都市に来て働くという人口移動の屈折点が来ていることがある。この屈折点は、提唱者で一九七九年のノーベル経済学賞を授与された英国の経済学者アーサー・ルイスの名前をとって「ルイスの転換点」と呼ばれることがある。内陸の農村からの労働者が沿海部を中心とする工業都市に移動し、安価な労働力を提供するというプロセスは明らかに弱まっていて、それが賃金の上昇にもつながっている。

また、発展段階が高度化し、先進国に近づくことを経済学用語でコンバージェンス（収斂《しゅうれん》）と言うが、中国にも当てはまる概念だ。発展するにつれて先進国との技術力の乖離が縮まっていくと、技術を外国からの特許や対内直接投資、あるいはそのスピルオーバー（波及効果）を通じて獲得するスピードも下がっていく。今後は国内での技術革新がもっと必要になるので、中国は、大学や研究機関への資金支援を強化したり、上述のように「中国製造２０２５」の産業政策を打ち出して、いくつかのセクターにターゲットを置いて高度な産業を促進しようとしている。しかし、これが米国から見ると、国家の支援に基づく不公正な貿易慣行、あるいは米国の技術的なヘゲモニーへの挑戦ととらえられ、摩擦にもつながっている。

加えて、中国政府は、高い成長を目指すだけではなく、より環境への配慮を高めるような成長（「生態文明建設」）、社会や国民の福祉を重視する政策（「小康社会」）に移行しようとしている。また、ＧＤＰの需要面では投資や輸出、供給面では製造業に大きく依存した成長モデルから消費やサービス産業を重視するモデルへの構造転換を図りつつある。これらの移行、構造転換も、成長率の数字を減速させる面がある。

もう少し循環的な要因としては、中国は世界金融危機以降、国内投資に偏った成長をしてきたこともあって、石炭も鉄も供給過剰になっており、長期の構造的要因とは別に、過剰生産能力が調整されていく過程にある。もっとも、中国は過度に生産を落とさないように随時刺激策をとるので、調整が長引く可能性もある。最近の米中摩擦を受けても、そのような傾向が見られる。

逆に、中国経済に対するポジティブな見方としては、消費がさらに拡大していくことによって堅調な成長は持続しうるという考え方がある。中国における消費のＧＤＰに占める比率は、近年上昇傾向にあるとは言え、政府による消費も含めて二〇一八年に五三％であり、日本の七五％（うち家計消費が五五％、政府が二〇％）に比べると相当低い。中国の一人当たりＧＤＰはまだ一万ドルであり、先進国に比べると生活水準を上げたいという人々の需要は大きい。中国の二〇一九年の自動車販売台数は前年より八％減ったとは言え二五八〇万台であり、米国の一七〇〇万台、日本の五二〇万台をはるかにしのぐ。毎年十一月十一日の「独身の日」セールスの熱狂を見るだけでも消費の勢いを感じることができる。

特にサービス産業には拡大の余地が大きい。サービス産業（第三次産業）のＧＤＰに占める割合は、日本の七二％に比べ、中国は四七％だ。一般に、サービス産業の比率は各国の一人当たり所得の拡大とともに上昇し、サービス産業が消費、成長を牽引するようになる。衣食が足りるようになると、娯楽や観光、健康の増進、子供の教育などへのニーズが広がる。さらに、たとえば主婦が外に出て働いて、昼食に弁当を買うようになれば、その分サービス産業は拡大することになる。ＧＤＰは市場で取り引きされる生産物の価値の合計だから、実質的には食べているものはそう変わらないとしても、選択肢が増えて、女性の社会進出が進み、ＧＤＰは拡大していく。

中国人民銀行の易綱総裁が副総裁のときに面会した際に言っていたことだが、現在の中国ではＧＤＰに把握されていない、友人間の相対取引など、いわゆるインフォーマル・セクターにとどまっているサービスもまだ多くある。それらがフォーマル・セクターに移行すれば、自ずからサービスの生産、消費は増えていく。

中国の技術力を考える

中国の産業の競争力、技術力の可能性についてもう少し考えてみたい。中国の技術力は、毎年強くなっている。深圳は中国のシリコンバレーと言われることがあるし、北京大学や清華大学の周りにも産学連携のベンチャーが増えている。政府から大学、研究機関への援助は日本をはるかにしのいでいるし、海外の大学との提携関係も強い。テンセントやアリババのように、アメリカに対抗するような規模のプラットフォーム企業も出てきている。

末廣昭・元東京大学教授が指摘しているように（『新興アジア経済論』岩波書店）、たとえば高速鉄道を見ても、当初は日本やドイツから技術を取り入れたにしても、毎年建設していく量が大きいので、習熟のスピードは非常に速い。実際、ＡＤＢの調達もアジアの各国で中国が多くを入札で落としているが、質が低いということはなく価格がリーズナブルなので、競争力が非常に強い。中国が、低めの賃金の良質な労働者をもとに外国から技術を入れ、日本などより質の低い製品をつくる「世界の工場」という見方を続けていたら明らかに見誤まる。

これはある高官が言っていたことであるが、中国は党・政府主導の国でありながら、日本や米国、欧州に比べて規制が緩い部分がある。たとえば、データの活用にしても、フィンテックやシェアドエコノミー、それに自動運転のような実験的な取り組みにしても、あまり規制に縛られずに進めることができる。日本だったら、プライバシーや安全上の理由、そのほかのいろいろな規制で、進めるのに時間がかかってしまう。もっとも、ある若い中国の大学教授は、中国の技術革新は日本などに比べて、本当の科学や技術の革新に根差したものというよりも、新しいビジネスモデルの構築にとどまりがちだと言っていた。

日本と比べたときに、英語ができて米国や英国などに留学した経験のある人たちの存在も大きい。彼らは米国などにただ勉強に行くだけではなくて、留学先でベンチャーを起こし、そこに定着して活動している人が多い。日本でもそのような中国人が増えている。政策研究大学院大学学長だった白石隆氏は、東南アジア諸国を含めて、英語のできる中国人をアングロ・チャイニーズと名付けて、その人たちの企業や技術のネットワークの役割を強調している。

こうしたことが相俟《あいま》って、中国の経済は新しい局面を迎えている。ただし、私が気になっているのは、そもそもイノベーションと国家による強い関与は両立しうるのだろうかという問題だ。中国は、最近は産業政策に加えて、党による企業活動や学問への関与、情報へのコントロールを強めてきている。一九七〇年代終わりの改革開放以降の発展は、基本的に、市場機能の活用、自由な経済活動に基づくものであった。そして、それらは自由な発想や情報の共有に支えられなければならない。

一九六一年にソ連がガガーリンの乗ったスプートニクによる最初の有人宇宙飛行を成功させたとき、ソ連の中央計画システムや国による資源の動員が、自由主義経済よりすぐれているように見えたことがあった。結果的には、質より量を重視しがちになる中央による計画の限界、ノルマが大事で創意工夫が生まれにくい環境、軍事と民生の技術は相互に補完的であることなどがあって、ソ連のシステムは自由主義経済には勝てなかった。中国の経済制度は社会主義市場経済なので、ソ連のシステムとは違うが、国家の関与が再び強まっていくとしたら、長期的には効率性、技術進歩、そして成長を損なう可能性がある。もちろん、それに加えて、米中摩擦のような形で中国と米国ほかの先進国との間に分断が大きくなると、中国の技術的な発展はさらに阻害されることになるだろう。

二〇一八年八月に訪中した際、北京大学内にある起業家を育てるラボを訪ね、そこを巣立った若手経営者五人に会う機会があった。起こしたベンチャーが成功したら早めに売るのかという私の質問に対し、アドバイザーの指導教官は「ある程度成功したタイミングで会社は高く売って、新たな事業を開拓したほうがよい」という意見だった。実際、当時は国際的に資金がだぶつき、大手企業が将来競争力を持ちそうなベンチャーをすぐに高値で買ってしまう傾向があった。ところがその五人の若手経営者は「せっかく自分たちが開発した新しい技術で会社を作ったのだから、自分の会社を伸ばしていきたい」と言っていた。こうした若き起業家の行動や発想は他の国と変わらない。私は「創業時のパナソニックやホンダ、ソニーも同じだっただろう」と言った。このような起業家がいることは明るい材料であり、中国の将来を見通すことは簡単ではない。

第7章　東南アジア諸国の成長は続くか

フィリピン

ＡＤＢの本部が置かれ、私自身七年弱を過ごしたフィリピンは、人口が一億人を超え、年率でまだ一・六％も伸びている若い国だ。ポテンシャルは大きい。最近では、デジタル技術を使ったビジネス・プロセス・アウトソーシング（ＢＰＯ）が重要性を増しており、ＧＤＰの一〇％近くを占めるまでになっている。英語が自由に使えることや時差を生かして、米国の金融機関などにコールセンター、会計や法務関係の業務、サイバーセキュリティ対策などのサービスを提供している。中間層も拡大してきており、海外のフィリピン労働者からの送金と相俟って、家計消費の持続的な拡大を支え、六％以上の堅調な成長につながっている。

フィリピンは、一九六〇年ごろは、アジアでは日本に次いでマレーシアと並ぶ豊かな国であった。一九六五年から八六年まで続いたマルコス政権は最初こそ清新な政策を実行していたが、次第に腐敗して効果的な政策をとれなくなり、最後は民衆の革命で亡命を余儀なくされた。着任まもない二〇一三年七月に、フィリピンの政治が専門で旧知の片山裕神戸大学教授がマニラを訪れた際、もと国家経済開発庁（NEDA）の長官でフィリピン大学教授のパデランガ氏と一緒にADBでのランチに招待したことがある。パデランガ教授が、一九八〇年代に日本からASEAN諸国への直接投資ブームが起こったときに、フィリピンは政治的な混乱のためにその波に乗れなかったことが残念だったと言っていたのをよく覚えている。

二〇一〇年に就任したベニグノ・アキノ大統領は、一九八六年から大統領を務めたコラソン・アキノ大統領の長男で、腐敗の撲滅と民間セクターを促進する政策をとった。私も二〇一三年の着任後六月にマラカニアン宮殿で面会し、二〇一六年一月にはセミナーでのスピーチにADBに来ていただいたこともある。

二〇一六年六月に就任したロドリゴ・ドゥテルテ大統領は、私自身就任式に参列したあと、七月に面会し、二〇一七年一月のADB創立五〇周年式典と二〇一八年五月のマニラでのADB総会でもご挨拶をいただいた。外国では厳しい麻薬対策のことばかりが報道されがちだが、インフラ投資、農村開発、中等教育、女性の地位向上などについて熱意を込めて語っていた。それまでの指導者の多くが、スペイン支配下の砂糖プランテーション以来のエリート層であるのに対し、直前はミンダナオ島のダバオ市長だったドゥテルテ大統領は、率直な人柄と実行力で国民の支持率が非常に高い。二〇二〇年一月の離任直前には、民間人としての最高位の勲章を大統領からいただいたが、長年のADBのスタッフの努力とADBのフィリピンへの貢献が認められたようでうれしかった。

ちなみに、私が総裁になってから、ドゥテルテ大統領、次に述べるインドネシアのウィドド大統領、インドのモディ首相が選挙を経て政権交代を果たした。いずれも伝統的な特権階級出身ではな

台風ハイヤンで被災したレイテ島タクロバンを視察する（2014年2月）

く、ウィドド大統領は元は自営の家具会社経営者だったし、モディ首相は貧しい紅茶売りの家庭の出身だ。アジアの民主主義にとってとてもよいことだと思った。

カルロス・ドミンゲス財務大臣は、大統領と同郷のミンダナオ島出身の実業家で、九〇年代には農業大臣を務めたこともある。二〇一八年五月のマニラADB総会の前には、ほぼ毎月オフィスに伺って準備のための議論を重ね、総会を華美にせずに、実質的な議論の場にすることで協力した。ADBからの借入と専門知識を使ってインフラ整備などを進めることには大変熱心だったが、最初のころに、ADBは民間の銀行に比べてプロジェクトの検討と準備に時間がかかりすぎると言われたことがあった。私からは、高い技術を取り入れることや環境や社会への影響の審査のプロセスはフィリピンにとっても重要になってきているし、フィリピン側の手続きも時間がかかる一因だと答えたが、ADB側でより迅速な対応をスタッフに求めるきっかけになった。

ADBは、フィリピンで、道路や水道ほかのインフラ、貧困削減のために各家庭の教育や保健への取り組みを条件として補助金を出すコンディショナル・キャッシュ・トランスファー（CCT）、中等教育の質向上、テロで傷ついたミンダナオ島の復興支援などの支援を行ってきている。二〇一三年十一月にレイテ島のタクロバンを襲った台風ハイヤンは、私も被災地を訪ねたが、その被害は大きく、ＡＤＢは早めに資金が引き出せるローンも使って、総額九億ドルの支援を行った。二〇一九年には、マニラ周辺の鉄道や教育分野を含めて過去最高の二五億ドルの融資をコミットし、単年では中国を抜いてインドに次ぐ二番目の新規借入国となった。

ところで、ドミンゲス大臣は、日本での観光や買い物、日本の小説が好きな親日家で、伊万里や有田焼の窯元を訪ねた話を聞いたこともあった。ビザの緩和、羽田便を含めた就航数の増加、中間層の拡大もあってフィリピン人の訪日客は急増しており、私が赴任した二〇一三年には一一万人であったものが二〇一九年には六一万人となっている。私のまわりでも、年に数回日本への旅行を楽しむという人が多かった。

フィリピンに限らず、アジアからの世界各地への観光客は急増しており、その要因は第14章でも書くことにするが、アジアの観光客にとって日本は魅力にあふれている国だ。アジアの多くの知合いが、日本の食文化（寿司、てんぷらから、ラーメン、お好み焼きまで）、美しくバラエティに富む自然、なかでも暑い国にはない雪景色、温泉、古い歴史や伝統と近代的、現代的なもののミックス、発達した公共交通機関、清潔な街、それに人々の親切できちんとした態度を称賛する。私と後半の四年半一緒だったバンバン・スサントノ副総裁は、インドネシア運輸省の元副大臣で、カリフォルニア大学（バークレー）の土木工学の博士号も持っていて国際的な視野がある人だったが、弁護士の夫人と二人のお嬢さんを連れてよく日本に来ていた。何が気に入っているのかと聞いたら、一番は大学生のお嬢さんが自由に街を歩き回れることだと言っていた。

インドネシア

インドネシアは、ＡＳＥＡＮのなかで人口が二億七〇〇〇万人と一番多く、大きな存在感を示している。最近の成長率は五％程度だが、もっと高い成長が必要だ。天然ガスやパームオイルなど資源への依存が高く、資源価格の変化に影響されがちだが、新技術を利用したサービス産業や食品工業には勢いがある。

私は任期中に六回インドネシアを訪問している。ジャカルタを最初に訪れたのは二〇一三年十月で、ユドヨノ大統領、バスリ財務大臣と面会し、インドネシア大学の経済学部で講演を行った。近代的な階段状のホールに集まった学生たちは非常に熱心で、アジア経済やＡＤＢの戦略についての質問が相次いだ。インドネシアの経済閣僚は、この学部の教授から政府に入った人が多く、バスリ大臣、そのあとのウィドド政権のバンバン大臣、それに世界銀行からインドネシアの財務大臣に戻ったスリ・ムルヤニ大臣がそうだ。大統領制のもとで、職業政治家ではなくテクノクラートが大臣になる仕組みであり、米国、フィリピン、韓国などと共通している。

二〇一四年十月に就任したウィドド大統領とは三回お目にかかった。同国は多くの島からなり、マレーシアやパプアニューギニアと国境を接する遠隔地の開発が議論のテーマの一つだった。失業率は五％程度で低いが、人口が毎年一・二％で伸びており、労働市場に参入してくる若者によい仕事を与えるためにも成長が必要だ。散発する過激派のテロなどもあり、国是である現実的で寛容なイスラム社会をどう維持発展させるのかが鍵となる。

二〇一七年一月の出張では、ジャカルタでウィドド大統領と面会したあと、インドネシア第二の都市スラバヤを訪れた。ポリテクニックと呼ばれる高等工業専門学校に行った際には、女子学生が一心に溶接の技術を学んでいる姿が印象に残った。ＡＤＢは、多くの国で技術職業教育を支援しているが、そのなかでも、女性の参加を増やすことを目標にしている。

スラバヤでは、「英雄の塔」も見学した。一九四五年夏に日本軍が降伏して出ていったあと、インドネシアは独立宣言を出したが、英国軍が戻ってきて日本軍が置いていった武器を供出するよう求めた。それに怒った人々がスラバヤで立ち上がり、衝突で数千人が亡くなった。一九四五年十月のことだ。英雄の塔はそのモニュメントとして建てられたもので、内部には抵抗をラジオで呼びかけた様子が再現された博物館がある。再びオランダの植民地には絶対戻りたくなかった、そのようなインドネシア人の気持ちを切々と感じた。英国とはいったん休戦したが、その後オランダ軍が戻ってきて、一九四九年に独立が実現するまでの間にも、多くの血が流れた。

忘れられがちだが、第二次世界大戦が終わったあとでも、フランスはベトナムを、オランダはインドネシアの独立を認めようとはしなかった。アジアやアフリカのほとんどの国は、植民地であることが常態であった。多くの国が、血を流し、苦労をして独立を勝ち取ってきた。今後アジア各国が中国の影響下に入るか、米国の影響下に入るかといった議論がなされるが、どの国も、自分たちの独立とアイデンティティを守りたいという気持ちは非常に強いと思う。

二〇一八年十月にバリ島で開催されたＩＭＦ世銀総会の際にウィドド大統領と面会したときは、九月に起きたスラウェシ島の地震と津波の復興に一〇億ドルの支援をすることを表明した。その際に、インドネシア・ルピアが減価していることも話題になった。二〇一三年にも米国の量的緩和策の縮小を示唆するバーナンキＦＲＢ議長の発言が発端となってルピアが売られたことがあったが、二〇一八年も米国の金利引き上げやトルコ、アルゼンチンの混乱の連想で、インドネシアなど他の新興国の通貨が売られていた。私は大統領との面会で、「インドネシアの成長率は五％を超えているし、インフレ率は三％台、経常収支赤字がＧＤＰの二・五％、財政赤字目標がＧＤＰの二％、そして外貨準備の水準も高い。ファンダメンタルズは健全であり、ルピアの減価は投機にもとづく行きすぎたものだと考えている」と述べて、それをニュース・リリースでも発表した。その影響でもないとは思うが、幸いにして、その後ルピアの相場は安定した。

インドネシアは、ＡＤＢにとっての最重要な顧客の一つであり、政府向けに、インフラ関係のプロジェクト・ローン、政策連動ローン、それに成果連動ローンを組み合わせて、毎年一五億ドルから二〇億ドル程度の支援をしている。このほか、最近は地熱発電や通信関係の企業に対する民間セクター向け融資・出資も毎年数億ドルまで増えている。

ちなみに、プロジェクト・ローンは工事の進行につれて融資が行われていくものであり、公平な調達と高い技術をＡＤＢと協力してプロジェクトに取り入れていくことができる。政策連動ローンは、たとえば資本市場の改革、具体的には証券取引法の整備など、一定の条件を満たしたら融資が政府に対して行われるというもので、改革を促進する効果があるし、財政危機のときなど早い貸出実行で政府を支援することができる。成果連動ローンは、たとえば教育セクター向けであれば、学校の建設をいちいちプロジェクト・ローンで支援するのではなく、一定の就学率の達成などの成果に連動して貸出が実行されるものであり、調達基準も借入国それぞれのものを使うことができる。

スリ・ムルヤニ大臣が二〇一七年四月にＡＤＢ本部を訪問したときに理事会との対話で言ってい

たことだが、成果連動ローンのような仕組みは、実施機関がしっかりしていれば、国内の予算執行にも応用できる。政策連動ローンも、政治的に難しい構造改革の推進に役立つ。ＡＤＢの理事会は、資金の使い道が特定しにくい政策連動ローンや成果連動ローンが安易に使われるのではないかという懸念を持っているので、大臣の発言はこのような方式のローンの活用を進めようという私には大きなサポートになった。もちろん、政策連動ローンや成果連動ローンを用いるときは、当局と十分に議論をし、適切な貸出条件を設定し、実施状況をしっかりモニターする必要がある。

スリ・ムルヤニ財務大臣（右）と麻生財務大臣　横浜で開催されたＡＤＢ年次総会にて（2017年５月）

　スリ・ムルヤニ大臣は私より六歳ぐらい下だが、国際金融、開発の世界では世界的に知られている大物で、もしも世界銀行の総裁をアジアから出すということになれば、彼女がその候補だ。イリノイ大学で経済学博士号をとって、インドネシア大学の教授から二〇〇五年から二〇一〇年までユドヨノ大統領のもとで財務大臣を務めたあと、世界銀行のナンバー2の専務理事となり、二〇一六年にはいわば別の党派であるウィドド政権の財務大臣に戻った。

　私は自分が日本の財務省にいたときに、スリ・ムルヤニ大臣が最初の大臣のときから、バリ島での環境関係の財務大臣会合などを通じて縁があったし、私がＡＤＢに移り彼女が世界銀行にいたときにも、ＡＤＢとの協調などについて話す関係だった。二〇一七年四月五日には私のたっての招請でＡＤＢに来てくれた。スタッフ向けの講演では、一〇人兄弟の多くが医者かエンジニアになる中で経済学を選んだ経緯、母として三人の子供を育てながらの仕事の苦労など自分の体験を率直に語り、女性スタッフも詰めかけたホールいっぱいの聴衆から万雷の拍手を浴びた。

ベトナム

ベトナムは、一九八〇年代後半に始まったドイモイ政策以来、市場経済志向の改革を進めてきており、海外直接投資の大きな受け入れ国となって、最近は七％程度で成長している。特に、中国の賃金上昇、米中貿易摩擦などの影響で、製造業の拠点としての存在感を高めている。二〇一八年の人口は九五〇〇万人、一人当たりのＧＤＰは二四〇〇ドルだ。国有企業の効率化など課題も多いが、健全なマクロ経済政策とビジネス環境の改善に留意しつつ、直接投資を自国の技術発展につなげようとしている。ＡＤＢは、エネルギー、農業、運輸、都市インフラの分野を中心に累積で一六〇億ドルの貸付をコミットしてきた。

ベトナムには総裁として五回訪問し、首相や国家主席（大統領）、共産党書記長、中央銀行総裁、財務大臣、計画大臣と会ってきた。総裁として最初に訪れたのは二〇一四年一月だ。中央銀行がＡＤＢの所管であり、ビン中央銀行総裁と不良債権問題を透明性のある形で早期に解決する必要性、ビン計画大臣と直接投資の役割について議論した。計画大臣は、ベトナムは直接投資を多く受け入れているが、必ずしも国内の産業の底上げにつながっていないという批判があると言っていた。私からは、外国からの企業に過度の税制優遇などをいつまでも与える必要はなく、国内企業と同じ扱いにしていくべきだが、直接投資自体は、資金、技術、経営ノウハウを同時に持ち込むので、そこからのスピルオーバーは長期的によい影響があるだろうと話した。

この出張のときは、ハノイにある名門の対外貿易大学で講演をした。優雅な白いアオザイを身に着けた女子学生たちが、チャン学長とともに花を持って迎えてくれた。三〇〇人もの教授や学生が参加し、活発な質疑応答ができた。インドネシアとベトナムでの大学での講演の経験から、出張のたびにできるかぎり現地の大学での講演をするようにした。ちなみに、インドネシア、ベトナム、ミャンマー、中国、インドなどでは、政策に影響力のある学者をランチやディナーに招いて意見を聞く機会も多く持った。

二〇一四年九月の出張では、ハノイから車で二時間ほどのフンイエン省にある灌漑事業を見に行った。ＡＤＢの支援したポンプの近代化で、米の収量が上がり、二期作が可能となり、衛生改善にもつながっているという話を聞いた。ベトナムには、目も覚めるような緑の美しい田園風景のなかに、ところどころベトナム戦争の痕跡が残る。宿泊したハノイのメトロポールホテルは一九〇一年のフランス植民地時代にできたクラシックなホテルだが、庭には防空壕の入り口があった。ベトナム戦争中に泊まっていた反戦運動でも有名な米国の女優ジェーン・フォンダも避難したという。

二〇一六年六月の出張では、フック首相と面会した。当初短い表敬に終わると思っていたら、二〇一七年には財政支援型のローン（政策連動ローン）が相当額必要だということで、あたかも貸付交渉のようになってしまった。ベトナムは政府の国内・国外からの借入限度をＧＤＰ比で六五％と定めており、その上限が近づいたことから、結局そこまでの財政支援型ローンの借入は行われなかった。その後、GDPが伸びたことから、ADBからの借入には、プロジェクト・ローンも含めて意欲的だ。フック首相とは、二〇一九年六月のG20大阪サミットの際の待ち時間に長時間にわたり話し込んだこともある。先方は夫人と一緒だったので、高齢化のなかでの家族のあり方などにも話は及んだ。

カンボジア

カンボジアは、一九七〇年代後半にポル・ポト政権のもとで原始共産制を目指す恐怖政治が行われ、一〇〇万人から二〇〇万人（推定で当時の人口のおよそ一五％から三〇％）とも言われる人命が失われた。一九九〇年代以降は国連カンボジア暫定統治機構（UNTAC、明石康代表）のもとで平和が回復され、一九九九年にはASEANにも加盟して、市場志向型の改革を実施してきている。人口は一六〇〇万人にまで増え、二〇一八年の一人当たりのGDPは一六〇〇ドルだ。農業がまだ雇用の三七％、GDPの二二％を占める貧しい国だが、近年は米国や欧州への衣料の輸出を中心に毎年七％程度の高い成長を遂げている。ADBは農村開発、都市インフラ、教育、保健の分野で支援を行っている。

二〇一五年三月に訪問し、フン・セン首相に面会した。一九九〇年代からリーダーである首相は、平和回復のプロセスへの協力、国際機関への延滞を解消してADBや世界銀行からの借入を再開するに当たっての支援など、同国の復興・発展への日本の貢献を高く評価していた。この出張では、高等工業専門学校でのロボットによる競争を見学した。

カンボジアは、二〇〇一年六月に財務省で外務省を担当する主計官を務めていたときも視察に訪れたことがある。日本が支援している結核医療センターやアンコール・ワット寺院の修復プロジェクト、小規模の「草の根無償援助」の対象の幼稚園の教師育成プロジェクト、それに日本のNGOによる農村への井戸掘りのプロジェクトを見た。まだ、ポル・ポトの時代の傷跡が深く残っている時期であり、国民生活は非常に貧しかった。アンコール・ワットの近くの古代都市アンコール・トムには、アンコール朝時代の十一世紀に完成した東西八キロメートル、南北二・二キロメートルの巨大な農業用貯水池と灌漑設備がある。すばらしい土木技術で作られたもので、そのような技術を持った国が井戸水にも困るような状況になっていることにショックを受けた。そのときには、現在のような発展は考えにくかった。

ラオス

ラオスは人口が七〇〇万人の内陸国だが、水力発電の電気と銅をタイ、中国などに輸出していて、一人当たりのGDPは二〇一八年に二六〇〇ドルとカンボジアより高い。メコン河流域の水力発電のポテンシャルは大きく、ADBは、世界銀行、民間金融機関とともに、二〇〇五年にナムトゥン2の大規模ダムプロジェクトを支援した。ダムによる水力発電については、環境や住民移転、安全性への配慮が不可欠だ。

ラオスには二回行った。最初は二〇一五年三月に、カンボジアに引き続いての訪問だった。首都ビエンチャンは以前も訪れたことがあったが、アジアの首都のなかでも、最も牧歌的な雰囲気を残している。トンシン首相とは、教育や保健などの社会セクターでさらに協力していくことを話した。公共事業大臣からは、ラオスを横断していく外国からのトラックが道路を傷めているので、道路のメンテナンスに関する支援がほしいと要請された。ＡＤＢが支援している農業学校を見学したが、貧しい農家出身の女子生徒が、寮に住みながら有機農業やオートバイ修理を一生懸命学んでいて、いずれは修理店を開くという夢を語っていた。彼女のお母さんは、娘がそんな教育を受けることができるようになったときに、思わず涙を流したそうだ。

二〇一五年五月、アゼルバイジャンのバクーでのＡＤＢ年次総会には、ビエンチャンで財務大臣との面会に立ち会っていた財務省の次官が来ていた。彼女は、旧ソ連の時代にアゼルバイジャンの大学に留学していたので懐かしいと言っていたが、そのころのバクーはもっと汚く、貧しかったので、新しいバクーの姿が印象深かったようだ。ラオス、カンボジア、ベトナムの高官には、旧ソ連に留学した人が多かった。

ラオスにはＡＳＥＡＮ財務大臣・中央銀行会合に参加するために二〇一六年四月にも再訪した。悠々と流れるメコン河の岸に近い、こぎれいなレストランで夕食をとった。ラオスにもミドルクラスの消費文化が広まっている。

ミャンマー

ミャンマーは二〇一一年に民政移管したあと、国際社会からの制裁解除、経済改革、二〇一三年にはＡＤＢを含めた援助機関や各国からの支援が再開された。この間の日本の関与については、第

2章でも触れている。このような進展を受けて、アパレル、通信、食品などの幅広いセクターで直接投資の流入が活発化し、成長率も最近は七％程度を維持している。人口は五四〇〇万人と多く、一人当たりのGDPがまだ一三〇〇ドルとASEANのなかで最も低いことが、逆に将来への期待を生んでいる。

それ以前は、一九五八年以降のネ・ウィン政権による閉鎖的な社会主義政策、一九八八年の民主化デモ以降の軍政と国際社会からの制裁により成長が阻害されてきた。二〇一五年秋の選挙を経て政権をとって実質的にリーダーとなったアウンサンスーチーの政権には、国内の少数民族問題などまだまだ難しい課題が多いが、少しずつでも進展を図り、政府や民間のガバナンス、制度を改善し、国際社会の支援を引き続き確保し、市場志向の安定的な経済政策を続けていくことができれば、持続的な成長軌道に乗ることができるだろう。

私は総裁になってから三回ミャンマーを訪れた。二〇一四年四月はASEAN財務大臣・中央銀行総裁会合のためにネピドーに行き、テイン・セイン大統領、ウィン・シェイン財務大臣と面会して、インフラ投資、ビジネス環境改善へのADBの支援を話し合った。その前の日のヤンゴンでの各国外交団との意見交換会では、二〇一三年一月に麻生大臣と訪問したときにもお世話になった丸山市郎公使と再会した。丸山公使はミャンマー語の専門家で、政府の信頼は一貫して厚く、アウンサンスーチー体制になったあとの二〇一八年には大使に就任している。

二〇一四年十一月の再訪は、ネピドーでの東アジア・サミットへの参加のためであり、安倍総理にも挨拶できた。テイン・セイン大統領のほか、国連のパン・ギムン（潘基文）事務総長とも面会の機会があった。

ミャンマーでアウンサンスーチー氏と面会（2016年６月）

選挙での政権交代後、二〇一六年六月の訪問では、国家最高顧問兼外務大臣の地位に就いていたアウンサンスーチー氏に会った。毅然としつつも、優雅であり、握手する手もやさしかった。印象的だったのは、電気や道路などのインフラを整備することを重視していたことだ。もともと民主化運動を続けてきた人なので、むしろ教育や保健、ジェンダーの分野に関心が高いのではないかと思っていたが、経済用語を駆使し、電気と道路が通じていない村と通じている村とでは全然違う、少数民族が暮らしている遅れた地域の開発のためには電気と道路が不可欠であり、ＡＤＢにはぜひその分野で協力してほしいと言われた。

ミャンマーで会った中央銀行などの中堅幹部には、日本政府、ＡＤＢやＩＭＦからの奨学金（これらも原資は日本の拠出による）で日本の政策研究大学院大学などで勉強したという人が何人かいて、留学時代を懐かしがっていた。標準的な経済理論に加えて、日本の発展の経験を学べたことが非常に役に立っているという話だった。そのような人は、東南アジア諸国や中国ではときどき会う。

私は、一九九〇年代初にＩＭＦを担当する国際機構課の課長補佐だったときに、ＩＭＦ側から、アジアの市場経済への移行国（中国、モンゴルとインドシナ諸国）向けに米国で経済学を勉強する奨学金制度を日本の拠出で作りたいとの要請を受けたことがある。日本の税金を使って米国の大学への留学を支援するのははばかげていると思ったので、国内で英語による教育のできる大学を探して、埼玉大学大学院政策科学研究科（その部分はのちに政策研究大学院大学に引き継がれた）、国際大学（新潟）、横浜国立大学などを選び、制度を開始させた。また、二〇〇〇年から二〇〇二年の主計官のときには、文部科学省による奨学金を担当していたし、横浜国立大学でアジア諸国の政府から来た留学生に、英語で一学期にわたり財政学を教えたこともある。最近は日本の大学でも英語で教育をするところが増えているが、外国で会う元留学生が、勉強の面でも生活の面でも日本に行ってよかったと言うのを聞くと、非常にうれしく感じる。

タイ

タイは人口が六六〇〇万人、一人当たりGDPが七六〇〇ドルとASEANのなかでも所得が高い国だが、最近の政治的な混乱もあって成長率は低めであり、潜在力はもっとあるはずだ。一九六八年にADBが産業金融公社向けに最初の貸付を行った国で、かつてはADBからの大口借入国であった。しかし、発展とともに外貨に不足しなくなり、また国内で自国通貨建ての国債を発行してインフラ投資などの資金を調達できるようになったため、二〇一〇年のローンを最後にADBからの借入を行っていなかった。

ちなみに、通常、ADBの政府向けの貸付は外貨建てであり、ADB債発行による調達金利（六ヵ月物ＬＩＢＯＲ）に五〇ベーシスポイント（〇・五％）のスプレッド（利鞘）（このほか期間によって二〇ベーシスポイントまでのプレミアム）が乗っているために、自国通貨建ての国債の格付けが高い国の場合、為替リスクを避けるために自国通貨建てにスワップするとＡＤＢの貸付金利は国債の金利よりも高めになる。スプレッドは、プロジェクトの準備や実行のための人件費などのコストを賄い、それでもあまった部分は利益として資本を増やして貸付増大のもとになるものだ。

ＡＤＢ債をその国の通貨で発行して、そのままその国の通貨で貸すことも可能だが、各国政府の国内市場における国債での調達金利は通常はリーズナブルであり、スプレッドを乗せたＡＤＢの金利はその場合も競争力がない。一方、ＡＤＢによる民間企業向けの融資は、最近その国の通貨によるものが増えている。スプレッドは、個別の貸付のリスクを反映して、三〇〇ベーシスポイント程度だが、市場で調達するより若干有利なので、民間企業にはニーズがある。タイでは、太陽光発電などの民間企業向けで、タイ・バーツ建てのローンを中心にこれまで一二億ドルの貸付コミットメントを行っている。

タイは、ＡＤＢ側からの働きかけもあり、二〇一七年に関連のハイウェイプロジェクトのため政府の借入を再開した。このような国では、ＡＤＢが各国での事業から得た専門知識や高度技術についての知見をもとに、単なる貸付以上のサービスを提供できるかどうかが鍵となる。タイへのローンの再開には、貸出をプロジェクトの進行に応じて行っていくのではなく、一時にまとめて貸出実行することにより、タイ側が通貨スワップを使って為替リスクのヘッジをしやすいようにしたことも奏功した。

タイには、二〇一三年五月に、アジア・太平洋水サミット出席のためチェンマイに行って、インラック首相にも面会したが、就任直後のインドでの総会を除けば、それが私の総裁としての最初の外国出張だった。その後タイには三回出張し、そのたびにプラユット首相や財務大臣とマクロ経済の安定や成長戦略、ＡＤＢの協力について意見交換をしてきた。

二〇一四年十二月にバンコクでメコン河流域イニシアティブ（ＧＭＳ）の首脳会合が開催されたときは、ＧＭＳはＡＤＢが一九九〇年代からリードしてきたイニシアティブということもあって、私も首脳たちの議論に加わった。プラユット首相のほか、中国の李克強首相、カンボジアのフン・セン首相、ミャンマーのテイン・セイン大統領、ラオスのトンシン首相、ベトナムのズン首相が一堂に会し、エネルギー、鉄道、道路、観光などの協力プロジェクトが話し合われた。もともと中国は、雲南省がメンバーとして入っていただけだが、国そのものが出てくるようになって、中国のプレゼンスが大きくなりすぎてしまっているという印象を受けた。メコン河の貴重な水資源を、上流の雲南省を含めてどうシェアするのかも難しい問題だ。

ＡＤＢが支援するタイ・チャイヤプーム県の民間太陽光プロジェクト

タイのアピサック財務大臣とウィラタイ中央銀行総裁とは、ＡＳＥＡＮ関係の会議やＡＤＢの年次総会で何度も意見交換をする機会があった。いずれも英語に堪能なテクノクラートで、アピサック大臣は一九六八年のＡＤＢによる最初のローンのときに、産業金融公社の若いスタッフであった経験からＡＤＢに親近感を持っていた。大臣からは、タイが第四次産業革命と言われるなかで産業の高度化を図っており、自動車産業の集積の経験とタイの空港のハブ的な機能を活用して、世界的に需要が拡大している航空機の補修センターとなることを目指しているという話を聞いた。ウィラタイ総裁はハーバード大学で経済学博士号をとったまだ四十代の気鋭の総裁で、為替の安定のために外貨準備をどこまで使うのがマーケットの信頼の観点から適切なのか、デジタル技術を使って貧困層の金融サービスへのアクセスをどう高めるかなど、技術的な話も意見交換をした。

マレーシア

マレーシアは、人口は三二〇〇万人とＡＳＥＡＮのなかでは少ないほうだが、所得はシンガポールとブルネイに次いで高く、二〇一八年の一人当たりＧＤＰは一万一〇〇〇ドルに達している。クアラルンプールの市内も整然としている。一九九七年の教育プロジェクトを最後にＡＤＢから借入を行っていなかったが、ＡＤＢの他国での経験を生かして高度な都市インフラ事業を進めるため、借入を再開することを検討している。

二〇一九年五月に訪問したときは、クアラルンプールの郊外にある新首都プトラジャヤのオフィスで、前年に首相に復帰していたマハティール首相にお目にかかった。第1章でも書いたとおり、総裁になる前の二〇一三年三月にも表敬したことがあった。二〇一九年の面会の際は、九三歳の年齢にかかわらず、極めて明快に米国の金融政策やイラン制裁がマレーシア経済に影響を与えていること、ＡＳＥＡＮが現在の地政学的な環境のなかで重要な役割を果たしていることを語っておられた。その際、首相の三男でケダ州の知事（首相）をしているムクリス・マハティール氏にも面会した。上智大学への留学の経験がある穏やかな方で、ＡＤＢの水プロジェクトへの協力に大きな関心を持っていた。

シンガポール

シンガポールは、一九六五年にマレーシアと分離した際は、ときの指導者のリー・クアンユーが水の供給も隣国に頼らざるをえない小国の将来をすごく案じたと言われている。だが、その後は明確な国家ビジョンに基づき、高い教育水準と規律を誇り、金融、医薬品、ロジスティクス、観光、大学教育など多様で高度なセクターを擁する、豊かな都市国家となった。一人当たりのＧＤＰは、二〇一八年に六万四〇〇〇ドルであり、かつての宗主国の英国や日本の一・五倍以上に上る。

シンガポールはＡＤＢからの借入を一九八〇年以降は行っておらず、卒業国なので、私の総裁としての九回の訪問は、ＡＳＥＡＮや国際金融関係の会合（三極委員会など）に参加し、あわせてラビ・メノン中央銀行（ＭＡＳ）総裁や財務大臣ほかと面会するというパターンが多かった。マイクロソフトのラボやＤＢＳ銀行（旧シンガポール開発銀行）の先端的なデジタル・バンキングを見学したこともある。マイクロソフトでは、部屋に入っていった途端に私の顔から私の名前や身分が公開情報を使って特定され、年齢も推定したものが出てきた。年齢が実際よりだいぶ若かったのはご愛敬だ。二〇一九年には、民間セクター向けの業務を支援するＡＤＢの小規模のオフィスをシンガポールに開設することを決めた。

ＡＤＢ本部を訪れたシンガポールのターマン財務大臣（中央）と（2018年11月）

シンガポールと言えば、私が交流を深めたのは、ターマン前副首相だ。ターマン氏は私の任期中に財務大臣から副首相になり、二〇一九年五月に上級相に転じた。私と年齢が近く、ケンブリッジやハーバードで経済学を勉強した典型的なシンガポールのエリートだ。最初は中央銀行に入り、その後政府の仕事をして、選挙に出て政治家となったが、本質はテクノクラートということになる。インドネシアのスリ・ムルヤニ大臣が世界銀行の総裁候補だとしたら、ターマン氏はＩＭＦの専務理事候補ということで、世界の金融界で知られている。

　何度も面会したなかでもよく覚えているのは、二〇一八年四月にＡＳＥＡＮ＋３の大臣・総裁会合でシンガポールに行ったときに、スプリングコートという老舗の中華料理店に招待され、二人だけで二時間も話し込んだことだ。アジア経済や中国との関係なども話したが、一番長い時間を割いたのは、教育格差への懸念だ。確か、私が日本の中学校や高校では中国の歴史や漢文を丁寧に学ぶので、それが役立っている、シンガポールでももっと中国や日本のことを学んでほしいという話をしたのがきっかけだったと思う。

多くの国で教育は、かつて社会階層の間の移動を促進する重要な仕組みだった。家は貧しくても、一生懸命勉強をして高い教育を受ければ重要な仕事に就いて豊かになることもできる。しかし、今は米国でも他の先進国でも、あるいは新興国でも、教育には手間とお金がかかりすぎて、よい学校に行くことは普通の家庭には従来より難しくなってきており、教育は社会階層をむしろ固定する作用を持ってしまっている。

ターマン氏は、G20で世界銀行やADBのような国際開発金融機関（MDBs）の効果をさらに高めなければいけないという話になったときに、改革を議論する賢人会議の議長に選ばれた。二〇一七年四月にマニラに電話があって、委員の選定や議論の方向についてアドバイスを求められ、結局電話口で一時間近くも話すことになった。

私からは、より迅速な融資のプロセスなど、MDBsにももっと努力するべきところはたくさんあるが、MDBsが協調せずに、重複して、あるいはばらばらに動いていると思われているとしたら誤解だと言った。実際、MDBsの総裁たちは年に何度も会って、準備をスタッフたちが一緒になって進めているし、地域局ごと、あるいは財務とか法務といった分野ごとの交流も緊密だ。何よりも、各国にある現地事務所のレベルで、たとえばベトナムではADB、世界銀行、そして日本（JICA）、ドイツ（KfW）、フランス（AFD）などの援助機関が日常的に連絡を取り合っている。国際金融危機のときは、IMFの支援プログラムを前提にMDBsが支援を行うというのも協調の一部だ。

その後も賢人会議の報告書については、面会を通じて、あるいはMDBsの総裁会合に参加してもらったりして、何度か議論の機会があったが、二〇一八年十月に公表される前にも電話をもらった。その際に、ターマン氏がこれまで何度も各国で開催されたＡＤＢの年次総会には出ているのに、ＡＤＢの本部には来たことがないという話になり、私から是非早いうちに来るように頼んだ。二人でその場で手帳を確認して、十一月二十三日に日程をセットした。当日は、私の部屋での副総裁ほか幹部との意見交換、大ホールでのスタッフたちへの講演、理事会との非公式ランチと、長い時間を付き合ってくれた。講演では、シンガポールの国柄から、技術を利用した経済成長というような話になるかと思ったら、社会の分断を避けるために、住宅政策や教育でどういう対応をしているかという話が中心だった。ターマン氏らしいと思った。

ブルネイ

ブルネイは二〇一六年八月に訪れた。十九世紀後半に英国の保護領となり、一九八四年に完全独立するとともにＡＳＥＡＮに加盟した。元は漁業を中心とする小さなスルタンの王国だったが、一九二〇年代には油田が発見され、現在は石油と天然ガスがＧＤＰ、輸出の大部分を占める。最大の輸出先は日本であり、私も訪問するまで知らなかったが、第二次世界大戦中は日本軍が進駐していた。人口は四〇万人強、一人当たりＧＤＰは三万二〇〇〇ドルで、教育、医療が全部無料で提供され、国民への税金もあまりかからない恵まれた国だ。

ブルネイ訪問には、同国の財務省出身で、ＡＤＢで当時理事代理をしていたバダー氏が同行してくれた。彼女の案内で、港のそばのレストランでブルネイ料理を食べた。首相、財務大臣も兼ねる国王に謁見し、各国から国王に送られた品々を飾る宝物殿を見学した。ＡＤＢには二〇〇六年に加盟したが、ADBからの貸付の実績はない。むしろグラント支援を行うアジア開発基金（ADF）のドナーになってくれている。油田がいずれ枯渇すると言われており、どのような産業を育成するかが課題だ。森林で覆われたジャングルのなかを通る高速道路を使って、海辺のリゾートに立つエンパイア・ホテルに宿泊したが、厳しい戒律のため、美しい夕日を見ながらビールを飲めなかったことは残念だった。

ASEANの意義について

ここで、ADBとの関係の深いASEAN（東南アジア諸国連合）という枠組みの重要性に触れておきたい。

ASEANは一〇ヵ国全体で六・五億人の人口を擁し、GDPも三兆ドルに迫る規模だ。人口で中国の半分、GDPで四分の一弱なので、今後の成長次第でさらに大きな経済圏になる。ADBの設立は一九六六年だが、ASEANは一九六七年にバンコク宣言で創設された。ベトナム戦争が続いている時期であり、原加盟国のインドネシア、マレーシア、フィリピン、シンガポール、タイの意図は、共産主義の東南アジアへの浸透に共同して対抗すること、各国間に国境問題などもあるなかで友好的な関係を築くことにあった。

ADBの発足当初、中国はADBに加盟しておらず（台湾が加盟）、インドはその規模の大きさから世界銀行からは借入を行うものの一九八六年までADBからの借入は行っていなかった。したがって、ASEAN諸国は韓国やスリランカと並び、ADBの最重要の顧客であった。米国のジョンソン大統領はＡＤＢ創設への支援を米国が表明する数週間前に、一九六五年四月のジョンズ・ホプキンス大学での講演で、南ベトナムへの軍事援助の増加とバランスをとる形で、（自由主義圏に属する）東南アジア諸国への経済的な関与を強める必要性を語っていた。つまり、ＡＤＢの創設自体が、東南アジア諸国を強く意識したものであったということも言えよう。ＡＳＥＡＮのインドネシア、フィリピン、ベトナムは今もＡＤＢの最も重要ないくつかの借り手に属する。

一九七六年にバリ島ではじめてのＡＳＥＡＮ首脳会合が開催され、その後、食料やエネルギー面での協力、貿易面での相互の優遇措置、自由貿易圏、サービスや投資の自由化などと、次第に経済面での協力を拡大していった。加盟国も、当初の五ヵ国に一九八四年にはブルネイが参加し、一九九〇年代には市場経済への舵《かじ》をとったベトナム（九五年）、ミャンマーとラオス（九七年）、カンボジア（九九年）が加わり、現在の一〇ヵ国になった。

二〇〇三年のＡＳＥＡＮ首脳会議では、ＡＳＥＡＮ経済共同体（ＡＥＣ）を目指すことが決まり、二〇一五年に発足した。経済のさらなる自由化、労働の移動、運輸、エネルギー、情報通信分野での連結性、各国間の経済的格差の縮小などを目指している。私自身、ＡＤＢの総裁として何度もＡＳＥＡＮの財務大臣会合や中央銀行総裁会合に参加したが、大臣や総裁たちのほとんどは英語に堪能であり、定期的に会っているせいか、お互いに打ち解けた雰囲気が伝わってきた。

一九九〇年代に加盟した四ヵ国は頭文字をとってＣＬＭＶと呼ぶことがある。当初はいわば対抗するべき勢力であったわけだが、これらの国々を仲間に引き入れて友好関係と経済連携を進め、市場経済志向の改革を支援していったＡＳＥＡＮの役割は本当に大きかったと思う。もしもＡＳＥＡＮが存在しなければ、ＣＬＭＶのマクロ経済政策や構造政策の改革は、これだけの期間にここまで進まなかったのではないか。

さらに、ASEANは、ASEAN＋3（日中韓）やASEAN＋6（日中韓にインド、オーストラリア、ニュージーランド）などの金融協力、貿易枠組みのプラットフォームを提供するという機能を果たしている。安全保障の領域でも、ASEAN地域フォーラム（ARF）は、ASEAN＋6に米国、ロシア、パキスタン、EUから北朝鮮まで一〇ヵ国・一機関を加えて毎年一回、大臣レベルの対話の機会を持っている。

ADBは、ASEAN各国に融資をするだけではなく、地域協力を促進するさまざまな支援を行ってきた。ASEANの経済統合やASEAN＋3のチェンマイ・イニシアティブに関する一般的な研究や技術支援、二〇一一年に発足したASEAN＋3マクロ経済リサーチオフィス（AMRO）の準備のための技術協力やその後の情報交換、二〇〇三年に始まったアジア債券市場育成イニシアティブ（ABMI）への支援、二〇一一年に創設されたマレーシアに本部を置くASEANインフラ・ファンドへの出資と事務局的な役割などである。ADBでは、二〇〇五年から二〇一四年までは地域経済協力統合室（OREI）を置いてこれらのイニシアティブを支援してきたが、すでに相当の進捗を見たことから、私が総裁になったあと、調査局と持続的開発・気候変動局に機能を統合した。

日本が、ASEANと各国の発展と安定に果たした役割も、大きかったのではないかと思う。一九七七年八月に福田赳夫総理が東南アジア諸国歴訪の最後の訪問地マニラで発表した「福田ドクトリン」は、以下の三点を謳った。①日本は平和に徹して軍事大国にならず、東南アジアひいては世界の平和と繁栄に貢献する。②日本は、政治、経済、社会、文化など広範な分野において、東南アジア諸国と相互信頼関係を築き上げる。③日本は、「対等な協力者」の立場に立ってＡＳＥＡＮの連帯と強靭性強化の自主的努力に積極的に協力し、インドシナ諸国との間には相互理解に基づく関係の醸成を図る。

今考えてみると当たり前のことばかりのようだが、第二次世界大戦の記憶がまだ鮮明に残っていて日本への信頼が確立しておらず、ベトナム戦争が終わったばかりで（サイゴン陥落は一九七五年）、インドシナ諸国（ＣＬＭＶ）はまだＡＳＥＡＮに加盟もしていなかった時期に、このような立場を明確にしたことは、日本とＡＳＥＡＮ諸国の関係を進展させるとともに、ＡＳＥＡＮの連携自体への後押しになったと思う。日本が各国の最も重要な輸出相手国であったこと、一九八〇年代以降製造業への直接投資を増やし、それが現在の東アジアにおける生産ネットワークの基礎となっていることとあわせ、ＡＳＥＡＮ諸国を助けたと言えるだろう。

第8章　南アジア諸国のポテンシャルを考える

インドは新しい成長のセンターになれるか

南アジアの各国は、いずれもＡＤＢにとっての重要な借り手であり、貧困削減、社会開発、持続的な成長が順調に進むかどうかが注目されている地域だ。

インドの人口は二〇一八年に一三億三〇〇〇万人だが、産児制限をしてこなかったこともあり人口の増加率は依然高く、中国を抜いて世界最大の人口国になることが確実だ。一人当たりＧＤＰは二〇〇〇ドルで、多くの東南アジア諸国より低い。農業が雇用の五〇％近くを占め、一日一・九ドル以下で生活する人がまだ二〇％に上る。乳幼児死亡率はＯＥＣＤ諸国の平均の六倍、妊産婦死亡率は一二倍、体重が足りない五歳以下の子供は三五％と保健分野には課題が大きい。現在デジタル化された個人ＩＤを活用する国民皆保険を目指しており、私の総裁時のＡＤＢの戦略局長でもともとは保健の専門家だったインドゥ・ブシャン氏がモディ政権の要請でインドに戻り、とりまとめの任に当たっている。成人の識字率は七〇％だが、小学校への入学率は九〇％にまで増えている。

インドはまだまだ貧しい国だが、一方で、世界的に有名なインド工科大学（ＩＩＴ）やＩＴ関係のサービス会社であるインフォシスなどに見られるように、デジタル化の波に乗って成長している面もある。人材も米国のシリコンバレーやプラットフォーム企業の幹部を含め大量に供給している。日本にも最近はＩＴ関係の会社で働く、高い教育を受けたインド人が増えている。資本主義の伝統も長く、タタ、ビルラ、リライアンス、ミッタルなどの財閥は欧州の企業を買収している。

成長率を見ると、社会主義的な輸入代替政策、国主導の保護主義的な政策をとっていた一九八〇年代は一年当たりの成長率は三％だったが、一九九〇年代以降市場志向の経済政策がとられ、成長率は六％程度に上昇し、二〇一〇年代には七％まで伸びている。最近では世界金融危機以降の金融機関による貸付拡大が不良債権の増大につながり、消費、投資が悪影響を受けているが、改革開放以降の中国のように高い成長を続けて経済規模の点でも中国に続く国になるのかどうかが関心事項だ。モディ首相は、製造業を強化し、州により分断されてきた経済の統合を高め、デジタルＩＤで貧困層への支援を効率化する政策を打ち出している。

インドはＡＤＢの当初からの加盟国であり、一人しかいなかった副総裁を出すなどもともと関係は深かった。ただ、経済規模が大きすぎて、もしもインドがＡＤＢから借入を行ったらすぐにＡＤＢの資金が枯渇してしまうと考えられたことから、世界銀行からの借入はしてもＡＤＢからの借入は行っていなかった。ＡＤＢが一九八三年までの三回の増資で資金力を付けて、慎重な米国を説得してインドへの貸付を始めたのは一九八六年だ（中国の加盟と同じ年）。すぐに中国と並ぶ最大の借入国となり、エネルギー、運輸・交通、都市インフラを中心に二〇一九年末までに累計の貸付は、政府向けが四二〇億ドル（二〇一九年だけで三二億ドル）、民間企業向け（出資と保証を含む）が六〇億ドル（二〇一九年は一〇億ドル）となっている。ADBは、エネルギー分野では、太陽光発電とその電気を取り込むための送電網の整備の支援に力を入れている。

総じてインドはADBからの借入を増やしたい考えだが、政府保証付きで各州への貸付を行う場合、州の財政赤字が財政責任・予算管理法に基づき州のGDPの三％に限られているため、借入をためらう州があった。ADBの貸付は、成長を高めるために不可欠なインフラ整備などに当てられるものであり、私自身も財務大臣に特別の扱いを求め、配慮されることになった。

インドには、総裁在任中に八回訪れた。毎回、インド経済の現状、数々の構造改革努力、ADBによる貸付の分野や目標などを話し合った。ADBを非常に重視していて、あれだけの大国でありながら、財務大臣は毎回十分な時間をとって面会ができたし、関係する各省の大臣たちを集めて昼食会や夕食会を催してくれることもあった。モディ首相には三回お目にかかった。

最初の訪問は、二〇一三年五月の着任直後のニューデリー郊外で開催されたADBの年次総会だ。二〇〇四年以来政権にあった国民会議派のマンモハン・シン首相に開会式で挨拶をしていただいた。チダムバラム財務大臣とマヤラム次官は何回か会ったが、いずれも非常に明晰で、温和な紳士だった。

二〇一四年二月に行ったときは、ニューデリーから小型飛行機とヘリコプターを乗り継いで北部のウッタラカンド州に入り、前年に洪水で六八〇〇人もの死者を出した山岳地帯の村落を視察してプロジェクトの説明を受け、州の首相にも会った。この地域はインドのなかでも冷涼な地で、ヒンズーの巡礼の聖地があり、インド中から観光客が訪れる。

二〇一四年八月には、五月の選挙でモディ首相が率いるインド人民党が大勝し、一〇年ぶりに政

インドでモディ首相の公邸を訪問（2019年８月）

権交代となったのを受けて、三回目の訪問をした。アルン・ジェートリー財務大臣は国防大臣を兼ねていて非常に多忙であったが、面会に続いて私が宿泊していたホテル、タージパレスで夕食会を催してくれた。翌日は、美しい庭園に囲まれた首相の公邸でモディ首相と面会をした。事実上独身を続けてきた首相は、清潔な白いインド風のシャツを着ていて、聖職者かと思うような雰囲気をたたえていた。当初は一五分の予定だったが、結局いろいろなことに話題は広がり、四〇分程度となった。

モディ首相は、自身がグジャラート州の首相だったときにＡＤＢが行った震災後の支援の礼を述べ、東海岸経済回廊、スマートシティ構想、職業教育の充実などへの協力を求めた。私が面会の最後になって、この四〇年間でなぜインドと中国にこれだけ成長の違いができたと考えるかと直接的すぎる質問をしたのに対し、首相は、インドが選挙に基づく民主主義の国であること、また、州の自治が強い連邦制であることを理由に挙げていた。

確かに、政権交代によって計画は変更され、土地収用に時間がかかり、州をまたぐ事業も簡単に進められないことから、工業化の前提となるインフラ整備も遅れがちだ。また、二八ある州の力が強いこともあって、国がひとつの市場になりきっておらず、南アジア全体としても東アジアのようなバリューチェーンができていない。財・サービスの輸出のGDPに対する比率は、中国が非常に高い成長をした二〇〇〇年代に二八％であったのに対し、インドは一八％にとどまっていた。

モディ首相とは、成長を強化していくためには、安定的なマクロ経済政策を引き続き推進すること、土地収用制度や労働市場の柔軟性を高めるような労働法制の改革を図ること、民間活動を促進するような規制緩和と州・政府機関の調整の促進などが必要であることを話し合った。

二〇一五年二月にもニューデリーを再訪してモディ首相に面会し、私からは、州ごとに税率が異なっていた間接税を全国統一の付加価値税（Goods and Service Tax）に換える改革が進捗していること、金持ちにとってむしろ有利でエネルギーの無駄遣いを生む燃料補助金のかわりに貧困層に直接現金移転を行う政策を導入したこと、労働法制や土地取得法制の改革、対内直接投資の規制緩和などにも進展があることに勇気づけられると述べた。いまだに政府の直轄事業である鉄道部門の近代化などの課題も話し合った。この訪問の際には、著名なエコノミスト数人を招いて意見交換をしたが、モディ政権が各州を改革に関与させ、お互いに競争させる政策がうまくいっている、中国のインフラ投資への熱心さをまねるべきだ、などの意見が出された。

二〇一五年六月の訪問の際は、デリーの南西方向にあるラジャスタン州に行った。精力的に活動するヴァスンダラ・ラジェ首相がランチをホストしてくれたが、この州だけでも七〇〇〇万人の人口を擁するので、彼女が背負う重圧は大変なものだ。州都ジャイプールでADBの支援する地下鉄プロジェクトと丘の上にある巨大な城跡の修復プロジェクトを視察した。インドの大都市をはじめアジア中の大都市で地下鉄建設が盛んになっている。ちなみに、遅れていたマニラでも、JICA

によるプロジェクトが進んでいる。

ジャイプールはピンクシティと呼ばれることもある美しい街だが、一八七六年に英国のヴィクトリア女王の息子であるアルバート皇太子がこの地を訪れたとき、ときのマハラジャが市電建設用に用意していた資金を街の美化と接待に使ってしまったという話を聞いた。マハラジャの離宮がホテルになっていてそこに泊まったのだが、途方もなく贅沢で、豪壮な建造物だ。インドは一八五七年のインド大反乱（いわゆるセポイの乱）を経て、一八七七年には東インド会社による間接支配から英領インド帝国となったが、マハラジャたちはむしろ英国との近さを競っていたような面があったのではないかと感じた。

インドは、州によって言葉の違いや民族的な違いもある。英国による「分割して統治する」という手法はよく言われるが、むしろインドはもともと分断されていて、まとまることができなかったゆえに、英国に容易に統治されてしまったのではないか。今でもインドの教育では、英国をはじめとする欧州の歴史は詳しく教えられても、東アジアの歴史はあまり教えられない。

アジアは一つという言葉があるし、実際ＡＤＢがその一つの表れではあるが、アジアという概念自体がヨーロッパで生まれたものであり（ギリシャや古代ローマで東方を意味する言葉だった）、そう単純ではない。各国への訪問を通じて、アジアでも東アジア、東南アジア、南アジア、中央アジア、そしてそこに属する国々は、民族的にも、宗教的にもそれぞれ異なると感じることが多かった。それでも、経済的な連携、各国間の協調を進めていくことには大きな意義がある。

二〇一六年三月には、人口一億一〇〇〇万人のマハラシュトラ州の州都でインドの商業・金融の中心地ムンバイと、六〇〇〇万人のカルナタカ州の州都でＩＴの都、インドのシリコンバレーとも呼ばれるバンガロールを訪れて、それぞれの州の首相に会い、地下鉄、上下水道などの都市インフラ、地方の道路などの運輸セクター、農業の干魃対策における協力の話をした。ムンバイでは、元シカゴ大学教授でIMF調査局長でもあったインド準備銀行（中央銀行）のラグラム・ラジャン総裁とも面会し、世界金融危機後の拡張政策がもたらした不良債権問題をどう解決するか、ITなどサービス産業によって他の途上国のように輸出志向の製造業を経ずして先進国を目指すことができるのかどうかなどについて意見を交わした。

バンガロールでは、IT企業のインフォシスを訪ね、創業者の一人であるナラヤナ・ムルティ氏にキャンパスと呼ばれる敷地内を案内してもらった。ムルティ氏は、インド工科大学を出て一九七〇年代にパリで働いていたとき、東欧を旅行して社会主義の限界を強く意識し、市場経済で雇用を作っていくのが大事だということに目覚めたと熱意を込めて語っていた。一九八一年に六人の仲間と二五〇ドルの資金で始めた会社は、インターネットを使ったオフショアのビジネスに成功し、二〇万人を雇うまでの世界的な企業となった。

バンガロールは高原にある美しい公園の街で、中間層が増えていることでも知られる。私も空いた時間に、一九四七年の独立のはるか以前に領主によって作られた広大な植物園を散歩した。一年後の二〇一七年六月にはインドの内陸部ウッタル・プラデシュ州に行ったが、州内のバラナシでは、ガンジス河の岸辺に今も火葬場と沐浴場とヒンズーの寺院が隣接し、人々にあふれて混沌《こんとん》としている。バンガロールとバラナシは、まさにインドの未来と悠久の歴史を象徴する街であった。

二〇一九年八月には、モディ首相と三回目の面会をした。足元では成長率が落ち、パキスタンとのカシミール地方の問題などもあるが、全体としては改革が進んでおり、今後とも安定的なマクロ経済政策と市場志向の構造政策、インフラ投資の継続が重要だという話をした。商務大臣のときにはじめて会って、長い時間をかけて税制改革の説明をしてくれたニルマラ・シタラマン氏は、その後国防大臣を経て財務大臣になっており、彼女とのＡＤＢのインド支援についての議論は一時間に及んだ。ガッツがあり、メッセージも明快で、誠実な人柄を感じさせる。

この出張では、英国のインド進出の拠点であり、英領インド帝国の首都でもあったコルカタにも寄ることができた。大型の水道プロジェクトを視察し、コルカタ市とＡＤＢの二〇年間の協力関係に関する出版記念のランチに出た。コルカタは、ベンガル文化の中心でもあり、イスラム教のムガル帝国を英国以上に抑圧者だったと考えている人もいる。

コルカタでは、日本を何度も訪れ岡倉天心ほかとも交流し、一九一三年にノーベル文学賞を授与された詩人タゴールの家、国民議会派の巨頭から独立運動に転じ、シンガポールの拠点から日本軍とともに英国軍と戦うことを選んで、一九四五年八月十八日に台湾で客死したチャンドラ・ボースの家を見学した。ボースの洋風の大きな家は、一九三九年に英国による軟禁状態からの脱出を助けた甥の夫人（面会後の二〇二〇年一月に八十九歳で亡くなった）とその子息に案内してもらった。脱出当時の現物の車、欧州滞在中にオーストリア女性と結婚して一女をもうけたあとアジアに戻る際に夫人に娘をしっかり頼むと書いた手紙、一九四三年にドイツのＵボートから日本の潜水艦にインド洋上で乗り換えた際の写真などに、その時代の歴史の複雑さを垣間見る思いであった。

ところで、インドでは多くのＩＡＳ（Indian Administrative Service）という高級官僚グループの人たちに会った。英国植民地時代以来の伝統で戦前の日本の高等文官試験のようなものだが、あれだけ広い国で年に一〇〇人程度という超難関の試験に通ったエリートが中央政府や州政府の要職を占め、大臣以上の政治家たちや選挙で選ばれる州の首相たちを支えている。中央省庁、各州にSecretaryというタイトル（次官あるいは州官房長）があるが、これがＩＡＳの占める官僚トップのポストだ。

プライドが高く、厳密すぎることが、外国企業を引き付けるために必要な規制緩和が進まない原因の一つになっているという声もある。一方で、カーストと無関係に試験で選別され、技術系の学部を出た人も多い優秀なテクノクラートたちで、行政の継続性と国のまとまりを与えているという評価もある。英領インドだったパキスタン、バングラデシュ、スリランカ、ネパールも同様のシステムを持っている。日本の現在の官僚制はだいぶ違ってきているが、いろいろ思い当たる点もあり興味深かった。

総裁だった七年の間には、インドから来ていた、いずれもＩＡＳのクマール理事、シバジ理事の勧めもあって、多くのプロジェクトと場所を訪れた。これらの訪問を通じて、インドはあまりにも大きく、多様で、未来と過去が交錯していると感じた。もちろん、それはチャレンジであるとともに、チャンスでもあるということだ。

スリランカ

スリランカは人口が二二〇〇万人と、南アジアのなかでは小さいが、一人当たりのＧＤＰは四一〇〇ドルで、識字率や平均寿命などの社会セクターの指標も南アジアのなかでは非常によい。にもかかわらず、長く続いた社会主義的な政策、国有企業の非効率、一九八三年から二〇〇九年まで続いたタミールの軍事勢力との内戦などが成長の足を引っ張ってきた。最近は民間セクター重視の市場志向の政策に軸足を移しており、いくつかの良港を生かして、南アジアと東アジアや欧州を結ぶ物流のセンターとなることも目指している。紀元前後の王国の遺跡や仏教寺院などの観光資源にも恵まれている。ＡＤＢの創設時からの加盟国で、渡辺初代総裁の官房長のダグラス・グネセカラ氏はスリランカ出身だ。二〇一九年の貸付額は、道路や教育を中心に八億ドルであり、国の規模の割には大きい。

スリランカには二回訪れた。二〇一四年六月の最初の訪問では、ＡＤＢが支援しているコロンボ港の港湾施設のプロジェクト、中等教育のＩＴラボなどを見学し、財政金融関係の研修所で講演をした。第5章で書いた経済発展の八条件を考え始めたのはそのときだ。特に、八つ目の条件である平和や国内の安定は、内戦の終了を受けて北部のタミール人が多い地域への重点的な投資など前向きの政策が出てきている時期だったので、それに触発されたということがあった。ラジャパクサ大統領との面談では、内戦時の政府の対応が国際的な人道問題になっていることも議論になり、直ちに完全に解決できないし、すべてを受け入れられないとしても、少しずつ進展させることが大事だという話をした。スリランカでは、内戦を終結させたラジャパクサ大統領は人気があり、一度選挙で大統領職を失ったが、返り咲いた。

この出張の際は、政府での長いキャリアを持つジャヤスンドラ財務次官の案内で、スリランカ中央部まで車で移動し、道路プロジェクトとＡＤＢも近代化を支援しているお茶のプランテーションの工場を視察し、五世紀に建設された王城跡のシーギリヤ・ロックにも行った。次官が麓《ふもと》にある博物館だけで済ませようとするので、なぜ登らないのかと聞くと、大変すぎると言う。結局私は四〇

○メートルぐらいの頂上まで登ったが、次官は中腹で待っていた。もしも麓だけで帰ったら、『徒然草』に出てくる、石清水八幡宮の麓のお寺だけお参りして帰ってしまった仁和寺の法師のようになってしまうではないか。頂上の宮殿跡とそこから見る広大な森林の景色は、私がこれまで見たもののなかで最もすばらしいものであった。その帰りに、これも五世紀に造られたというカラウェアの貯水池に寄ったが、今も使われている巨大なもので、当時の高い技術と王国の力を示すものだ。

スリランカの学校訪問（2014年6月）

二〇一六年二月に二回目の訪問をしたときには、ラジャパクサ大統領のときに保健大臣だったシリセナ氏が選挙戦で勝って大統領に就任しており、財政改革のためにIMFの支援プログラムを要請しているなか、ADBもしっかり支援してほしいという話があった。ADBのプロジェクトの大型変電所や高速道路のコントロールセンターを視察した。

ところで、この出張には、ADBからフン・キム南アジア局長が同行していた。率直に本質に迫る発言が多く、ニューデリーの現地事務所の所長から抜擢した幹部だ。一般に、ADBでは出張は少ない人数で行くことにしており、私の各国訪問も、通常は担当の地域局長と総裁首席補佐官だけが同行していた。現地事務所からは、所長、支援プロジェクトのセクター担当、ロジ担当のスタッフが視察の準備をし、同行してくれる。この出張の際も、スリランカの政府や公益企業の技術者たちとADB現地事務所のエネルギー、運輸の専門家たちから説明を受けたが、現場で政府側とADBが日ごろから協力していることにADBの強みがある。

シリセナ大統領は、二〇一九年一月にマニラのADB本部を訪問してくれたが、大統領選で敗れ、二〇一九年十一月にはラジャパクサ氏が再び大統領に就任した。インドにより近いのか、中国により近いのかというスタンスの取り方も含めてスリランカの政権はここのところ不安定であり、二〇一七年から一九年の成長率は三％程度まで落ちている。本当はもっと高い成長をしてよい国だ。

バングラデシュ

バングラデシュは一九七一年にパキスタンとの激しい戦争を経て独立して以降も、大洪水や飢饉に苦しんだ最貧国だったが、第14章に述べる「緑の革命」による農業の生産性拡大の恩典を受けたことで知られる。最近はアパレル産業の興隆を背景に成長率も七％から八％と高い。一人当たりGDPも一七〇〇ドルまで上昇している。人口も一億六〇〇〇万人と多く、ベンガルの文化的な伝統と勤勉な国民性から見ても、大きなポテンシャルを持っていると思う。実際、白くて繊細な綿織物のモスリンはダッカ周辺で作られ、東インド会社によって英国にもたらされた特産品だった。地理的には、ダッカは東ベンガル、コルカタは西ベンガルに属する。

ADBには一九七三年に加盟し、その後譲許的なローン（金利が低く、返済期間が長い）を中心に累計二三〇億ドルの借入を行っている。鉄道、地下鉄、道路、エネルギーの分野に加え、教育や保健の支援も重要になってきている。

バングラデシュには、二〇一四年六月と一六年二月の二回訪問し、いずれもシェイク・ハシナ首相に面会した。独立の志士にして初代大統領のムジブル・ラフマンの長女で、一九九六年から二〇〇一年も首相であったが、選挙に敗れて下野し、二〇〇九年の総選挙後首相に返り咲いた不屈の人だ。明晰であるとともに、にこやかでエレガントな方であった。一回目の出張の際は、鉄道省の幹部たちと列車に乗って、ADBの支援する輸送強化プロジェクトと、日本も支援したジャムナ橋、そのそばにあるガス発電所を視察した。

バングラデシュのハシナ首相との面会（2014年6月）

二〇一八年二月の出張の際には、ADBが支援する地方の高校のITを使った科学教室を見学した。私が女子生徒に、将来は何になりたいかと尋ねると、NASA（米国航空宇宙局）のエンジニアになりたいと答えた。その話をハシナ首相に披露したら、女子教育、なかでも科学技術教育に力を入れている首相は、大変喜ばれていた。この出張の際は、英国帰りの起業家が立ち上げたアパレルの工場も見学した。二〇一三年にダッカ近郊で縫製工場などが入っていた複合ビルが崩壊し、一一〇〇人以上が亡くなる大事故があったが、見学した工場は近代的で、労働環境もよく配慮されていると感じた。欧州のブランドの服も作っているが、自らのブランドも立ち上げている。

バングラデッシュはグラントの対象国ではないのだが、二〇一八年にはミャンマーのラカイン州からの難民の受け入れに伴う住宅、電気、水道などの緊急支援のために、アジア開発基金（ＡＤＦ）の拠出国すべての承認を経て、例外的に一億ドルのグラントを提供した。五月のマニラでのＡＤＢ年次総会時にムヒト財務大臣からグラントでの支援の依頼を受けてから、直ちに検討に入り、ＡＤＢのダッカ現地事務所のマンモハン・プラケシュ所長以下の努力もあって、わずか二ヵ月で理事会承認にこぎつけた。

ムヒト財務大臣は、私のダッカ訪問時やＡＤＢの年次総会で毎回顔をあわせた。一九三四年生まれで、ダッカ大学を出たあと英国と米国でも学んだエリートで、一九六〇年代にはパキスタンの官僚であった。ワシントンのパキスタン大使館勤務中にバングラデシュへの支持を鮮明にし、一九七二年に独立後のバングラデシュで計画省の次官となった。その後、いったん自ら職を辞し、民間のエコノミストになっていたが、二〇〇九年から二〇一九年まで財務大臣を務めた。ＡＤＢの年次総会には全加盟国の総務（大臣級）が各国の意見を表明し、マネージメントが返答するビジネス・セッションという会議があるが（これが本来の意味での年次総会だ）、そのなかでも長老の雰囲気をたたえていた。

ネパール

ネパールは、人口が二九〇〇万人、一人当たりＧＤＰが一〇〇〇ドルの、アジアのなかでアフガニスタンの次に最も貧しい国だ。インドとの結びつきが強く、輸出入のいずれも七五％を占める。

水力発電からの電気が重要な輸出産業だが、ヒマラヤ観光とインドからの労働者送金も重要な外貨収入源だ。二〇〇一年の国王を含む王族一〇人が殺害された事件以降、政治的な混乱、内戦状態が続いたが、二〇一五年九月に王制が廃止され、連邦共和制に基づく新憲法が制定されてからは政治的な安定を取り戻している。ＡＤＢの創設メンバーであり、二〇一九年の貸付は、譲許的な条件で三億六〇〇〇万ドルであった。

ネパールには、二〇一五年二月にはじめて訪れ、コイララ首相に会って、マハト財務大臣とともにカトマンズ現地事務所の二五周年の式典に出た。三〇〇人の聴衆を前に、私からは経済発展の八条件を説明し、これ以上政治的な混乱をしている余地はないと話した。この出張の際には、ブッダの生誕の地、ルンビニを訪れ、ＡＤＢの支援する空港整備事業を視察した。カトマンズ盆地にある旧都バクタプールでは、市の職員から都市インフラの整備の話を聞いた。宮殿、ヒンズー寺院、仏塔などが残るすばらしい世界文化遺産の都だ。

この訪問から間もなく、二〇一五年四月二十五日に大地震が起こり、多くの建物が倒壊し一万人近くの死者が出た。バクタプールの文化遺産へのダメージも大きかった。その直後にアゼルバイジャンのバクーでＡＤＢの年次総会が開催されたが、マハト大臣は困難な状況のなか参加し、ＡＤＢは各国がネパールへのサポートを確認する会議をホストした。私は、同年六月にカトマンズで開催されたネパール支援国会合にも出席し、ＡＤＢとして六億ドルの支援を行うことを表明した。その際、よりよいものを作る（building back better）、貧困層により多くの恩典が行くようにする、ネパール政府自身のオーナーシップのもとによく協調する、などの原則を示した。

二〇一六年二月には、アジア開発基金のドナー会合をカトマンズで開催したので、三度目のネパール訪問となった。選挙による政権交代により首相となったシャルマ・オリ首相に面会した。首相はネパール共産党の統一マルクス・レーニン主義派に属するが、政策は穏健な市場志向であり、成長率は地震から回復後の二〇一七年以降、六％から八％を維持している。

ブータン

ブータンには、二〇一四年二月に首都ティンプーでのＡＤＢの現地事務所開所式を兼ねて訪問した。人口は二〇一八年に七五万人で、仏教徒のチベット系が多数を占める。二〇〇八年に初の下院議員選挙が行われた立憲君主制の国だ。経済的にも、外交的にも、インドとのつながりが強い。国民総幸福量（ＧＮＨ）の概念を考え出したことで知られるが、一人当たりＧＤＰはインド向けの水力発電にも支えられて三五〇〇ドルと比較的高い。ただし、農業人口は五〇％を超え、妊産婦や乳幼児向けの医療や都市の水道など、開発上の課題は多く、ＡＤＢがグラントと譲許的な貸付を用いて支援している。

日本でも人気のある若い国王は外遊中で謁見することはできなかったが、ハーバード大学に留学したことがあり、若くて英語も流暢なツェリン・トブゲ首相、その後何度も年次総会などで会うことになるドルジ財務大臣に王宮のそばの政府庁舎で会うことができた。首相は、マニラの本部を訪れスタッフ向けに講演してくれたこともあった。水力発電の開発が引き続き成長セクターだが、持続可能な観光業などを含めて、産業基盤の多様化をどう図るかが課題だ。

モルディブ

モルディブを訪れたのは、退任意思表明直前の二〇一九年八月末だ。人口五〇万人だが、観光収入で一人当たりのGDPは一万ドルを超える。十二世紀にヒンズー教からイスラム教に改宗し、一四九八年にはバスコダガマが来訪、二十世紀まで英国の保護領の期間が長かった。首都マーレで二〇一八年十一月に就任したソーリフ大統領、前に大統領も務めた実力者のナシード下院議長に面会した。二六の環礁に多くの島が属し、首都のマーレ周辺では、それぞれの島が高級ホテル、空港、新都心、廃棄物処理場など別々の機能を持っている。ADBが支援するプロジェクトとして、マーレにある漁港と隣の島にある固形廃棄物処理場を視察した。

行く前は、気候変動による海面上昇から大きな影響を受けている国という印象を持っていた。もちろん、島のなかには海面上昇のために海沿いの漁村が深刻な影響を受けているところもあるのだが、環礁内は海底が浅いので、浚渫と埋め立てですぐに陸地を作ることができるという説明は新鮮だった。そうして造成された新都心の島には、数十階もあるようなアパートが立ち並ぶ地域とか、ITを使ったビジネスを誘致しようとする地域が整然と並んでいた。これらの開発のために前のガユーム政権は中国から商業的な借入を多く行ったために批判も出ている。

ADBでの任期に先が見えたときだったからだろうか、島から島にモーターボートでわたる船のうえは海風も爽快であった。

パキスタン

パキスタンとアフガニスタンは地理上の分類では南アジアだが、ＡＤＢでは中央・西アジア局が担当している。パキスタンは一九四七年にインドと分離した形で独立するまで英領インドの一部であったし、アフガニスタンも十九世紀後半から二十世紀初頭にかけて英国の保護領だったことがある。いずれも高度な文化と農業の伝統を持っており、パキスタンのモヘンジョダロは、インダス文明の世界遺産として歴史の教科書に載っている。

パキスタンは人口が二億一〇〇〇万人の大国だが、一人当たりのＧＤＰは一五〇〇ドル、成長率は二〇一三年以降三％から五％程度で、いずれもインドを下回っている。ポテンシャルを生かしているとは言えない。社会的な指標では、初等教育への就学率が七七％、成人の識字率が五七％と低く、妊産婦死亡率はＯＥＣＤ平均の一二倍、乳幼児死亡率が一一倍と遅れている。都市と地方の格差も大きく、地方の部族社会では女性の地位という点でも課題が多い。アフガニスタンと長い国境を接しており、過激派のテロがときどき起きる。農業人口がまだ雇用の四二％である一方、最近は民間主導の経済成長で繊維工業が輸出の五六％を占めるほど拡大してきた。

インドと対立関係にあることもあり、政治面では伝統的に軍部が強く、しばしばクーデターで軍事政権が生まれてきた。そのこともあって、これまで政権交代が多く、しばしば国際収支危機に陥ってＩＭＦの緊急支援を仰いできた。ここ二〇年の歴史を見ると、一九九九年にはムシャラフ参謀総長が無血クーデターで政権を取り、二〇〇一年には民政移管したが、自ら大統領に就任した。二

○○八年には下院の総選挙があり、曲折を経て同年、ムシャラフ大統領は辞任することとなった。

民主的な機運の高まりのなかで、ムシャラフ政権下で五年間投獄されていたパキスタン人民党のギラニが首相となり、二〇一〇年の議員内閣制移行で行政府を直接掌握するリーダーとなった。二〇一三年五月の下院の総選挙ではムスリム連盟シャリフ派が勝利し、ナワズ・シャリフが一四年ぶりに三度目の首相となった。腐敗が常に政争の材料になるものの、最近の民主的な選挙による政権交代には勇気づけられる。

ADB創設時からの加盟国であり、ADBは二〇一九年末までに三二八億ドルの政府向け融資（通常の融資と譲許的貸付の組み合わせ）と一〇億ドルの民間向け融資を行っている。農業、水資源、エネルギー、道路、都市インフラなどが中心だ。このなかには、下記で述べる二〇一九年の総額一八億ドルの政策連動ローンも含まれている。

パキスタンには、二〇一四年九月と二〇一六年十月に訪問した。首都イスラマバードは北部の丘陵地帯にあり、六月は平均最高気温が三八度で非常に暑くなるが、九月は昼間は三三度になるものの、夜は二〇度ぐらいで涼しい。近くに山も見える緑豊かな美しい街だ。もっとも、テロ対策から市街は厳重に警備されている。宿泊は、中央アジアでビジネス、高等教育などを幅広く手がけるアガハーン財団の経営するセレナ・ホテルだった。ちょうどその夜は結婚式のパーティで、ホテルの中庭にスーツやドレスで着飾ったたくさんの男女が集まり、大音量の音楽やざわめきが深夜まで続いていた。アルコールは飲めない国なのに、人の楽しみ方はどの国でもそうは変わらない。

二〇一四年の訪問では、二〇一三年から財務大臣を務め、私もADBの総会などで何度か会ったイスハク・ダール財務大臣が熱心に案内をしてくれた。一九五〇年生まれでシャリフ首相にも非常に近く、一九九〇年代と二〇〇〇年代にも財務大臣を務めたことがある。いつもスーツにポケットチーフを挿し、映画俳優のようにハンサムで押し出しのよい大臣だった。シャリフ首相と面会をし、ＡＤＢのパキスタンへの協力について幅広く意見交換をした。フセイン大統領（元首で儀礼的な役割を果たす）の公邸でのランチにも招かれた。ワトラ中央銀行総裁とイクバル計画開発改革大臣とは、パキスタンの成長戦略の「ビジョン２０２５」について話をした。

この出張では、ヘリコプターに乗って、パンジャブ地方の農村で政府と一緒に行っている貧困対策のキャッシュ・トランスファー・プログラムを視察した。女性のほうがお金を適切に使うということから、貧しい世帯の女性（男性ではなく）にキャッシュ・カードを交付して、現金を引き出せるようにするという仕組みになっている。実際に恩恵を受けている主婦たちとも話をした。

このプロジェクトの視察のあと、近くの世界遺産のタキシラを訪ね、紀元前の仏教の修道院とガンダーラ時代の貨幣や宝物を集めた博物館を見学した。私が特に興味をひかれたのは、現在のものと基本的に形の変わらない当時の化粧道具やフライパンなどだ。

いつもの各国訪問のときのようにＡＤＢ現地事務所のスタッフと懇談し、記者会見を行い、ウェルナー・リーパック現地事務所長が催してくれた政府高官と外交団を数十人招いたレセプションに出席した。世界銀行やＪＩＣＡの代表とも話をしたが、ＡＤＢが現地の援助コミュニティで主導的な立場をとっていることがわかったのはうれしかった。

二〇一六年十月の訪問は、パキスタンもメンバーであるＡＤＢ主導の中央アジア地域経済協力（ＣＡＲＥＣ）の大臣会合出席が目的であった。前回同様、シャリフ首相、関係閣僚、中央銀行総裁と面会をした。その際は成長率、インフレ率、為替は安定しており、外貨準備も増加しつつあった。

IMFとの二一回目の支援プログラム（通常数年にわたって条件を満たすごとに資金が引き出される）がすべての条件を満たして全額が貸出実行されたことに祝意を表した。パキスタンでIMFのプログラムが最後の引き出しまで成功裏に終わるのははじめてであった。民間銀行の幹部たちや海外からの援助関係者との意見交換も参考になった。来訪中だったラガルドIMF専務理事とも面会をし、パキスタンでのIMFの役割の重要性とADBとの協調、また、フィリピンやベトナムの状況についても話をした。

その後、二〇一八年八月には、総選挙の結果、イムラン・カーンが首相に就任した。非常に人気のある元クリケット・チームのヒーローで、政治家に転身後、パキスタン正義運動議長として下院議員を務めていた。パキスタンの常であるが、選挙前にマクロ経済運営が緩んで財政、国際収支が再び問題になっていた。大統領の就任後、二〇一九年七月には二二回目となるIMFからの支援プログラムを得ることになった。IMFからの三年間で総額六〇億ドルの大規模な支援（これを最後にしたいと言っている）をもとに、経済改革、腐敗撲滅、テロ対策を推進してきている。私もADBの年次総会やワシントンのIMF世銀の会議の際に新政権の閣僚クラスと会ってきた。

ADBは新政権の経済改革をサポートする立場から、政策連動ローンを二〇一九年だけで合計一八億ドル供与することにした。その内訳は、IMFのプログラムに連動する特別政策連動ローンが一〇億ドル、譲許的な条件による通常の政策連動ローンが貿易促進・競争力強化のためのもの五億ドル、エネルギー・セクターの改革のためのもの三億ドルであった。

一八億ドルの支援はADBの一国に対する単年の貸付としてはかなり大規模なものであったので、スタッフによる検討の早い段階でリーパック中央・西アジア局長（元パキスタン現地事務所長）以下を総裁室に呼んで議論をした。特別政策連動ローンはアジア通貨危機の直後の一九九九年に創設されたもので、ＡＤＢの通常の政策連動ローンが緊急時の財政支援を目的とするのに対し、ＩＭＦとの協調融資で国際収支危機の外貨準備支援を目的とする緊急対応の仕組みだ。金利が通常より高く、返済期間も三年と短く設定されており、これまで使用例はなかった。私から確認したのは、①政府もさることながらＩＭＦがＡＤＢの一八億ドルにも上る支援を求め、また適切な経済政策運営が行われることを担保していること、②提供された資金が中国などからの商業的な条件による借入の返済に使われないこと、③ＡＤＢの財務的なリスクの観点から許容範囲であること、であった。最後の点に関しては、パキスタンへのそれまでの貸付からのＡＤＢへの返済が年間八億ドルに上っているという点も考慮した。

アフガニスタン

アフガニスタンは二〇一八年の人口が三七〇〇万人と多くの人が思うより大きな国だが、一人当たりのＧＤＰは五五〇ドルとＡＤＢの加盟国のなかでも最低水準だ。パシュトゥーン人が人口の四二％、タジク人が二七％、ほかが三〇％を占める多民族国家でもある。治安経費も一因である財政赤字、ＧＤＰの三〇％にも上る貿易赤字は、基本的に各国やＡＤＢなどからのグラントによる支援によって賄われている。初等教育の就学率は五六％、成人の識字率は五五％とＡＤＢの加盟国のなかで最も低い。妊産婦死亡率はＯＥＣＤ平均の二二倍、乳幼児死亡率は一二倍に上る。ＡＤＢには一九六六年に創業メンバーとして加盟しているが、その後の歴史は苦難に満ちている。

アフガニスタンの現状は、歴史的な背景を知ることなく理解することができないので、その長い歴史を簡単に振り返ってみたい。

アフガニスタンは、先史時代にはインダス文明やメソポタミア文明とも交流のある発展した地域で、紀元前二〇〇〇年ごろの青銅器や遺跡も残っている。紀元前六世紀にアケメネス朝ペルシャの支配下にあったが、アレキサンダー大王、ギリシャの影響も受けた。仏教美術で有名なガンダーラはアフガニスタン東部とパキスタン西部にまたがる地域で、紀元前二世紀には王朝が栄えた。その後、イスラム帝国、モンゴル、ティムール、サファヴィー朝ペルシャ、ムガル、オスマン帝国などさまざまな民族、勢力の交錯する地域となった。

十八世紀初めにはパシュトゥーン人の王国ができたが、十九世紀には英国とロシアが勢力圏を争ういわゆる「グレート・ゲーム」の中心的な舞台となり、一八八〇年には英国の保護領に組み込まれた。第一次世界大戦後の一九一九年に英国との第三次アフガニスタン戦争を経て独立を勝ち取り、一九二六年にアフガニスタン王国を名乗った。一九三三年に即位したザーヒル・シャー国王のもとで、第二次世界大戦中は中立を守り、比較的安定した時代を享受した。

しかし、その後は、一九七三年に元王族のダーウード首相によるクーデター（外国で病気療養中だったシャー国王の追放）、イスラム主義者の弾圧、一九七八年のクーデターによる社会主義政権の成立、イスラム主義者による反攻（アフガニスタン紛争）、一九七九年のソ連による軍事進攻、一九八九年のソ連軍の撤退、再び内戦、一九九六年のタリバンによる首都カブールの占領、二〇〇一年十月の米軍によるタリバン政権（同年九月十一日の同時多発テロを引き起こしたビンラディンのアルカイダを匿《かくま》ったとされる）への攻撃、北部同盟によるカブール奪還など内戦状態が続いた。

二〇〇一年十二月には国連が後押しするボン合意で、暫定政権発足（ハミド・カルザイ代表）と国際治安支援部隊（ＩＳＡＦ）創設が決まった。二〇〇二年一月には、東京でアフガニスタン復興支援国際会議が開催され、多くの国と国際機関が参加し、復興資金のコミットメントを行った。日本は二年で五億ドルをコミットしたが、私はちょうど外務省を担当する主計官としてこの拠出に関する外務省の予算要求（補正予算）を査定したので、よく覚えている。

二〇〇二年六月には、緊急ロヤ・ジルガ（国民大会議）が開催され、カルザイ大統領が就任した。二〇一四年四月に始まった第三回大統領選挙により、同年九月にアシュラフ・ガニがはじめての民主的な政権交代として第二代大統領となった。しかし、その後もタリバン勢力などによるテロは続き、正常な経済運営やインフラ開発は引き続き困難だ。

そのようななかでも、ＡＤＢはカブールにオフィスを置き、アジア開発基金からのグラントで累計四〇億ドルをコミットして、道路や配電網、農業分野などの支援をしてきている。ただし、現地の治安上の問題から、ＡＤＢのスタッフが直接プロジェクトの現場に行くことはできず、実施は政府と現地のコンサルタントに頼らざるをえないので、迅速な実施ができないという限界がある。

私は、カブールの現地事務所のスタッフを激励する目的もあって、できるだけ早くアフガニスタンに出張したいと思った。結局訪問できたのは、二〇一四年三月五日だ。当初は一泊か二泊の予定だったが、総裁が来るということになるとテロの標的にされる可能性もあるというＡＤＢの治安専門家からのアドバイスもあって、朝七時にドバイから着き、午後六時にはドバイ行きの飛行機に乗るという短い滞在となった。一ヵ月半ほど前に外国人が多く食事をするレストランが爆破され、二〇人余りが亡くなったばかりだった。

現地事務所には、五人の国際職スタッフと二七人の現地スタッフが働いている。国際職スタッフはADBの内規で家族同伴が許されておらず、厚いコンクリートの壁に囲まれた事務所に併設された居住空間に住んでいる。外で見張りをする政府側の治安要員に加え、屋上にはADBに雇われているグルカ兵がマシンガンを持って監視をしている。私も屋上にまで上がってみたが、厳しい現実を目の当たりにする思いであった。困難な生活、仕事の環境のなかで、高い意識を持ってアフガニスタンの復興のために働いているスタッフに感謝をした。

予定されていたカルザイ大統領との面会は、先方の急な外遊でできなくなったが、モハマド・ファヒム副大統領、元カナダの大学教授だったオマール・ザキルワール財務大臣、元は医師だったというモハマド・マスツール次官と面会をして、ADBのプロジェクトをいかに進捗させるかについて議論をした。大臣と次官は二人とも英語が堪能で、議論はよく嚙み合った。マスツール次官は若々しく、穏やかな紳士で、そのあとも何度も年次総会やマニラの本部で会う機会があった。次官は、カブールゴルフクラブの会員で一度一緒にゴルフをしようと言っていたが、どのような状況でも普通の生活はある程度営まれていると思った。

現地には簡単に行けないことを補うべく、二〇一五年二月に就任したアーメド・ハキム財務大臣、二〇一八年四月に就任したモハマド・カユミ財務大臣とも、いろいろな国際会議の機会に面会をして、支援策を議論してきた。

第9章　中央アジア諸国は内陸、資源国の制約を乗り越えられるか

全体的な印象

ＡＤＢに加盟する中央アジア諸国（訪問順にカザフスタン、ウズベキスタン、アゼルバイジャン、キルギスタン、トルクメニスタン、タジキスタン、アルメニア、ジョージアの八ヵ国）は、一九九五年にＩＭＦのミッションでキルギスタンに行っただけで、財務省時代には訪れたことがなかった。総裁として各国を訪問し、経済や社会の実情をこの目で見るとともに、東西文明を結ぶ長い歴史や文化に触れることができたことは真に幸運であった。

中央アジア諸国は、民族的、あるいは顔立ちは、ある意味で当然と言えば当然だが、東のほうほど東アジア、モンゴル系に近く、西に行くほど、ペルシャ、トルコ、そして欧州に近くなる。宗教は、コーカサス地方と言われるジョージアとアルメニアはそれぞれキリスト教の正教会を持っているが、そのほかは基本的にイスラム教国だ。民族と文明が交差し、戦乱にまみれた歴史を持っている国が多い。シルクロードで栄える以前からメソポタミア、ペルシャ、ギリシャ、マケドニアなど

とつながりがある。

どの国もソ連に属する共和国であったが、一九九一年十二月のソ連崩壊後は、それぞれ独立し、自国のアイデンティティを大事にしている。ロシア、EU、中国との距離感はまちまちだ。第二次世界大戦直前に極東から強制的に移住させられた朝鮮系の人がキルギスタン、カザフスタンには多くいて、韓国企業の進出も盛んだ。中央アジアに出張するときは中東経由のことが多かったが、インチョンからは多くの直行便が飛んでいるので、韓国経由で行ったこともある。私は一九九五年から九六年にかけてIMFから支援プログラム策定のためにキルギスタンに数回出張したが、私の相手の中央銀行の課長はキムという名前の朝鮮系の女性であった。先方がキムの意味を知らなかったので、金（ゴールド）という意味だと教えたらとても喜んでいた。

中央アジアの国々を訪ねると、日本は失敗に終わった元寇を除いて外国からの侵略がなかった島国で、民族の同質性も高く、歴史を通じて全体としてはいかに平穏だったかを思い知ることになる。中国、トルコ、ペルシャ、ムガル、イスラム帝国など、広い版図を治めた帝国の歴史も持っていない。それだけに人々の間に自然な形の信頼関係がある一方で、違うものとうまく関わっていくことや複雑な国際関係を洞察するのはそれほど得意ではないかもしれない。

中央アジアの八ヵ国は、晴れて独立はしたものの、ソ連崩壊後の生産ネットワークの断絶や政治的な混乱に苦しんだ国が多かった。今はそれぞれロシア、欧州、中国などと貿易関係を結びながら、市場開放的な政策を進めている。キルギスタンでは国内の民族衝突により、二〇一〇年には数百人の死者まで出す紛争があったが今は安定している。しばしば権威主義的な体制、言論や結社の自由の問題などを批判される地域だが、ウズベキスタンのカリモフ大統領、カザフスタンのナザルバエフ大統領ほかの各国リーダーとの面会では、国内の民族や部族の構成も複雑ななか、過激派の伸長を防ぎ、社会の安定を保ちながら成長していくという苦労の一端を肉声で聞くことができた。

中央アジア諸国は、石油、石炭、金、銅などの天然資源に恵まれている国が多く、世界金融危機後も中国による成長政策で恩恵を受けたが、その後の資源価格低下やロシアのウクライナ侵攻に対する経済制裁によってカザフスタンやアゼルバイジャンは国際収支危機に陥り、ＩＭＦやＡＤＢから支援を受けた。最近は落ち着きを取り戻し、中央アジア全体として四・五％程度で成長している。中央アジア諸国のような内陸国は海上輸送を使った工業製品の輸出をテコにした成長が難しいが、フルーツなど高付加価値の農業、空路での輸送が可能なＩＴ部品や精密工業、金融業、観光業などに多角化することが各国の課題だ。

内陸国で資源が豊富であり、資源価格の低下により大きな影響を受けたという意味では、この章で中央アジア諸国とともに取り上げるモンゴルも同様だ。

強すぎる表現かもしれないが、「資源の呪い」（resource curse）ということがよく言われる。まず、天然資源に富んだ国は、その輸出によって相対的に為替レートが高くなり、製造業などが競争力を持ちにくい。いわゆる「オランダ病」という問題だ。また、資源価格の変化により経済や財政が大きな影響を受け、安定的な経済運営をすることが難しい。さらに、天然資源の生産は他の産業に比べて雇用を生む効果が少なく、恩恵が一部の特権階級に偏る傾向があり、国民全体を巻き込む持続的な成長が難しい。汚職などの問題も起こりがちだ。

しかし、天然資源が多ければ必ず資源の呪いを受けるわけではない。オーストラリアの場合は、石炭と鉄鉱石などの鉱物資源が輸出の六〇％を占めるが、教育産業や観光業などのサービスセクターも競争力が強く、よりバランスのとれた成長をしてきたと言われている。もちろん、英語圏の英国の教育の伝統を持つ国であり、観光資源にも恵まれているが、ガバナンスの強さも貢献している。

ところで、ＡＤＢは中央アジア地域経済協力（ＣＡＲＥＣ）のイニシアティブを一九九〇年代終わりから始めており、正式にはＡＤＢが事務局となって二〇〇〇年に発足させている。上に書いたように、一九九一年のソ連の崩壊とともに各国間の分業とサプライチェーンが壊れ、混乱に陥ったことが背景にある。徐々にメンバーを増やし、現在は中央アジアの八ヵ国のうちアルメニアを除く七ヵ国、パキスタン、アフガニスタン、モンゴル、中国（新疆ウイグル自治区と内モンゴル自治区）が入っている。世界銀行、欧州復興開発銀行、ＩＭＦ、それにＪＩＣＡやＵＳＡＩＤ（米国国際開発庁）などの各国援助機関もパートナーとして参加している。

ＣＡＲＥＣでは、エネルギー、道路・鉄道などの長期プランを作り、連接を高めるための共同事業、相互の貿易や投資を促進する国境の施設などのプロジェクトを進めてきた。最近は、マクロ経済の安定、教育や保健、観光などの分野でも知見の交換や協力を推進している。二〇一七年には中国のウルムチにＣＡＲＥＣ研究所も開設され、私も開所式に出かけた。各国のライバル意識や水資源での利害の対立、各国間に直接の飛行便があまりないなど、一つの経済圏になることは思ったほど簡単ではないが、協力の実績と信頼関係を築いてきている。毎年一回の関係大臣会合には、私自身も参加してきた。

カザフスタン

中央アジア諸国のなかで総裁になって最初、二〇一三年十月に訪れたのは、カザフスタンだ。二〇一四年五月にはアスタナでのＡＤＢ総会が予定されていたので、担当するドザエフ経済開発貿易大臣と会い、豪壮で、できたばかりの国際会議場を視察した。また、ＣＡＲＥＣの大臣会合にも出席した。ドザエフ大臣は、一九七〇年生まれでモスクワ国立工科大学を出たあと、国有銀行持ち株会社のＣＥＯでもあった若々しい大臣だ。中央アジア諸国には、ソ連時代に科学や技術を専攻し、その後経済学などを勉強した若い大臣が多い。米国への留学経験者も増えてきている。

カザフスタンの人口は一八〇〇万人だが、アジアのなかでは中国、インドに次ぐ広い国土を有する。また、内陸国としては世界で最も広い面積を誇る。石油、天然ガスのほか世界一の産出量のウラン鉱山もあり、一人当たりのＧＤＰは一万ドルと高い。ソ連の伝統もあって識字率は一〇〇％、保健の指標もＯＥＣＤの平均と変わらない。

ＡＤＢには一九九四年に加盟しており、二〇一九年末までに、道路、金融セクター、太陽光発電などの分野で、政府向けに四七億ドル、民間向けに五億ドルの借入を行っている。特に、二〇一五年には、資源価格の急速な低下による歳入不足を助けるために一〇億ドルの貸付を行った。景気変動対応貸付（counter-cyclical support facility）と呼ぶ特別の政策連動ローンであり、金利は高く、返済期間も短く設定されている。このときは、世界銀行も一〇億ドルを支援している。

かつての首都は国土の南の端に位置し、歴史的にシルクロードの拠点でもあったアルマトイだったが、一九九七年に中央部のアスタナに遷都した。私は一九九五年から一九九六年にＩＭＦでキルギスタンの支援を担当していたとき、当時は民間機が飛んでいなかったキルギスタンに行くために、何回かアルマトイ経由で車で行ったことがある。アルマトイは当時から地下鉄も走っていて、にぎやかだったので、なぜあえて冬は厳寒となるアスタナ（ウランバートルに次いで世界で二番目に寒い首都になった）に移ったのかと思った。アスタナは、ソ連時代にロシア人が多く入植した地であり人口もロシア人が過半を占めていたので、遷都によりカザフ人の比率を高めようとしたとも言われている。コンペに勝った黒川紀章氏が都市計画をした街路、建物は、未来都市のようだ。人口も一九九一年の独立時の二〇万人から一〇〇万人まで増えている。二〇一九年には同年に引退したヌルスルタン・ナザルバエフ大統領の名前をとってヌルスルタンに改称した。

カザフスタンの省エネプロジェクトの視察　ヌルスルタンの市長（左）と（2019年11月）

ＡＤＢ年次総会の前日である二〇一四年四月三十日には、ナザルバエフ大統領と面会をし、先進国入りを目指す同国の「戦略『カザフスタン２０５０』」について話をした。同大統領は、一九四〇年生まれで一九八九年にソ連体制のもとでカザフスタン共和国の共産党第一書記になったあと、独立とともに一九九一年に大統領選で選ばれ、それ以来リーダーの座にあった。二〇一九年には突然辞意を表明し、トカエフ上院議長に引き継いだ。旧ソ連の各国には、ソ連時代からリーダーを務める指導者が多いが、必ずしもロシア寄りというわけではなく、自国のアイデンティティを重視する国が多い。カザフスタンはロシア系の比率が二〇%程度と中央アジア諸国のなかで最も高いが、文字はロシアのキリル文字からローマ字に換えようとしている。

アスタナでの年次総会は大統領にもスピーチをいただき、三〇〇〇人の参加者を集め、盛況であった。開会式の際に、美しい自然をテーマにした詩と音楽をバックにしたバレエが披露されたが、すごく洗練されていた。カザフスタンには二〇一九年十一月にもウズベキスタンのあとに寄って、トカエフ大統領と面会し、中央銀行総裁となっていたドザエフ氏とも旧交を温め、自動車の暖機運転を節約する省エネプロジェクトを視察した。

ウズベキスタン

ウズベキスタンには、任期中に三回訪問した。中央アジアのなかでは、人口が三四〇〇万人と最大であり、一人当たりのＧＤＰは一六〇〇ドルだ。金の産出に助けられているが、農業も十九世紀からロシアによって強制されてきた綿栽培から、豊かな土壌を利用してより商品価値の高い小麦やコメ、フルーツの生産への転換を図っている。二〇一七年には為替を公定レートから変動相場制に変更し、国内の諸価格を自由化する大改革を行った。そのために為替レートは二〇一六年の平均の一ドル三〇〇〇スムから二〇一九年の八五〇〇スムまで急速に減価したが、その後は安定し、市場志向の改革の成果が出始めている。

ＡＤＢには一九九五年に加盟し、二〇一七年から二〇一九年には毎年一〇億ドル以上の借入を受けている。地方の道路や住宅、鉄道、上下水道、フルーツ農場や畜産、医療制度など、分野は多岐にわたる。二〇一七年からの経済改革を支援するために、二〇一八年と一九年には三億ドルずつ政策連動ローンも提供したが、世界銀行の五億ドルずつのローンとの協調融資だった。ちなみに、ウズベキスタンと欧州復興開発銀行（EBRD）との関係は、ウズベキスタンの報道の自由や人権の問題が取り上げられたことがきっかけとなり、二〇〇三年のタシケントにおけるEBRDの年次総会以降途切れていたが、二〇一七年から貸付が復活している。私は、その前からEBRDのチャクラバルティ総裁と政府の双方に対し、関係の再開は国際社会に対し非常によいメッセージになるとアドバイスしてきた。

ウズベキスタンの首都タシケントを最初に訪れたのは二〇一三年十一月だ。カリモフ大統領との面会は、通訳込みだが予定をはるかに超えて一時間半となった。大統領からは、アフガニスタンに国境を接していることもあり、過激思想の浸潤を避け、穏健なイスラム教の国であり続けるのが課題だという話を聞いた。一九八九年に共産党第一書記になって以来、一九九一年の独立後も大統領としてずっと国のトップの地位にあったが、脳出血で二〇一六年九月に突然亡くなった。

カリモフ大統領は親日家で知られ、戦後捕虜収容所に抑留されていた日本兵たちの勤勉さを母に教わって育ったという。日本兵たちが建設したナヴォイ劇場は一九六六年の地震にも持ちこたえ、それを顕彰する碑には「日本の捕虜によって」とは書かずに「強制移送された日本の国民によって」と書かせたことで有名だ。私もナヴォイ劇場と抑留中に亡くなった日本兵の墓地は訪れた。日本からこんなに遠い中央アジアで亡くなった兵士たちの無念を思うとともに、墓地が大切に管理されていることを感謝した。

二〇一三年十一月の訪問時に、深夜の二時前にバンコク経由でタシケントに着いたところを出迎えてくれたのは、私より二歳年下のアジモフ財務大臣だ。ＡＤＢの支援する鉄道学校や、丘のうえで太陽光を巨大なレンズで集めて金属を溶かすというソ連時代からの実験場にも同行して案内してくれた。もともと工学と経済学を専攻し、独立後米国に留学した途端に呼び戻されたと言っていた。英語は流暢で、経済金融関係に強く、世界のパワーバランスの分析から、養子も迎えているという彼の家族のことまで、車のなかでずっと話をした。彼が言ったのかどうかは定かでないが、カリモフ大統領は、ソ連の時代に共産党のトップだったからこそ、共産主義の問題点を一番わかっているという話は印象に残っている。アジモフ大臣にはその後も何度か会ったが、人情の厚い人だ。

二〇一七年二月末から三月に再訪した際は、前年に副大統領から大統領になっていたミルジヨエフ大統領と一時半にわたって面会し、改革開放を進めようとする大統領の新政策、ＡＤＢのウズベキスタンにおける協力のあり方、国際問題などを話した。タシケント郊外の住宅プロジェクトでは、警官の家族が小さいが便利に建てられた家を見せてくれた。また、ホジャエフ財務大臣の案内で高速鉄道に乗ってサマルカンドのジュース工場や家具工場を視察、続いてブハラでＡＤＢがマイクロ・クレジットを支援している伝統的な鍛冶屋や刺繡店を見学した。サマルカンドのジュース工場は、欧州から輸入した大型機械を使って、りんごやアプリコットなどのジュースを生産し、欧州市場に出している。

サマルカンドとブハラは十五世紀の地理上の発見までシルクロードの貿易で栄え、サマルカンドの有名なウルグ・ベク天文台が象徴するように、世界的に高度な科学技術を誇っていた。モザイクで飾られた霊廟、塔などや美しい街路はよく保存されており、今後対外開放的な政策を目指すなかで、非常に重要な観光資源になると感じた。車で一緒に乗っていた地方の高官は、ソ連時代には普通の家庭では家具や屋根もデザインが決まっていて、装飾が禁止されていたこと、当時のウズベキスタン人は、共産主義とロシアから二重に抑圧されていたことをしみじみと語っていた。

二〇一九年十一月の三回目のウズベキスタン訪問では、CARECの大臣会合に出席し、ミルジヨエフ大統領と二〇一七年三月以来となる面会をした。現大統領のもとで、開放的な政策がとられて、近隣国との関係が改善し、外国からの観光客や投資が増えていることに敬意を示した。

アゼルバイジャン

アゼルバイジャンは、二〇一五年五月の年次総会が首都バクーで開催されたので、その準備状況を見るためもあり、二〇一四年十一月にはじめて訪れた。人口は一〇〇〇万人、一人当たりGDPは五〇〇〇ドルで、GDPも輸出も圧倒的に石油への依存が高い。一方で農業人口は三五%で、貧しい農村も多い。ADBには一九九九年に加盟しており、鉄道、送電網、ガス田開発などを支援している。民間向けもシャーデニスのガス田開発に関し、二〇一六年には五億ドルの融資をコミットした。カザフスタンと同様、石油価格の下落によって為替レートの大幅な下落を余儀なくされ、また、歳入が不足したことから、二〇一六年には五億ドルの景気変動対応貸付も行った。

経済規模に対して非常に大きく、直ちに貸出実行される五億ドルの緊急ローンの供与を私がすぐに決断できたのは、それまでもADBの総会で何度か会ったことのあるサミール・シャリフォフ財務大臣の健全なマクロ運営を信頼したからだ。アゼルバイジャンも、他の多くの資源国と同様、将来世代に石油収入からの資産を残すために、いわゆる国家資産ファンド（Sovereign Wealth Fund）を持っていて外国資産などに運用しているが、シャリフォフ財務大臣は、石油価格低下や景気後退に対応するために安易にこの資金を財政補塡に使うことには慎重であった。つまり、ＡＤＢから一定の改革を条件とする借入を行うほうが財政規律を守ることができるという。私より五歳若く、ウクライナのキエフに留学経験があり、二〇〇六年からずっと財務大臣を務めている。

バクーと言えば、高校時代の世界地理で大きな油田という程度の知識しかなく、実際に行ってみて、その歴史と文化には目を覚まさせられる思いであった。バクーはカスピ海に面する美しい都市で、宿泊した丘のうえのホテル・フェアモントからカスピ海がよく見えた。油田は十九世紀の後半からロシアによって開発され、その後ソビエト革命までは英国のシェルが利権を持っていて、ペンシルバニア、テキサス油田のスタンダードと競っていた。バクーの市街には、二十世紀の最初にできた豪華なビルが立ち並ぶ。ソ連の時代には、石油価格は抑えられており、投資も不十分で、国民の所得も低かったが、二〇〇一年以降所得は一〇倍になり、街も美化したそうだ。ソ連崩壊直前の一九九〇年一月にはデモ隊への軍隊による発砲で、女性や子供も含め一五〇人もの市民が亡くなった。私も訪れた殉国者の記念墓地には、今も大きな火が灯り続けている。

二〇一四年十一月の初訪問の際は、イルハム・アリエフ大統領に表敬し、資源国がどう産業を多角化するかという話をした。大統領は、共産党の書記長の時代から独立後の大統領まで指導者だった父ヘイダル・アリエフに指名され、大統領選を経て二〇〇三年以来その職にある。英語も明快で、アリエフ大統領がダボスでパネリストを務めたセッションを一列目で聞いてあとで挨拶をしたこともある。

二〇一五年五月のADBのバクー年次総会は、開会式で大統領にもスピーチをいただき、国際会議場やレセプションの会場も立派で、大好評であった。総会終了後、ドーハ経由でマニラに戻る飛行便の関係で真夜中まで丸一日時間が空いたので、五〇〇〇年から二万年はさかのぼると言われている世界遺産でもあるゴブスタンの岩絵、境内の真ん中に火が祭られているゾロアスター教の寺院、バクー市内のイスラム太守の宮殿を案内してもらったが、いずれも感動的であった。

キルギスタン

二〇一四年十一月にはキルギスタンを訪れた。二〇一八年に人口は六三〇万人、一人当たりGDPは一三〇〇ドルで、他の中央アジア諸国よりは低い。金が輸出の四〇%を占めるが、石油資源はなく、GDPの二五%に当たる所得をロシアなどで働く自国民からの送金に依存している。ロシア経済が欧米からの制裁で悪化すると、キルギスタンにも波及する。ADBは、道路、水力発電、上下水道など幅広い分野で支援を行っている。

首都ビシュケクは二〇年ぶりの訪問だったが、素朴な雰囲気の市街はあまり変わっていないような気がした。アタンバエフ大統領、オバエフ首相、サリエフ経済大臣、ラヴロヴァ財務大臣と面会をして、先方からできるだけ譲許的な融資を続けてほしいとの要請を受けた。CARECの大臣会合に出席、現地事務所の平岡理恵所長の案内でADBが支援をしているカザフスタンとの国境の施設も視察した。ADBでは、アルマトイとビシュケクをつなぐ経済回廊の発展を後押ししている。

オバエフ首相は翌年に職を辞したが、一九五五年に両親とも学者の家に生まれ、自身もレニングラード国立大学で物理学の博士号を取ったインテリだ。その後も、世界銀行ＯＢのハリンダー・コーリー氏らのセンテニアル・グループが毎年秋にワシントンで開催している新興市場フォーラムで会うことがあり、民主主義と経済発展の関係などについて意見交換をした。

トルクメニスタン

二〇一六年九月にはじめて訪問したのは、トルクメニスタンだ。人口は六〇〇万人だが、豊富な天然ガス資源が輸出のほとんどを占め、一人当たりのＧＤＰは七八〇〇ドルだ。ＡＤＢには二〇〇〇年に加盟し、これまで鉄道プロジェクトを支援している。ＡＤＢでは、ＴＡＰＩと称するトルクメニスタン、アフガニスタン、パキスタン、インドを結ぶ天然ガスパイプラインを民間資金を動員して建設するプロジェクトも後押ししている。

首都アシガバートでは、二〇〇六年からその職にあるベルディムハメドフ大統領や重要閣僚、ＡＤＢを所管する中央銀行総裁とそれぞれ面会した。大統領からは、同国にとって長い国境を接するアフガニスタンとの協力が大事であること、アフガニスタンとの共同電力プロジェクトでは、地元住民をしっかり関与させることでテロ攻撃を抑止できているということを聞いた。トルクメニスタンには、ＣＡＲＥＣの大臣会合出席のため二〇一八年十一月も再訪した。大統領との二回目の面会では、一帯一路との協力のあり方、消滅の危機にあるアラル海の保護の仕方などが話題になった。

二〇一六年九月の出張の際は、紀元前三世紀から二世紀に栄えた古代イラン王朝のパルティア王国のニサ遺跡とそこで発掘されたコインなどを集めた博物館を案内してもらったが、圧巻であった。

ギリシャの影響を強く受けており、ローマ帝国とも互角に戦っていた。各地方で異なる装飾のカーペットを集めた博物館やトルクメン馬の厩舎施設も興味深かった。一九九五年に国連総会で永世中立を宣言し、逆に言えば外国との交流をかなり制限する政策をとっているが、豊かな歴史的資産はもっと知られてよいと思った。

タジキスタン

タジキスタンには二〇一七年十月に行った。人口は九五〇万人、鉱物資源には恵まれず、一人当たりGDPは九〇〇ドルと中央アジア諸国の間で最も低く、GDPの三五％にも相当する海外からの労働者送金が歳入や国際収支を助けている。しかし、識字率は一〇〇％で、絶対的貧困は少なく、最近は毎年七％程度で成長している。ADBは道路、水資源、防災、保健などの分野で支援を行っている。国土のほとんどが標高三〇〇〇メートルの木が生えていない岩や氷の山岳地帯だ。もともとはウズベキスタンのブハラに本拠を置くブハラ・ハンの一部で、イラン系であるタジク人は自分たちこそがブハラやサマルカンドの主であったと主張する。南のアフガニスタンと長い国境を接しており、アフガニスタンでもタジク人は人口の二五％を占める。

このタジキスタンへの出張は私が経験したもののなかでも最も苛酷であった。十月二十三日の月曜の深夜一二時にマニラ発、二十四日の午前四時半にドバイ着、空港ビル内のホテルで夜まで過ごして夜一〇時半にドバイ発、二十五日の午前三時に首都ドゥシャンベ空港着。五時に就寝し、九時に起床。午前一一時からパイロット二人のほかは三人しか乗れない爆音の響くヘリコプターに乗っ

タジキスタン・サレズ湖の視察　アスロフ外務大臣（中央）と（2017年10月）

て、四〇〇キロメートル離れた標高三三〇〇メートルのサレズ湖の畔《ほとり》に着陸、湖を視察、気温零度のテントのなかで湖を監視している部隊の作ってくれた鱒《ます》のフライを食べてヘリコプターで出発、アフガニスタンとの国境の河の上を飛行して山あいの村に降りたって休憩、ＡＤＢが支援したヌレク水力発電ダムを見学して、午後六時に首都に帰還。

そのあと午後七時から九時半までサイード副首相との夕食会は、社交的なものかと思ったら、道路プロジェクトへの支援に関する真剣な交渉になってしまった。料理は、燻製の肉の並ぶ冷菜（これだけでも十分なディナーだ）、二種類のダンプリング（茹で餃子のようなもの）、羊のカバブ、牛肉のステーキ、川魚のソテー、うずらの串刺し、最後にたっぷり羊の肉と油が入ったピラフなどが一〇種類ぐらいあって、ゲストを徹底的にもてなすという中央アジアへの訪問のなかでも、最も豪華なものであった。それぞれ極めて美味なのであるが、難しい話をしながら食べているせいもあり、十分に賞味しきったとは言えないのが残念だ。

サレズ湖は一九一一年の大地震の際の土砂崩れでアムダリア川がせき止められてできたもので、全長七五キロメートル、深さは場所により数百メートルに水が貯《た》まっており、再び大地震が起きて堰《せき》が崩れると下流のタジキスタン、アフガニスタン、ウズベキスタン、トルクメニスタンに甚大な被害を及ぼす。一方、うまく活用できれば、水をうまく逃がしつつ電力を発電し、農業用水を供給することも可能になるので、政府は世界銀行やＡＤＢの支援を期待している。ＡＤＢ現地事務所長も池田首席補佐官も定員の関係でヘリコプターに乗ることができず、オサリバン中央・西アジア局長とアスロフ外務大臣だけが一緒だった。めったにできない興味深い体験ではあったが、移動距離、気圧、温度の差は大きく、つくづく健康で体力がなければもたない仕事だと思った。

アスロフ大臣はもともと水利が専門の技術者で、水利権でしばしば対立する関係国の調整に適任なのだろうと思った。ウズベキスタンの政権交代もあって、水利用についても最近は四ヵ国の協議が進んでいる。

十月二十六日にはエマモリ・ラフモン大統領に面会し、一緒にＡＤＢの支援する道路プロジェクトの開通式に参加した。大統領はもともと電気の技術者であったが、労働組合や共産党の幹部から、独立後、共産党の流れを汲む政府とイスラム勢力も含む反政府勢力の内戦のなかで頭角をあらわし、一九九四年から大統領を務めている。このような経験があるので、とりわけアフガニスタンからの過激派の浸潤を警戒し、国内の安定には意を用いている。この日は何人かの閣僚とのランチに臨み、現地事務所のオフィスを訪れてスタッフと懇談した。二十七日は大統領とともにＣＡＲＥＣの大臣会合に出席した。午後に記者会見をして首相主催夕食会に参加、ホテルで少し休憩のあと、二十八日土曜朝四時発の飛行機で、今度はドバイでの接続もよく、同日の夜一一時半にマニラに到着した。

アルメニア

アルメニアには二〇一八年六月に訪れた。中央アジア諸国のなかでも、ジョージアとともに南コーカサスと呼ばれる地域の国だ。人口は三〇〇万人、一人当たりのＧＤＰは二〇一八年に四二〇〇ドルだった。人口の二五％は農業に従事し、海外からの送金がＧＤＰの一二％に達するが、教育や保健などの社会指標はＯＥＣＤ並みの水準を誇る。カスピ海と黒海の間の山岳地帯にある内陸国で、東のアゼルバイジャン、北のジョージア、西のトルコ、南のイランと国境を接する。

歴史的には、メソポタミア文明にも近く、古代から文明が発達していた。紀元前からアルメニア王国が成立しており、紀元三〇一年にはローマにも先立ってキリスト教を国教と定めた。古代からペルシャ、マケドニア、ギリシャ、東ローマ帝国、アラブ、トルコ（セルジュクとオスマン）、モンゴル、ロシアからの支配あるいは影響を受けてきており、その過程で多くのアルメニア人が海外に移住し、主に商人として、米国、フランス、イラン、インドなど世界中に広がっている。国内と同程度の人口のアルメニア人のディアスポラ（民族離散の民）がいるとされている。

トルコとは歴史的な問題を抱え、隣国のアゼルバイジャンとも領土問題（ナゴルノ・カラバフ）が紛争となっている。二〇一八年四月の首都エレバンでの無血のいわゆる「ビロード革命」を経て、五月には一九七五年生まれでジャーナリスト出身の民主運動家、ニコル・パシニャン氏が首相になった。

ソ連崩壊後に独立したのは他の中央アジア諸国と同じ一九九一年だが、ＡＤＢには二〇〇五年になって加盟している。二〇一九年末までの累積で、政府向けに一二億ドル、民間向けに三億ドルの融資・出資を供与しており、道路、エネルギー、金融セクターを支援している。パシニャン首相との面会では、首相から、アルメニアは歴史的な移行過程にあり、腐敗を徹底して排除し、開発を進めるという話があった。ＡＤＢが支援している中学校の耐震プロジェクト、民間向け貸付の対象であるスパイカ社の近代的な温室トマト農場を視察した。

丘のうえにある文献博物館にも案内してもらった。周辺の帝国からさまざまな圧力を受けてきたなかで、自らの文字と正教会を守り続けて、他の文明の書籍までを自国の文字で文献として残してきた歴史には感銘を受けた。ジョージアに向かうハイウェイはＡＤＢが支援して建設したが、とてもよく整備されており、エレバンの市民も行楽に行くというセヴァン湖が美しい。道路沿いには廃坑になった銅山のあとがあり、一八九九年にロシアが建設したという鉄道が並行して走っていた。

ジョージア

ジョージアには、二〇一七年六月にアルメニアから国境の山岳地帯を車で通過して、首都トビリシを訪問した。国境のジョージア側では、ＡＤＢが支援する、税関、入国管理事務所、その他の手続きが一緒になった近代的な設備を視察した。麻薬や爆破物の取り締まりによく訓練された犬が配備されている。

ジョージアの人口は三七〇万人、一人当たりのＧＤＰは四四〇〇ドルで比較的高く、教育や保健のレベルも高いが、農業が雇用の四〇％、ＧＤＰの八％を占めており、農村は貧しい。鉄鉱石や銅鉱石が輸出の二五％を占めるが、ワインほかの酒類も一〇％となっている。ワインは紀元前六〇〇〇年に、大きな壺《つぼ》のなかでぶどうを発酵させる方法で、ジョージアではじめて作られたと言われている。さまざまな観光資源に恵まれており、二〇一七年のＧＤＰ比三四％の貿易赤字は、旅行収支の黒字一五％、海外からの送金九％、直接投資の流入一二％で賄われていた。

ジョージアは、かつて日本ではグルジアと表記されていた旧ソ連の共和国だ。西は黒海に臨み、北のロシアとの間には、五〇〇〇メートル級の山を含むコーカサス山脈がそびえている。英語で白色人種のことをコケイジャン（コーカサス人）と言うが、旧約聖書やギリシャ神話にも取り上げられるコーカサス地方がヨーロッパ系の人々の出発点とされてきたからだ。

文明の歴史は古く、旧石器時代、新石器時代からの遺跡が残り、紀元前六世紀以降は、西部のコルキス王国とトビリシを中心とする東部のイベリア王国が成立した。イベリアは三三〇年、コルキスは五二三年にキリスト教を国教にし、のちのジョージア正教会となった。また、このころジョージア文字も生まれた。十一世紀初めには東西が統一され、ダヴィド建設王のもとに多くの建造物が建てられて軍制改革が行われ、トビリシが首都とされた。

それまでも、あるいは、そのあとも、ジョージアはペルシャの各王朝、古代のローマ、東ローマ帝国、アラブ人によるイスラム帝国、モンゴル、ティモール、トルコ、ロシアの支配、あるいは影響を受けてきた。一八〇一年には帝政ロシアに併合され、ロシア革命後の一九一八年にはいったん独立を宣言したが、赤軍の侵攻を経て一九二二年十二月にはアルメニア、アゼルバイジャンとともにザカフカース共和国としてソ連に編入され、一九三六年以降はジョージア共和国となった。ジョージア出身のスターリンがロシア共産党の書記長となって権力基盤を固めたのは一九二二年四月であり、同年十二月のソビエト連邦発足もリードしている。

一九九一年の独立後、長くソ連の外務大臣を務めたシュワルナゼが帰国して選挙で選ばれ、一九九二年から二〇〇三年まで、最高会議議長、そして大統領として国のトップにあった。二〇〇三年のいわゆる「バラ革命」でシュワルナゼが国を追われたあと、ミハイル・サーカシビリ大統領による親米政権が誕生、二〇〇八年のロシアとの南オセチア紛争を経て、二〇〇九年にはロシアとの国交断交がなされた。

これに対し、二〇一二年の議会選挙ではロシアとの関係改善を目指す実業家のイヴァニシヴィリの「ジョージアの夢」が多数を取って同氏は首相（二〇一三年に退任）となり、二〇一三年の大統領選でも同派のマルグヴェラシヴィリが勝利した。二〇一三年の憲法改革で、実質的権限は大統領から首相に移った。私がトビリシを訪問し実力者のイヴァニシヴィリに近いとされるマムカ・バフタゼ財務大臣と会ったのは、二〇一八年六月十四日だ。前の首相の辞任を受けて、その日に財務大臣は首相候補となり、六月二十日就任している。ただ、その後もロシアとの関係などを巡って政治は安定せず、二〇一九年九月に首相を辞任した。

ADBには二〇〇七年に加盟、二〇一九年末までに道路やエネルギー、地下鉄プロジェクト、金融セクターなどのために三〇億ドルの政府向け貸付と四億ドルの民間向け貸付を受けている。二〇一八年六月の訪問の際、トビリシでは、ADBが支援している一九六六年に作られた地下鉄の延伸工事、中小企業向け金融を行っている銀行、市のいろいろな手続きをまとめて行うことができるサービスセンターを視察した。

ジョージアは、世界銀行のビジネス環境指標（Ease of Doing Business Index）で世界第七位を誇っており、会社設立などの手続きの速さを武器に、海外からの直接投資を呼び込もうとしている。現在の政府は、欧州連合との間で自由貿易に関する包括協定を結ぶ一方、ロシアとも外交関係とは離れて貿易や観光の関係は活発であり、中国とも自由貿易協定を結んでいる。

マイア・ツキティシヴィリ地方発展インフラ大臣は、ホワイトボードや地図を使って、熱心に今後可能性のあるプロジェクトの説明をしてくれた。彼女はあとで副首相に昇格した。中央銀行のコバ・グヴェネタゼ総裁は一九七一年生まれで、私と同じ時期にＩＭＦにいたことがわかった。経済のドル化を止めて自国通貨ラリの流通を増やすこと、いずれユーロに参加してマクロ経済運営を安定させることを目標としていると語っていた。経済がドル化してしまうと、中央銀行による物価のコントロールは難しくなるし、金融危機時の最後の貸し手機能も発揮できなくなる。哲学博士で、研究者でもあったマルグヴェラシヴィリ大統領との面会では、農業への依存を減らすことが必要であり、ＡＤＢから中小企業育成や教育訓練の強化への支援を受けたいとの話があった。

バフタゼ大臣は一九八二年生まれと若く、前首相辞任で忙しくしているなか、一時間の面会をし、夕食会はかつてのイベリア王国の古都で修道院や大聖堂が残るムツヘタで催してくれた。トビリシは街の真ん中をクラ川が流れる美しい街で、スターリンが共産党に入党する前に学んだという神学校、ジョージア正教の教会、ユダヤ教のシナゴーグを日本に留学したという青年が案内してくれた。彼は、二十世紀の初頭に盛んだったジョージア映画と日本映画の比較についても詳しかった。

歴史博物館も見学したが、古代からのコインや青銅器などの豊富さに圧倒された。ソ連時代がほとんどカバーされていないので館長になぜかと聞いたら、歴史は単なる事実の集合ではなく、歴史をどう語るかはそう簡単なことではないとの答えだったのが心に残っている。ＡＤＢも支援したハイウェイを使って九〇キロぐらい離れたスターリン生誕のゴリの町にも行った。スターリンは一八七八年に靴職人の一家に生まれたが、その小さな家が残っており、博物館も併設されている。スターリンがそれに乗ってソ連中を回ったという客車は意外に簡素だった。博物館には、スターリンがジョージア正教の神父を目指すものの無神論者となった生い立ち、何度も逮捕された経験、最初の妻の病死からはじまって幸福ではなかった私生活、壮絶な権力闘争などが多くの写真とともに展示されている。デスマスクや像も残されており、郷土の生んだ巨人への複雑な思いが感じられた。

ADBでさまざまな国を訪ねたが、ジョージアほど、小さい国でありながら長くて深い歴史、伝統、文化と、不確実ではあるが将来への期待を感じさせる国はほかにはなかった。持続的な発展のためには、やはり政治の安定と周辺の国とのよい関係が鍵になると思う。

モンゴル

モンゴルはADBでは東アジア局が担当しているが、旧ソ連と強いつながりを持っていたという点、二〇一八年に石炭と銅鉱石が輸出のおよそ四〇%と三〇%、GDPの二〇%と一五%を占める資源国という点で、中央アジア諸国と共通しているところがある。モンゴルはCARECのメンバー国の一つでもある。輸出の九〇%以上は中国向けだ。民主化運動を受けて一九九〇年に人民革命党の一党独裁制を放棄し、複数政党制を採用した。議会の多数を有する与党が行政のトップである首相を選任するが、大統領も別に選挙で選ばれて一定の権限を持つので、両者が異なる政党から出る場合には齟齬が生じる場合がある。

モンゴルの草原では馬に乗る（2013年7月）

モンゴルは人口三二〇万人、一人当たりＧＤＰは二〇一八年に四〇〇〇ドル程度と比較的高いが、中国経済の動向や資源価格の変動、選挙と政権交代に伴う財政拡大などで経済が不安定になる傾向がある。二〇一七年には三年間で九億ドルのＩＭＦの支援プログラムに合意し、ＡＤＢ（九億ドル）、世界銀行（六億ドル）、日本（八・五億ドル）、韓国（七億ドル）、中国（二〇億ドル分の中央銀行による人民元の外貨準備支援の用意）も協力している。資源中心の経済から恩恵を受けにくい貧困層の引き上げ、産業構造の多角化が課題だ。ＡＤＢにはソ連崩壊の一九九一年に加盟しており、これまで上記の九億ドルを含め、累積で二九億ドルの支援を受けている。

モンゴルは、総裁着任から間もない二〇一三年七月にはじめて訪問し、二〇一五年九月にもＣＡＲＥＣ大臣会合出席のために再訪した。二〇一三年の訪問では、ツァヒアギーン・エルベグドルジ大統領、チュルテム・オラーン財務大臣ほかの閣僚、国会議長と面会し、ウランバートルの外交団、市民グループとの意見交換も持った。一九六三年生まれの大統領は、工員や兵役を経て奨学金でソ連の大学に留学し、一九九〇年の民主化運動では指導的な力を発揮、国会議員を経て一九九〇年代と二〇〇〇年代には首相を務め、二〇〇九年に第四代大統領になった。大統領になる前にハーバードの公共政策大学院に留学しており、英語も堪能だった。

モンゴルはＡＤＢによる社会セクター支援への期待が大きい。この訪問では、ＡＤＢの支援するウランバートルの環状道路、河川の汚染防止、中学校のカリキュラム向上、医科大学での女性医学の教室などのプロジェクトを視察した。ＡＤＢはインフラ専門の機関だと思われがちだが、国によってはＡＤＢの保健プロジェクトが大きな効果を上げていると感じた。このときの体験は、他国での医療プロジェクト視察の体験とともに、保健分野は世界銀行などに委ねてもよいという二〇〇八年策定の前回のＡＤＢの長期戦略を見直すきっかけとなった。

財務大臣の地元の草原のなかにあるゲル（テント）に呼ばれ、馬に乗せてもらった。冗談かどうかはわからないが、この馬を贈呈したいというので、それでは頂くが、持っては帰れないのでよく面倒を見ておいてほしいと返答した。あの馬は、今どうなっているだろう。ゲルの内部は思ったより広く、夕食に羊肉や伝統的な強いお酒をふるまわれた。大臣からは、ＡＤＢのプロジェクトがＡＤＢの厳格なルールにより遅くなりがちなことに苦言を呈せられた。確かに、一定のスピードでプロジェクトが実施できなければ途上国の期待を裏切ることになる。この率直な苦言も、その後の私のＡＤＢ運営上の指針となった。ゲルから出たとき、周りに何も光がないので、星の数が今まで見た夜空で一番多かった。

第10章　太平洋諸国はチャンスを生かせるか

太平洋諸国の状況

太平洋諸国のなかで、ソロモン諸島には、一九九六年にＩＭＦのミッションで訪れたことがあったが、国際金融を専門としてきた私にはなじみの薄い地域だった。総裁時代には、二〇一三年六月にパプアニューギニアに行ったのをはじめとして、フィジー、パラオ、ソロモン諸島、サモアを訪問した。ただ、ＡＤＢに加盟している一五ヵ国（最近担当が東南アジア局にかわった東ティモールを含む）のうち、一〇ヵ国には行くことができなかった。いくつかをまとめて回ることができるとよいのだが、各国間の飛行機の便はあまりなく、いちいちシドニーかニュージーランドから往復しなければならないのが制約だった。

太平洋諸国一五ヵ国の合計の人口は一三〇〇万人、二〇一八年のＧＤＰは三七〇億ドルだ。各国の状況は図表8のとおりだが、人口が九〇〇万人のパプアニューギニアが経済規模では圧倒的であり、東ティモールの一二六万人、フィジーの八九万人、ソロモン諸島の六九万人がそれに次ぐ。最

図表8／太平洋諸国の状況

	人口 (2018年：千)	1人当たりGDP (2018年：ドル)	初等教育就学率 (2018年：％)	観光収入GDP比 (2017年：％)	ODAのGDP比 (2017年：％)	受取送金GDP比 (2018年：％)	ADB加入年
ミクロネシア							
キリバツ	114	1,800	95	3	21	9	1974
マーシャル諸島	55	3,900	95	5	35	2	1990
ミクロネシア連邦	102	3,600	86	7	25	7	1990
ナウル	13	9,400	94	—	20	—	1991
パラオ	18	15,400	95	40	6	1	2003
メラネシア			95				
フィジー	890	6,100	97	23	2	6	1970
パプアニューギニア	9,009	2,800	74	0.1	2	0	1971
ソロモン諸島	689	1,800	68	7	13	1	1973
東チモール	1,260	1,300	92	5	10	3	2002
バヌアツ	304	2,900	80	45	12	2	1981
ポリネシア							
クック諸島	19	19,100	97	48	4	—	1976
ニウエ	1.6	15,000	—	34	57	—	2019
サモア	199	4,100	94	22	9	23	1966
トンガ	105	4,300	86	11	23	35	1972
ツバル	10	4,400	76	6	31	5	1993

も小さな島は二〇一九年に加盟をした一六〇〇人のニウエだ。太平洋諸国はそれぞれ広い領海、排他的経済領域を有しており、マグロなどの漁業権のロイヤルティが重要な収入源になっている国も多い。フィジー、パラオ、クック諸島などは観光業の役割が大きい。クック諸島は人口が二万人弱だが、観光業が盛んで、一人当たりのGDPは二万ドルに近い。一方、オーストラリア、米国などからの援助への依存が大きく、自律的な発展が難しい国もある。

太平洋諸国は、気候変動の影響からの海面上昇やサイクロンなどの自然災害の多発、散在する島々への教育や医療、エネルギーの供給の難しさなど、さまざまな課題を抱えている。一方で、衛星やインターネット、デジタルなどの新技術の恩恵を受けることができる。エコツアーなど付加価値の高い観光にもチャンスがある。それぞれ小さな国のなかで公的企業が独占的な地位を占め、効率性を損なってきたが、今は各国とも市場志向の経済改革と安定的なマクロ経済政策を進めようとしている。

ＡＤＢは、パプアニューギニア、フィジー、東ティモールに現地事務所があり、シドニーのオフィスも太平洋諸国のサポートが仕事だが、最近はそのほかの国にも連絡事務所を置いて、民間セクターの促進、保健、教育、マイクロファイナンス、災害に強く遠隔地でも可能なインフラ（たとえば小規模太陽光発電など）の分野で協力を強化している。支援の形態は、小さな島国の脆弱《ぜいじゃく》性にも配慮しつつ、各国の所得水準と債務返済能力に応じて、一般の貸付、譲許的条件での貸付、グラントを使い分け、あるいは組み合わせている。毎年ＡＤＢの年次総会の際には、太平洋諸国財務大臣会合をＡＤＢがホストし、共通の課題への取り組みや、各国間の連携の強化を後押ししている。

パプアニューギニア

総裁に就任してから、太平洋諸国への支援をＡＤＢとして重視していることを示す意味もあって、いずれかの国にできるだけ早く訪ねたいと思った。パプアニューギニアを訪問したのは、総裁に就任してから二ヵ月後の二〇一三年六月だ。パプアニューギニア経済は天然ガスの輸出やガス田への直接投資の比重が大きく、近年は比較的高い成長を遂げてきたが、年による変動も大きい。二〇一八年の一人当たりのＧＤＰは二八〇〇ドルだが、内陸の高原地帯は開発が非常に遅れており、絶対的貧困は人口の三分の一に上るし、教育や保健の指標もアジアの加盟国のなかで最低水準だ。一方で、近隣の大国であり、ソロモン諸島などから留学生も受け入れているという面もある。

十九世紀半ばに、西半分をオランダ、東北部をドイツ、東南部を英国が植民地とし、東南部は一九〇一年に英国から独立したオーストラリアが継承した。第一次世界大戦後は、東北部もドイツ領からオーストラリアによる委任統治領となった。第二次世界大戦中は、日本と連合軍の壮絶な戦いの舞台となり、苛酷な環境と飢えもあって、上陸した日本の将兵二〇万人のうち帰還できたのは二万人に過ぎなかったと言われている。一九四九年には東部全体がオーストラリアの統治下のパプアニューギニア自治政府となり、一九七五年には独立を果たしている。一方、西半分は戦後もオランダが統治したが、国連による暫定統治を経て、一九六三年からはインドネシアの統治下にあり、今はパプア州となっている。

パプアニューギニアの水力発電所の視察（2013年6月）

ＡＤＢには一九七一年に加盟しており、これまで道路や保健（マラリア対策など）を中心に二〇一九年末までに二九億ドルの支援の実績がある。二〇一三年の訪問では、首都ポートモレスビーでピーター・オニール首相、ドン・ポリエ財務大臣、チャールズ・アベル計画大臣と面会し、首相からはプロジェクトの実施の促進、ポリエ大臣からは、農業、技術教育への支援を依頼された。ＡＤＢが支援した国内の島をつなぐ民間航路のための港のプロジェクトと、山中にある水力発電所を視察した。水力発電所では、地元で教育を受けた技師たちから熱心な説明を受けた。

訪問時には各国大使たちとのランチや商工会議所での講演も行ったが、ランチのメンバーにはのちにＡＤＢ副総裁になるオーストラリア大使（どちらも英連邦の国なので高等弁務官と称する）のデボラ・ストークス氏も入っていた。オーストラリアは、パプアニューギニアとは歴史的な経緯もあって微妙な関係になることもあり、大使ポストはオーストラリアのなかで重要視されている。インフラの整備、ガバナンスの強化、治安の維持など課題は多く、ＡＤＢをはじめとする国際社会の関与が引き続き必要だと感じた。

フィジー

フィジーには、二〇一五年八月にはじめて行った。一八七四年に英国の植民地となり、砂糖プランテーションの労働のために多くのインド人が連れてこられたため、現在でも人口八九万人の三〇%がインド系だ。宿泊した首都スバのグランド・パシフィック・ホテルは一九一四年に建てられたクラシックなホテルで、ロビーには、一九二八年にオーストラリア人の飛行家二名とアメリカ人の随行者二名がカリフォルニアのオークランドから豪ブリスベンまで太平洋の島々を経由して行った際の写真や、エリザベス女王が一九五三年に同国を訪問したときの写真が残っている。二〇一八年にもヘンリー王子とメーガン妃が訪問するなど、英連邦の国として英国とのつながりが強いように感じた。ラグビーが最も人気のあるスポーツで、多くのフィジー選手が欧州などで活躍する。

一人当たりGDPは観光収入に支えられて六一〇〇ドルと高めだし、教育や保健の分野も進んでいる。ADBには英国から独立した一九七〇年に加盟しており、これまで道路やエネルギー、都市インフラに累計五億ドルの貸付を行っている。ADBも支援している下水道プロジェクトを視察し、外交団とランチをし、南太平洋大学（University of the South Pacific）を視察した。南太平洋大学は一九六八年に創設、一二の島国が支援をしており、本部とメインキャンパスはスバにあるが、それ以外のキャンパスは学部によって各国に分散し、学生たちは国を超えて留学をすることになる。ADBも遠隔授業の設備を支援している。

この訪問では、バイニマラマ首相、サイード・カイユム財務大臣、クンブアンボラ外務大臣に面会をした。首相は元海軍の軍人で参謀総長を務めたこともある。二〇〇六年にクーデターを起こし政権をとったが、二〇一四年には選挙を経て首相に選ばれている。クーデターのあと二〇一四年まで、同国と関係の深かったオーストラリアはじめ国際社会から経済制裁を受けていたが、首相によれば、クーデターはたくさんいる族長たちの強すぎる影響を減らし（首相自身は平民の出身だそうだ）、インド系の住民を公平に扱うことが目的であり、民主化を今後も進めていくということだった。この制裁が適切であったかどうかについては、オーストラリアのなかでも意見が分かれている。

カイユム大臣は一九六五年生まれのインド系、オーストラリアと香港で法律の学士号と修士号を取得した秀才で、法務大臣を兼任する。ADBの支援の進め方のほか、財政改革、国有企業の民営化、政府の電子化、気候変動対策など多くの話題について意見を交換した。

フィジーでは、海外からの直行便が着くリゾート地のナンディで二〇一九年のADB総会を開催することが決まり、同年一月に再訪して、準備状況を確認した。この際、首都スバも改めて訪問し、

フィジーでのＡＤＢ年次総会の開会式　バイニアラマ首相（右）と。前方に腰みのをつけた男たち（2019年５月）

首相に選挙での再選のお祝いを述べ、中央銀行のアリフ・アリ総裁と農業の多様化、高付加価値化などの話をした。

二〇一九年五月のＡＤＢ年次総会は、地元の人々や警察、ホテルの全面的な協力があり、天候にも恵まれ、海外からも多くのゲストが集まって、盛況であった。開会式では、バイニアラマ首相のスピーチと私の演説の前に、伝統的な腰みのだけを付けた男たちから私が丸ごとの豚や果物をプレゼントされ、その場で木の根から絞り出したカバという飲料を飲む伝統の行事があった。できるだけ短くとは頼んだのだが、私に代わって名乗りを上げる男性の数々の言葉（現地の言葉なのでわからない）やそれに応じる男たちの掛け声も含めて、一定の手順を踏まないといけないのだという。あとで参加者の何人かから、本当にカバを飲んだのかと聞かれたが、実際に数口は飲んだ。

ＡＤＢの年次総会は、一九六六年の創設以来毎年開催しているが、太平洋諸国で行われたのははじめてだった。飛行機の便やホテルの部屋数に限りがあったり、ＩＴ環境に制約があってマニラから機材を何トンも運ばなければならないなどさまざまな困難があったが、ＡＤＢのスタッフとフィジー政府の協力で乗り越えることができた。フィジーだけではなく太平洋諸国の人々が、数千人が参加するこれほど大きなイベントの成功を誇りに思っているのがわかった。総会では、フィジーならではのテーマとして、観光業の経済発展への貢献、海洋汚染への対策も議論された。観光業に関するセミナーでは、麻生大臣が環境に配慮した持続可能な観光に言及したうえで、アドリブで清潔なトイレを整備することの大切さを強調して大いに受けていた。

カイユム大臣は総会の終わった翌日、空港まで私を送りに来てくれた。彼の若い家族の話やもう一度大学院で勉強したいという彼の将来の夢などを含めてたくさん話した。カイユム大臣のリーダーシップがなければこの総会はそもそも成り立たなかっただろうと思う。

パラオ

パラオを訪れたのは、二〇一六年八月だ。マニラから東に直線距離では一七〇〇キロメートルだが、行きはグアム島に二六〇〇キロメートル行ってから戻るルートしかなく、午前一〇時に出て夜八時半の到着となった。二〇一八年に人口は一万八〇〇〇人、一人当たりGDPは一万五〇〇〇ドルと相当高い。乳幼児死亡率はOECD平均の二・五倍だが、太平洋諸国のなかでは低いほうに属する。識字率はほぼ一〇〇％だ。終章でも触れるが、戦前は日本の委任統治領であったミクロネシアの中心であり、旧首都コロールには南洋庁が置かれ、熱心に教育と産業開発への投資が行われていた。現在でも日本語の「大丈夫」「やさしい」などの言葉が使われているし、日本の音楽も人気がある。ペリリュー島の激戦では、日米の多くの将兵が命を落としたが、パラオの人々には犠牲が出なかったこともあり、親日的な国だ。

　今は平和な美しい海に囲まれていて、観光業が最大の産業だ。一九九四年に米国の信託統治領から独立したが、米国とのコンパクト（協定）によって米国で働くビザがとりやすいため、若者の流出が問題となっている。二〇〇六年に首都を空港と同じ島にあるマルキョクに移転したが、コロールとは橋でつながっている。ＡＤＢには二〇〇三年に加盟しており、これまで通信インフラや上下水道のプロジェクトで借入を受けている。

　この出張では、レメンゲサウ大統領とサダン財務大臣に面会し、夕食会にも招かれた。あまりにも急速に増えた中国などからの観光客が都市インフラ（特に下水道）の能力を超え、環境に悪影響をもたらしているので、低予算のツアー客の数を制限しているという話を聞いた、丘のうえにある見晴らしのよい国会議事堂に行って、上院九名、下院一三名の合同セッションでスピーチをした。アジア・太平洋地域での女性の社会進出は、それ自体が重要な価値であるとともに、持続的な成長につながるということを話したところでは、三人いる女性の上院議員から喝采《かっさい》を受けた。ＡＤＢも支援している下水道プロジェクト、光ファイバーの海底ケーブルの敷設、それに果樹園の現場を視察した。

　ＡＤＢのアドバイザーとして働いたことがあるシラス歳入関税税務局長は親切で、長く日本人が営んでいる寿司屋で夕食をご馳走してくれた。帰りには、マニラに直行の飛行便があり、夕食後に飛行機に乗ったら、二時間半で夜の一〇時半にはマニラに戻ることができた。

ソロモン諸島

ソロモン諸島のガダルカナル島にある首都ホニアラを訪ねたのは、二〇一七年八月だ。一九九六年にIMFに出向していたときに協定四条に基づく経済調査（サーベイランス）のミッションで訪問して以来だったが、ホニアラの素朴な雰囲気はあまり変わっていなかった。人口は六九万人と太平洋諸国のなかではフィジーに次ぐ規模だ。一人当たりGDPは一八〇〇ドルだが、辺境のジャングル地帯にはまだ自給自足的な生活が残っている。小学校への就学率が七〇％と低く、妊産婦死亡率がOECDの八倍に達する。マラリアのために観光には不向きで、外貨収入の獲得は主に中国向けの木材輸出が担っており、輸出の七五％を占める。ツナ、パーム・オイル、金も生産している。ほとんどの国民はキリスト教徒だ。

ADBには一九七三年に加盟し（英連邦の国としての独立は一九七八年）、二〇一九年末までにグラントと譲許的な借入をあわせ三億ドルの支援を受けている。道路やエネルギーが中心だが、財政改革を推進するための政策連動ローンも含まれている。

この出張では、ソガバレ首相、リニ財務大臣、パヴァワ中央銀行総裁に面会した。ソガバレ首相は一九五五年生まれ、元財務次官や中央銀行総裁を務めたのち、二〇〇〇年以来何度も首相の地位に就いている明朗で熟練の政治家だ。ただ、民主的な選挙のもと議会での与野党の逆転はしばしばで、下野することも多かった。これらの面会では、自然災害への対応や遠隔地の開発、木材開発の持続可能性などのさまざまな課題を議論した。首相からは、国の発展のためには、教会、伝統的社会、政府による公的サービスが協力して国造り（nation building）をしていく必要があるとの話があった。内閣のメンバーに対するスピーチに招かれ、私からは太平洋諸国の実情にあったプロジェクト実施の柔軟化（調達ルールなど）を行っていくことを話した。

ＡＤＢの支援する橋の完工式、金融サービスを遠い島まで提供するプロジェクト、計画中のティナ水力発電所予定地（ヘリコプターで行って狭い河原に着陸した）、南太平洋大学のホニアラ・キャンパスの竣工式、マレーシア資本で若いオーストラリア人が運営するパーム・オイルの工場などを視察した。太平洋の島国の道路や橋のプロジェクトでは、部族が入会地として持っている土地の取得がしばしば問題になるが、橋の完工式で挨拶をした少女が、新しい道路、新しい橋はコミュニティの発展にとってためになるものであり、コミュニティが協力しなければならないと毅然と言ったのには感心した。

第二次世界大戦前に英国領だったガダルカナル島では、戦争中にヘンダーソン飛行場を巡ってそれほど広くはない範囲のジャングルで壮絶な戦いが行われ、日本兵三万人のうち五〇〇〇人が戦死し、一万七〇〇〇人が飢えや病気で亡くなった。米国兵の戦死者も一六〇〇人に上る。このほか、ソロモン諸島周辺の海域では何度かにわたる激しい海戦が行われ、双方に多くの犠牲者が出た。一九九六年の訪問のときと同じように、ジャングルの丘の開けた場所に作られた、日本軍と米軍のそれぞれの慰霊碑にお参りをした。

一緒に出張したオーストラリアのマシュー・フォックス理事（ソロモン諸島も代表）は、オーストラリアの国防省で働いていたことがあり、沈没・損傷した米海軍の艦船は名前が碑に書いてあるのに、オーストラリア海軍と日本海軍の艦船は数しか書いていないことはおかしいと言っていた。

一九四二年八月の第一次ソロモン海戦でオーストラリアの重巡洋艦キャンベラも沈没し多くの死傷者を出したのだが、そのことをはじめて知った。

サモア

サモアは二〇一九年一月に訪問した。正月の休暇のあと東京からフィジー航空の直行便でフィジーのナンディ空港に行き、そこから乗り換えて訪れた。人口は二〇万人、一人当たりのGDPは四一〇〇ドルと高めで、教育や保健のレベルも高い。貿易赤字はGDPの三五％だが、海外に働きに行っているサモア人からの送金が二二％、観光収入が二三％でこれを埋めている。多くのラグビー選手が欧州やオーストラリアなどで活躍しており、その送金も多い。第一次世界大戦後にドイツの植民地からニュージーランドの委任統治領となり、第二次世界大戦後の国連の信託統治領を経て、一九六二年に独立した。

一九九七年までは西サモアという国名で、ADBには一九六六年に太平洋諸国で唯一、原加盟国として加わった。ちなみに、東サモアは今でも米領サモアだ。最初の貸付が首都アピアの空港整備に供与されて以来、グラントと譲許的借入をあわせて三億六〇〇〇万ドルの支援を受けている。エネルギーを中心にさまざまな分野に及ぶ。

この訪問では、マリエレガオイ首相、何度もADBの年次総会で会ったことのあるトゥイオティ財務大臣（元ADB理事室スタッフでもある）と面会した。どちらも温厚な紳士で、首相は大柄、大臣は引き締まった体格で、二人とも日本人と言われればそう見える。ADBが支援した太陽光発電所、首都の電気を供給する大規模ディーゼル発電所、小規模なコミュニティ向け水力発電所の開所式に参加した。最近はサイクロンの被害にたびたび見舞われており、二〇一七年には、トンガ、ツバルとともに、災害が起こったときに直ちに資金を引き出すことができる政策連動ローンを供与している。

首相主催のレセプションは、『宝島』を書いた英国の作家スティーブンソンが住み、今は博物館となっているところで催された。スティーブンソンは結核の転地療養にこの島を選び、一八九〇年から一八九四年に四十四歳で亡くなるまでの四年間、年上の妻とその連れ子とともに平穏に暮らした。私も子供のときに興奮して『宝島』を読んだ覚えがあるが、サモアで亡くなったとは知らなかった。立派な邸宅ではあったが、電気も水道もない時代に、この家で一体どのような暮らしをしていたのかと思った。

東ティモール

東ティモールは行く機会がなかった国だが、独自の歴史を持っているので、触れておきたい。元ポルトガルの植民地で、第二次世界大戦後もその状態が続いていたが、一九七〇年代ポルトガル本国で保守独裁体制が崩壊するとともに独立運動が起き、今度は西ティモール（元オランダ領）を領有するインドネシアが侵攻して、支配する形となった。アジア通貨危機後の一九九八年にインドネシアでスハルト政権が崩壊したあと、インドネシアとポルトガルとの間でインドネシアの特別自治区とする合意ができたが、住民投票でこれが拒否され、再び独立運動の紛争が起きた。結局、国連の介入もあり二〇〇二年に独立している。

近年は、ASEANへの加盟を希望しており、ADBのなかで担当局が太平洋局から東南アジア局に代わった。図表8で示されている一人当たりGDPの一三〇〇ドルは、海底油田の掘削権から得られるロイヤルティなどを除いたものであり、輸出の九九%をコーヒーが占める。油田からの収入は石油ファンドとして外貨資産で運用されている。石油ファンドは二〇一九年に一七〇億ドル、国民一人当たり一万三〇〇〇ドルの資産を持っているが、石油は二〇二一年にも枯渇すると予想されている。他の産業への多角化戦略が喫緊の課題であり、ADBも支援をしている。

第11章　先進加盟国への訪問、国際会議で感じたこと

域内先進加盟国への訪問

域内、域外の先進国メンバーへ訪問をしてＡＤＢの課題を協議することも、これらの国がＡＤＢへの加盟を通じてアジアの途上国を支援してきたサポーターであることから、極めて重要だ。これらの国の支援があってこそ、ＡＤＢが持続可能となり、役割を果たせる。

域内先進加盟国であるオーストラリアには、四回訪問し、財務大臣、外務大臣、開発援助庁の長官などに会ってきた。また、キャンベラにあるオーストラリア国立大学やシドニーにあるローウィー研究所で講演をした。石炭や鉄鉱石などの資源に加え、大学教育や観光などのサービス産業を基盤に安定した成長を続けてきた豊かな国だ。かつては日本が最大の輸出先であったが、現在は中国への資源の輸出、中国からの留学生や観光客への依存が高まっており、政治的にも影響を受けているのではないかという懸念も聞かれる。

一九七〇年代に白人優先の白豪主義を捨ててからは、むしろアジアからの移民を積極的に受け入

れ、文化の多様性を国是としてきた。地政学的な観点からも太平洋諸国の発展に非常に強い関心を持っている。ちなみに、パプアニューギニアは第一次世界大戦まではドイツの植民地であったが、その後一九七五年まではオーストラリアの委任統治領であった。ADBには創設時から加わっていて、第五位の出資シェアを持ち、現時点では六人いる副総裁の一人を出している。オーストラリアでの当局者との意見交換では、ADBの太平洋諸国への貢献、中国との関係、途上国のガバナンス強化などが議論になった。

ニュージーランドも、もともとの住民であるマオリ族と太平洋諸国の住民の間には、エスニックなつながりもあり、太平洋諸国の支援に熱心だ。二〇一五年八月の訪問では、イングリッシュ副首相・財務大臣とマッカリー外務大臣に会って、伝統あるヴィクトリア大学で講演をした。英領ニュージーランドの時代の一八九三年に世界に先駆けて女性の選挙権（被選挙権は一九一九年）を認めたことでも知られる進歩的な国だ。首都ウェリントンに着いた日曜日には、ニュージーランドから来ていたウォルトンフランス理事代理の案内で、一九〇二年開業のケーブルカーを使って古くからの住宅地がある丘の上に上り、さまざまな花が咲く植物園を抜けて降りてきた散歩は気持ちがよかった。

韓国は、かつてはADBから借入を行い、分類上は途上国メンバーとされているが、今や重要なADBのサポーターだ。韓国は四回訪問し、青瓦台でパク・クネ（朴槿恵）大統領、ムン・ジェイン（文在寅）大統領に表敬をしたほか、歴代の財務大臣とも意見交換をしてきた。韓国は、ADBが創設される前の一九六〇年ごろには朝鮮戦争の災禍からの影響も残り、天然資源のあったガーナや象牙海岸、あるいはアジアの途上国のなかで比較的高い水準にあったフィリピンよりも所得が低かった。その後の韓国は、一九六三年から七九年まで大統領を務めたパク・チョンヒ（朴正熙）大統領のリーダーシップのもとで輸出主導の政策をとり、軽工業から重化学工業への工業化に成功し、自動車やエレクトロニクス産業の興隆へとつなげていった。OECDにも一九九六年に加盟した。

ADBが創設メンバーだった韓国に最初の貸付を行ったのは、一九六八年のソウルとインチョンの間の高速道路だった。韓国はその後累積で一六億ドルの借入を行ったあと、一九八八年を最後にADBからの借入を行っていなかったが、アジア通貨危機の際にはIMFの国際収支支援に連携した四〇億ドルの金融セクター改革向けの政策連動ローンの供与を受けている。韓国は、短い期間に先進国の地位を築いた経験に基づいて、二国間のODAや国際機関を通じてアジアほかへの支援を強化しつつある。ADBでも、アジア通貨基金に累積で二％のシェアの拠出を行い、ハイテクや知識を支援するための独自の信託基金を設けている。東京にあるアジア開発銀行研究所にも、資金面、人的な面で貢献している。

アジア域内では、台湾と香港はかつて借入を行っていたことから、韓国と同様途上国メンバーに分類されているが、実際上は所得においても教育や保健などの社会指標においても純然たる先進国だ。台湾（Taipei,China）はADBの理事会では、韓国理事のグループに属しており、ローテーションで理事代理を出すこともある。香港も一九六九年に加盟しており、**Hong Kong, China** という呼び方でオーストラリア理事のグループに属している。

台湾は二〇一八年に人口が二四〇〇万人、一人当たりGDPは二万五〇〇〇ドルで、電気・電子製品などで非常に強い競争力を持っている。ADBの創設時のメンバーで、一九七一年まで合計一億ドルの借入を行った。総裁のときは行く機会がなかったが、毎年のADB年次総会には財務大臣が来てくれて、意見交換をすることができた。アジア開発基金の拠出国になるなど、他の途上国への支援にも熱心だ。

香港は人口が八〇〇万人、一人当たりGDPは四万九〇〇〇ドルに上る。ADBへの加盟は一九六九年で、一九七二年から八〇年までに合計でやはり一億ドルの借入を行った。総裁任期中、香港には金融関係のフォーラムなどで三回訪問した。二〇一八年一月は、香港政府が主催するアジア金融フォーラムでスピーチをするのが目的で出張した。財務官のときにもこのフォーラムには招かれたのだが、シンガポールと同様、行くたびに新たな投資で未来都市のようになっていく。一方、香港の人たちの間には、中国本土からの人口流入と観光客、投資によって不動産や一般の価格が高騰し、住みにくくなっているという不満がある。

財務省時代から何度か会っているノーマン・チャン香港金融管理局（HKMA）総裁と面談をし、夕食会は、ポール・チャン財務長官が何人かのゲストを伝統ある香港クラブに招いてくれた。香港クラブは一八四六年に創設された英国人のための紳士クラブで、中国系が入ったのは一九七〇年代、女性の入会が許されたのは一九九〇年代だ。洗練された食事とワインを楽しみながら、仮想通貨は通貨なのか投資商品なのか（投資商品ととらえるべきとの意見が大勢だった）、それに対する規制をどうするのかといった議論をした。

日本との関係

日本は、創設の準備期からADBの最大のサポーターだ。米国と並ぶ株主であると同時に、譲許的な資金であるアジア開発基金にも累積で一一二億ドル、シェアで三八％もの拠出を行ってきている。第12章でも触れるが、ＡＤＢの創設のアイデアに深く関わり、かなりの程度議論をリードしたが、結局本部がマニラに決まったように、圧倒的な影響力を持っていたわけではないし、むしろそれを避けた面もある。二国間のＯＤＡとＡＤＢを通じたアジア諸国への支援は、戦争の反省にも立って、あくまでも各国の開発を助けることでアジアの安定と繁栄を図りたいという気持ちから公平に行われてきたと言えよう。他の加盟国からもその点については揺るぎのない信頼があると思う。

ＡＤＢの年次総会には、ＡＤＢの総務である麻生財務大臣と総務代理である黒田日銀総裁が毎回参加し、さまざまなセミナーでパネリストなどを務めていただけたのは、ＡＤＢ、そして総裁としての私への応援のように感じられてありがたかった。

日本には、米国や欧州に出張する途中を含めて立ち寄る機会が多かった。安倍総理のところも年に一、二回は訪ね、アジアの一般的な情勢について話をした。二〇一七年にはＡＤＢの五〇周年年次総会が横浜で開催された。会場のパシフィコ横浜（横浜国際平和会議場）は、海に面したすばらしい国際会議場だった。横浜市や地元関係者の大きなサポートに支えられ、また、天候にも恵まれ、いつもの年より多い六千人もの内外の参加者にも大変好評だった。さわやかな海からの風に吹かれたテラスでのレセプションは最高の雰囲気であった。総会の準備や運営に当たったＡＤＢのスタッフたちも、総会後は山下公園や中華街の散策を楽しんでいた。

日本では、日本記者クラブ、日本外国特派員協会、国際金融情報センター、国際通貨研究所、日本国際問題研究所、経済産業研究所などで何度も講演をしたのに加え、各地の多くの大学を訪れて学生相手に話をし、学長との意見交換の機会をいただくことができた。ながめのよい丘のうえにある大分の立命館アジア太平洋大学、素晴らしい木造りの図書館を持つ秋田の国際教養大学、美しい田園のなかにあるが冬は雪に閉ざされ留学生たちは勉強をするほかはないという新潟の国際大学、魯迅《ろじん》が授業を受けた階段教室も残されている東北大学に行ったときのことは特によく覚えている。関西学院大学の三田《さんだ》キャンパスには、財務省の先輩でＡＤＢでも総裁補佐官、予算人事局長、理事を務めた坂口勝一教授に招かれて行ったのだが、七〇〇人は入る教室が通路までいっぱいで、学生から中身の濃い質問が活発になされたことに感激した。

米国、欧州への訪問

米国は、毎年春と秋に開催されるＩＭＦ世銀関係の会議の機会に訪問し、オバマ政権下で財務省で国際関係を担当していたラエル・ブレイナード次官、そして彼女が二〇一四年にＦＲＢの理事に転じてからはマリサ・ラゴ次官補と何度も会って意見交換をしてきた。ラゴ次官補は所掌が金融規制なども入っていて非常に多忙であるのに、年次総会への参加、マニラへの訪問を通じてＡＤＢに積極的に関与し続けてくれた。第12章に述べる資本の統合による貸付能力の拡大案を高く評価し、ＡＤＢは効率的な経営をしていると好意的であった。ＡＤＢの総務代理に当たる国務省の高官とも定期的に会ってきた。米国の当局との話題は、ＡＤＢの運営一般、ＡＤＢの対中融資やＡＩＩＢとの関係、民間セクターの資金の動員などが中心だった。

二〇一七年一月にはトランプ政権に代わったが、マルチのシステムをあまり重視していないと言われるなかで、ＡＤＢに対しては、アジアへの関与の手がかりとしてむしろ関係を強化しようとしているように感じた。世界銀行総裁に転じたマルパス次官とも長い議論をしたことがある。

ワシントンに行くたびに、旧知のＣＳＩＳのマシュー・グッドマン・アジア部長、ブルッキングス研究所のホミ・カラス副所長、国際経済研究所（ＩＩＥ）のアダム・ポーゼン所長、ジョンズ・ホプキンス大学高等国際関係大学院（ＳＡＩＳ）のケント・カルダー教授、グローバル開発センター（ＣＧＯ）のマズード・アーメド所長らに招かれて、講演をしたり、パネリストを務めたりした。米国の研究者たちの関心がどこにあるかを知るうえで大いに役に立った。「Ｇゼロ」を提唱したことで有名なユーラシアグループのイアン・ブレマー社長とは、財務省のときからの知り合いだが、ワシントンでも意見交換をする機会があった。

カナダと欧州諸国にも、少なくとも一回、主要な加盟国には何度か訪れて当局者と会い、講演をし、また、民間セクターの人たちとの意見交換などに臨んだ。残念ながら在任中にトルコとルクセンブルクだけは行く機会がなかった。ただ、ルクセンブルクは、在ワシントン大使が毎年春にマサチューセッツ通り沿いにある、二十世紀初頭にワシントンの富豪によって作られたシャトーのような公邸で着席のディナーを催してくれた。その場で同国のグラメーニャ財務大臣や、元首相で欧州委員会委員長のジャンクロード・ユンケル氏、それに国際開発金融機関の同僚たちとおいしいワインとフランス料理をいただきながら世界情勢について自由に意見交換するのだが、あたかも第二次世界大戦前の欧州の社交の席に紛れ込んだようで、よい経験であった。

ドイツは、二〇一六年五月にフランクフルトでＡＤＢの年次総会をホストしてくれたので、その準備もあって六回訪れた。二〇一五年十一月の訪問では、メルケル首相の年次総会での挨拶をお願いするためにベルリンで首相府の首席補佐官に面会し、フランクフルト大学で講演をした。ＡＤＢ

を所管する経済開発協力省（BMZ）のハンス・ヨアヒム・フックテル副大臣がシュトゥットガルト近郊の自身の選挙区に招いてくれた。フックテル氏は英語はそれほど得意ではなく、会議では通訳を介していたが、選挙区からフランクフルトに戻る長い道のりでは車の後部座席で二人で長い間話をした。ヘルマン・ヘッセの生家や地元のシュワップス酒の醸造所を案内してくれたのもうれしかった。ドイツの地方には、日本の地方にも似た純朴さがあるように感じた。

欧州は、最近はユーロの債務問題や移民問題などに政治的・経済的な資源を優先せざるをえない状況だが、植民地経営の歴史とのつながりもあって、伝統的にアフリカやアジアへの援助の重要なドナーだ。欧州のADB加盟国には、北欧諸国やアイルランド、スイス、オーストリアなど比較的小さな国も含まれているが、いずれも独自の強みを生かしてアジアに関与し、自らの成長につなげていこうとしている。

二〇一五年七月にポルトガルとスペインを訪ねたときは、それぞれ財務大臣との面会のほかに、アジアでビジネスをしている会社の幹部たちと意見交換をした。上下水道やITなどの分野でアジアと長く、深く関わっている企業がたくさんある。スペインでは、マドリード郊外の離宮で、国王フェリペ六世にお目にかかった。国王からアジアの抱えている問題について質問があった。同席したスペイン出身のファン・ミランダ事務総局長（スタッフのトップのポストだが二〇一六年にミランダ氏が定年退職したあとは空席）にとっても、国王との謁見は大きな名誉だったに違いない。

北欧諸国は財務省にいたときには行く機会がなかったので、何度かに分けて訪問し、それぞれ重なりつつも異なるところも多い各国の歴史や文化を知ることができたのは幸運であった。どの国も英語教育の促進と高度技術を取り入れた産業の育成に力を入れている。二〇一六年六月にヘルシンキを訪ねたときは、フィンランド、デンマーク、ノルウェー、スウェーデンでＡＤＢを担当する政府の幹部たち（ほとんどが女性）がわざわざ集まってくれて、港の見える部屋でランチを一緒にしながら意見交換をした。ＡＤＢの戦略、なかでも気候変動、ジェンダー、民間資金の動員などが話題になった。

アイルランドには、二〇一七年六月にはじめて訪れた。英国と同じ英語国であるが、カトリック教徒が大半で、第一次世界大戦後に英国からの独立戦争を経て自治領となり、対日戦争にも加わらなかった独自の歴史を持つ。十九世紀半ばのジャガイモ飢饉の際には多くのアイルランド人が米国に移民し、今は米国人の三〇〇〇万人以上がアイルランド系移民だと考えられている。ジョン・Ｆ・ケネディ大統領がアイルランド系でカトリックということはよく知られている。ノーベル文学賞を受賞した詩人イェイツ、『ガリバー旅行記』のスウィフト、『ユリシーズ』のジェイムズ・ジョイスなどの文豪も輩出している。名門のトリニティ・カレッジはエリザベス一世によって十六世紀に創設されたのだが、カトリック教徒が入学を認められたのは十八世紀末になってからだそうだ。夏休みの時期だったので、多くの中国人の家族がキャンパス内のカレッジ・ツアーに参加していた。世界中の大学がいわばビジネスとして学生を取り合う競争になっている。

アイルランドは人口は五〇〇万人であるが、ユーロ圏の一部としてＩＴや金融、教育セクターの競争力を高め、一人当たりＧＤＰは今や英国の二倍の八万ドルだ。二〇一〇年には不動産バブルがはじけてＩＭＦに国際収支支援を求めたが、その後は海外からの直接投資が多く入って急回復し、高い成長を続けてきた。フィリップ・レーン中央銀行総裁に面会した際、先方は、アイルランドは租税回避地と見られがちだが実体的な活動があることを強調する一方、ＧＤＰの数字はアイルランドに拠点を移すプラットフォーム企業や製薬会社の知的所有権からの所得（現地の法人に留保される所得）によって膨らんで見えるということを言っていた。レーン総裁は二〇一九年にＥＣＢのチーフエコノミストに転じた。少ない人口、教育の重視、対内直接投資の誘致など、欧州におけるシンガポールのような存在だ。各国の実情は、行ってみないと本当にはわからない。

ＡＤＢ年次総会、Ｇ20、ダボス会議など

毎年五月、日本の連休の時期に開かれるＡＤＢの年次総会は、ＡＤＢにとって非常に大事な行事だ。私は結局、七回の総会に出席した。二〇一三年のデリーに始まり、カザフスタンのアスタナ、アゼルバイジャンのバクー、ドイツのフランクフルト、横浜、マニラのＡＤＢ本部、そして二〇一九年のフィジーだ。バクーまでは黒田前総裁の時代に決まっていたが、そのあとは私が着任してから、総会のホストに興味があるという各国の希望を踏まえて場所を決めた。

ロジを担当するスタッフは、会場、宿泊、移動、警備、広報、ＩＴ環境などを先方政府のスタッフとともに一年がかりで準備する。それを総括するのは官房長で、関係のスタッフとともに私のところにもときどき報告と相談に来る。私からは、その国らしさを出す、しかし、お祭りのようにしない、華美にせずに経費のことも考える、というようなコメントが多かったと思う。一方、サブ（議論の中身）については、総会のメインイベントである開会式の総裁の演説、それに数々の会議、シンポジウムなどのテーマや参加者を戦略局、調査局、広報局が中心になって検討する。各国からのメディア関係者やＮＧＯとの対話も大事なイベントだ。

総裁の演説は私がアイデアを出して、最後の文言の詰めも私のオフィスでやることが多かった。二〇分程度の演説だが、本部の視聴覚ルームで五回程度、現地に入ってからも二回程度会場でリハーサルをした。演説には最初の年からプロンプターという装置を使った。左右に分かれた目の前の二枚の透明の板に読むスピードにあわせて文字が映しだされ、聴衆からはあたかも何も見ないで話しているように見える。日本の知り合いからあとで、あんなに長いスピーチをよく一語一句まで覚えられますねと言われたこともある。よどみなく、発音も明瞭に原稿を読むのは、原稿なしに話をするよりある意味では大変だ。

結論から言えば、七回の総会はいずれもホスト国政府が入念に準備をしてくれて、それぞれのよさがあり、成功だったと思う。先進国での開催では、横浜で皇太子殿下（今上天皇陛下）、フランクフルトでメルケル首相からご挨拶をいただけたのは光栄であった。ＩＭＦ世銀の年次総会のように、三回に二回はマニラの本部で開催したほうが節約になるという意見もあるが、ホストをしたいという加盟国が多く、アジアの途上国で開く総会はその国を世界中から数千人集まる当局者、民間セクターの人々、メディアに知ってもらうよい機会でもある。

総会中の総裁の日程は苛酷だ。五日間にわたり毎朝八時から毎日のように入るレセプションが終わる夜九時ごろまで、ほぼ隙間なく予定が入っていて、ランチは一五分ぐらいで詰め込むだけだ。朝七時ごろからスピーチの練習をすることもある。たとえば、二〇一九年のフィジー総会では、開会式、私が議長を務めるものもある各種の会議、パネリストを務めるセミナー、記者会見などへの出席が一五回、ほぼ一五分刻みの各国代表との面会が五〇回、民間金融機関等との面会が七回、それにＣＮＢＣ、ブルームバーグ、日本や中国のメディアのインタビューが入っていた。

これでも、その二年前に、総裁にとってあまりにも非人間的な日程だというスティーブンソン法務局長の進言に基づき、出資比率の少ない加盟国（主に欧州）の局長クラスの代表は副総裁に任せた結果であり、それまではさらに二〇回ぐらい面会が多かった。二〇一四年のアスタナ総会のあとマニラに戻って二日後に盲腸炎になって緊急の手術をしたが、この年齢で盲腸炎になるとは思わなかったので最初は食中毒かと思った。やはり苛酷すぎる総会日程のせいだったのだろうか。

開会式は、実は三日目の午前中に行われる。それまでにたくさんの面会やセミナーが入っていて、開会後よりむしろ多いくらいだ。四日目の午後には、ビジネス・セッションと呼ばれる各国総務（大臣たち）が三分ぐらいずつ自国の優先事項を話し、総務会として年次報告などをてきぱきと何件か形式的に承認するセッションがある（反対や棄権が出ることはない）。これが実は総会の本来の意味だ。いくつかの国がまとまって代表が話すこともあるが、加盟国が六八と多いので、三時間半ほどの長丁場になる。議長はホスト国の大臣、副議長も二ヵ国から選ばれてときどき交代するが、私が席を離れると話している国に失礼なので、トイレに行くことも憚《はばか》られる。若いときにこのような会議に出て後ろの席に座っていると必ず抵抗できない睡魔に襲われたものだが、みんながいわば私に向かってＡＤＢの運営についての意見を述べているわけであり、よく聞いていると各国ともきちんと自分の言いたいことを強調している。各国の発言を踏まえて、あとで議長サマリーも作る。四日目にもなると相当疲れているが、コーヒーの力も借りてメモをとりながら真剣に聞いた。

Ｇ20財務大臣・中央銀行総裁会議には、中国が議長の成都での会議や、日本が議長の二〇一九年の福岡での会議など多くに参加し、アジアの視点から発言をした。二〇一九年六月のＧ20大阪首脳会議にも、地域ごとにある国際開発金融機関の代表として特別に招待され、アジアの成長は適切な政策にも支えられ堅調であること、所得格差拡大、気候変動、ジェンダーなどの課題が残っていること、医療制度を国民に行きわたらせることが喫緊の課題であるということを一回だけ発言した。制限時間三分のところを三分二〇秒ぐらい話したが、これまで多くの国際会議に出た経験から言えば、許される範囲だろうと思う。

Ｇ20サミットのときに大阪城近くの迎賓館で催されたディナーにはトランプ大統領が一時間ぐらい遅れたので、芝生の庭からライトアップされた大阪城を臨みながら、ベトナムのフック首相夫妻や韓国の文大統領夫妻、ラガルドＩＭＦ専務理事、ガイ・ライダーＩＬＯ事務局長、ロベルト・アゼベドＷＴＯ事務局長などとワイングラスを片手に雑談をしたのもよい思い出だ。

二〇一六年五月のＧ７伊勢志摩サミットの際は、拡大ランチ会合に参加し、オバマ大統領と握手した写真が残っている。このときも、せっかく呼ばれているのだからアジア、ＡＤＢの存在感を示すためにも簡潔に一回だけ発言した。ランチの料理はおいしかったし、空いた時間に小学校の修学旅行以来となる伊勢神宮にお参りができたのもよかった。世界中のいろいろな場所に行って、豪華な宮殿で首脳に会ったり、古いシャトーで会議に参加したりしたが、日本の神社の簡素で清涼な趣は特別なもので、日本の文化のすばらしさを思う。

毎年一月のダボス会議にも出席した。会議場はチューリッヒ空港から車で二時間はかかる雪深いところにあって、宿泊施設はスキーロッジのようなところで寒く、ＡＤＢは運営主体のワールド・エコノミック・フォーラムに高額の寄付をあえてしなかったので補佐官は一日しか会場に入ることができなかった。一人で広く複雑な構造の会場内を移動し、登録してあったさまざまなセミナーに出る。しかし、不便なだけにほかのことができないから会議に集中ができるし、お付きの人があまり入れないために世界中から集まった参加者どうしが廊下や休憩スペースのようなところですれ違っては思わぬ意見交換となる。たくさんのセミナーに出ているうちに、世界の議論の流れが感じられるという利点がある。

　ダボスでは、私自身、毎年インフラ投資への民間資金の動員、気候変動対策における国際金融機関の役割など、一つか二つのセミナーのパネリストを務めた。安倍総理、習近平国家主席、トランプ大統領の演説も身近で聞くことができた。また、凍えるような建物の屋上で雪山を背景に毎年CNBCテレビの五分程度のインタビューを受けた。厚いコートを着ての収録となるので、そのためだけではないが、東京に帰ったときに張り込んでカシミヤのコートを新調した。日本の代表的な企業が共同でジャパン・ナイトというレセプションを催し、寿司ほかの日本食が大人気で、毎回会場が満員になる。鏡割りをする一〇人ぐらいがすべて男性だったので、二十代のときからの勉強会仲間である新浪剛史サントリーホールディングス社長に女性の企業幹部も入っていたほうがよいのでは、とアドバイスをしたことがある。

　また、ダボス会議出席の前にチューリッヒ空港近くのホテルで、そしてIMFと世界銀行の会議がある春と秋にワシントンで、国際開発金融機関（MDBs）のトップが集まる。年に三回集まっているわけだが、各機関の課題をほとんどトップだけで率直に話し合うにはよい機会であった。増資、民間資金の動員、各国政府との関係、各地域の経済情勢などをメモなしに議論する。第12章で説明するADBの資本統合による貸付能力の拡大は、ほかの機関の総裁たちも大きな関心を示し、各機関が形は違うが既存の資本の有効活用という方策を取るきっかけになった。MDBsは副総裁や各局、現地事務所でも交流は盛んだったので、MDBsの間の協調が足りないというシンクタンクなどの批判には違和感があった。

ＭＤＢsのトップの会合には、私が総裁任期中は、世界銀行からはジム・キム総裁、その辞任後にクリスタリナ・ゲオルギエヴァＣＥＯ（現在はＩＭＦ専務理事）、そしてトランプ政権の財務次官から転じたディビッド・マルパス総裁、米州開発銀行がコロンビアの元駐米大使のルイス・アルベルト・モレノ総裁、欧州復興開発銀行がインド出身で英国の法務次官や開発省の高官を務めたスマ・チャクラバルティ総裁、アフリカ開発銀行からは最初のうちはルワンダの財務大臣だったドナルド・カベルカ総裁、二〇一五年九月からは元ナイジェリアの農務大臣であったアキン・アデシナ総裁が出席していた。特に、四つの地域開発金融機関の総裁は皆ほぼ同年輩であり、世界銀行と協調はするが自分たちは地域を代表する独立の機関だという気持ちも共通しているので、仲がよかった。

二〇一六年秋からは、新たな機関も加えることになり、ＡＩＩＢの金立群総裁、ＢＲＩＣＳ（ブラジル、ロシア、インド、中国、南アフリカ）によって設立された新開発銀行（New Development Bank）のカマート総裁ほかが来ていた。カマート総裁はインドの民間出身で、落ち着いた感じの恰《かっ》幅《ぷく》のよい紳士だ。若いころＡＤＢで働いていたこともある。お互いの業務の要点を意見交換するのは有益で、マニラのＡＤＢ本部に来てくれたこともあったし、私が先方の上海の本部を訪れたこともあった。

ワシントンでは、地球環境ファシリティ（Global Environment Facility）の石井菜穂子ＣＥＯにもときどき会って、アジアにおける生物多様性や環境の対策についての協力や、国際機関経営のポイントなどを話し合った。彼女は私の財務省での三年後輩で、世界銀行やＩＭＦなどに長く勤務し、自分をしっかり持っている人だ。どの組織もそうだろうが、トップには権限が集中しているが、それだけ責任が大きく、ある意味で孤独であり、タフでなければ務まらないという気持ちを共有していた。

ＭＤＢｓ総裁会合にて　１列目左よりディビッド・マルパス世界銀行総裁、アキン・アデシナアフリカ開発銀行総裁、著者。２列目左よりルイス・アルベルト・モレノ米州開発銀行総裁、クリスタリナ・ゲオルギエヴァ世界銀行ＣＥＯ（当時）、その後ろに金立群ＡＩＩＢ総裁。最後列左端はスマ・チャクラバルティ欧州復興開発銀行総裁（2019年４月、ワシントン世界銀行本部にて）

第12章　ＡＤＢの業務を改革し、新戦略を練る

ＡＤＢはアジアの人々の願いと努力でできた

ＡＤＢという機関の性格を理解するためには、その歴史を知ることも役に立つ。二〇一七年のＡＤＢ創設五〇年を祝う横浜での年次総会の前に、ＡＤＢの五〇年史（*Banking on the Future of Asia and the Pacific:50 Years of the Asian Development Bank*）を出版した。二年がかりのプロジェクトで、オーストラリア出身の元ＡＤＢ理事でオーストラリア国立大学のピーター・マッコーリー氏が著者となり、ＡＤＢで三〇年近いキャリアを持つシャンビン・ヤオ（姚先斌）太平洋局長ほかのＡＤＢのスタッフがサポートをした。私自身も、アイデア段階から深く関与した。日本語版は、勁草書房から二〇一八年に『アジアはいかに発展したか――アジア開発銀行がともに歩んだ50年』として出版されている。旧知の浅沼信爾一橋大学客員教授（元世界銀行アジア第一局長）、小浜裕久静岡県立大学名誉教授に監訳をお願いした。以下では、この本も参考にしながら、ＡＤＢの創設のころの歴史を振り返ってみたい。

ＡＤＢ創設というイニシアティブに対する日本の貢献は大きかった。日本は、戦争の反省にも立って、アジアの平和と開発を支援し、自国の発展にもつなげていきたいという考え方を早くから持っていた。一九五六年には一万田《いちまだ》尚登《ひさと》大蔵大臣が米国のジョン・フォスター・ダレス国務長官に対して、東南アジアのための新たな金融機関を提案したし、一九五七年には岸信介首相がアジア外遊の際に、日本、オーストラリア、米国、カナダなどの拠出によりアジアの途上国に長期の融資を行う地域開発基金の創設を主導していく意向を示した。ただ、そのときにはそれ以上の盛り上がりを見せることはなかった。

しかし、スリランカ（当時はセイロン）の首相や銀行家をはじめ、アジアの多くの人々の間でも、アジアの開発を助ける国際機関を作りたいという声が出始めた。多くの国が独立を果たし、発展を模索していたころだ。当初は、ＯＥＣＤをモデルとして開発の知識を共有する機構や、香港に本拠を置く貿易金融等のための民間金融機関というアイデアもあったが、次第に米州開発銀行（一九六〇年設立）のような国際開発金融機関を創設するアイデアに収斂していった。

日本でＡＤＢの設立に中心的な役割を果たしたのは、のちに初代総裁にもなった渡辺武氏だ。華族の出身で、一九三〇年に大蔵省に入り、英国にも留学、戦後は官房長、米国占領軍との渉外部長、ＩＭＦ・世界銀行理事、財務官を務め、退官後はいったん民間で在外勤務者の子女教育を助ける仕事に尽力していた。国際的な経験と知恵が豊富な、公平な人だったようだ。ＡＤＢの設立に関して、渡辺氏も含む研究会が一九六三年に東京で立ち上がり、池田勇人首相、のちの首相佐藤栄作氏ほか日本政府の中枢とも緊密に相談がなされている。この研究会は一九六三年八月までに「アジア開発銀行設立に関する私案」を取りまとめており、のちのＡＤＢの要素がおおむね入っていた。

これとは別に、一九六一年にはバンコクに本部のあるＥＣＡＦＥ（国連アジア極東経済委員会、国連アジア太平洋経済社会委員会〔ＥＳＣＡＰ〕の前身）で、インド、タイ、日本からの三人のアジア専門家を招いて、アジアの地域銀行に関するアイデアが議論されていた。日本から招かれたのは、著名なエコノミストで当時経済企画庁にいた大来《おおきた》佐武郎《さぶろう》（のちに大平正芳内閣の外務大臣）であった。一九六三年一月にはＥＣＡＦＥの会合で、二十八歳のタイの経済学者ポール・シティ・アムニュアイが具体的なアジア域内の銀行の提案をした。

一九六三年三月からはＥＣＡＦＥがホストする形で、マニラ、バンコク、テヘラン、ウェリントンなど域内の各都市で、アジアの途上国の開発を助けるための機関創設に向けた準備会合が数多く開かれた。初期の協議を主導したのは、ミャンマー（当時はビルマ）出身でＥＣＡＦＥ事務局長のウ・ニュン氏だった。一九六四年十月に始まった専門家会合には渡辺武氏が招かれ、東京の研究会での検討とＥＣＡＦＥでの検討の両方の流れが合流することになった。

一九六五年六月にはＡＤＢの設立を具体的に準備するための諮問委員会がはじめての会合を持ち、渡辺氏も参加した。ＡＤＢの設立協定の起草には、フィリピン出身の弁護士フロレンティーノ・Ｐ・フェリシアーノ氏が貢献した。同氏は各国の多様な意見を取り入れるとともに、他の国際開発金融機関の事例を参考にして、設立協定の条文案の推敲を重ねた。元世界銀行総裁で投資銀行家であった米国のユージン・ブラック氏は、資本市場からの資金調達をＡＤＢに勧めた。のちにそれぞれＡＤＢの第四代と第七代総裁を務めることになる藤岡眞佐夫、千野忠男両氏も日本の大蔵省から設立準備に参加していた。藤岡氏は、ＡＤＢ発足後、最初の総務局長も務めている。

日本もイニシアティブをとったが、多くの国の人たちの盛り上がり、協力のもとでＡＤＢは設立

ＥＣＡＦＥでのＡＤＢ設立準備会合　立っているのがウ・ニュンＥＣＡＦＥ事務局長、左端はのちの第７代総裁となる千野忠男氏（1964年10月）

された。むしろ、日本は構想段階ではあまり突出しないように努力していた。戦争が終わってから二〇年しか経っていないころであり、日本はまだアジアにおいて信用を確立しているとは言えなかった。ＡＤＢの創設には、アジア・太平洋地域の安定に大きな役割を果たす米国の支持は不可欠だった。米国には、世界銀行があるのだからアジアの開発銀行は必要ないという考え方もあった。しかし、当時の米国はベトナム戦争への介入を強めており、経済的な面でもＡＳＥＡＮを中心とするアジアを助けることへの戦略的な意義を感じていた。リンドン・ジョンソン大統領は、ブラック氏からの説明を受けたあと、一九六五年四月二十日にＡＤＢの創設を支持するステートメントを発表した。

結果的に、米国は日本と同じ出資比率、そして投票比率でＡＤＢの原加盟国となった。現在の両国のシェアは、出資が一五・六％、投票権が一二・八％となっている。第4章でも書いたように、投票権の比率のほうが低いのは、出資比率が低い国への配慮をするために、各国に同数の基礎票が割り当てられているからだ。両国をあわせると新規加盟国の承認、増資などのように加盟国数の三分の二以上と投票権の七五％以上の賛成を要する重要事項の拒否権を持つことができる。もっとも、そのような拒否権が必要な場面は考えにくい。

現在、アジアの膨大なインフラのニーズに資金を動員するため、民間セクターの資金の活用が広く議論されている。ＡＤＢのような機関は、公的セクターに属すると言ってよいが、開発機関であると同時に銀行であり、加盟国政府から出資された資本をもとに債券を発行して「レバレッジ」をかけて貸付資金を調達している。その意味では、民間資金を金融仲介して活用しているということになる。米国、カナダ、欧州などの域外加盟国は、ＡＤＢの信用を高め、より有利な条件で世界の資本市場で資金を調達するためには必須であった。

これに対し、一九六〇年創設の米州開発銀行には、米国は当初から入っていたが、日本や欧州各国が入ったのはあとになってからだ。一九六四年にはアフリカ開発銀行も創設されたが、当初はアフリカの国だけで構成されていた。ＡＤＢの創設に当たっても、長い間欧州の植民地だった国々のなかには、アジアの国だけで作りたいという意見もあった。しかし、日本は、資本市場での円滑な資金調達に加え、アジア・太平洋の安定に貢献し、また、ＡＤＢを真の国際機関にするためには、米国、カナダ、欧州各国の参加は不可欠と考えていた。

ＡＤＢ本部の誘致にあたっては、マニラ、テヘラン、東京をはじめとするいくつかの都市が競争を繰り広げた。結局、一九六五年十一月三十日にマニラで開かれた会合で、アジアの加盟予定国一八ヵ国（インドネシアは原加盟国だがこの時点では参加表明をしていなかった）による一国一票の投票で本部を置く都市の決定が行われることになった。投票は二日がかりとなった。議長はＥＣＡＦＥのウ・ニュン氏が務めて、自分の帽子を持って回り、各国代表が投票用紙をそこに入れた。第一回の投票では、東京が八票、テヘランが四票、マニラが三票、バンコク、シンガポール、クアラルンプールがそれぞれ一票を獲得し、東京は半数にわずかに届かなかった。一票だけだった国は候補から降りて、次回の投票は翌日とされた。その夜、各国代表はマニラ湾に浮かぶ大統領のヨットであるロハス号でのレセプションに招かれた。次期大統領に決まっていたフェルディナンド・マルコスは午前四時まで運動を続けた。

翌日正午の第二回の投票では東京が八票、マニラが六票、テヘランは四票となった。続いて行われた第三回の決戦では、マニラが九票を獲得し、八票にとどまった東京を上回った（一票は棄権）。マニラに本部が決まった瞬間だ。ちなみに、パーレビ国王時代のイランは、結局ＡＤＢに加盟申請をしなかった。

東京プリンスホテルで開かれたＡＤＢ設立総会（1966年11月24日）

東京に本部を持ってくることができなかったことは、日本にとっては大変なショックだったようだが、ＡＤＢが日本の差配する機関ではないことを象徴する出来事でもあった。マニラに本部を置いたことにより、ＡＤＢはアジアの真ん中により近くになり、また、開発途上加盟国にとってより身近な存在となっただけでなく、英語に堪能なフィリピンの人材にも恵まれた。

渡辺武氏は、東京への本部誘致は強く望んでいたが、初代総裁への就任にはアジア各国で期待が高まっていたにもかかわらず、消極的であり、日本政府から推薦されることを辞退し続けていた。しかし、最後はそれを受け入れ、佐藤首相に就任の用意があることを伝えた。一九六六年十一月二十四日に東京・芝の東京プリンスホテルで設立総会が開かれた。総裁を決める議題に入ったときに、議長の福田赳夫大蔵大臣が各国代表に推薦を募った。タイの財務大臣が渡辺氏を推薦し、一瞬の間を置いてほかの推薦はないことが明らかになった。福田大臣が「他の推薦がないので、渡辺氏が正式にＡＤＢの総裁に選出されたことを宣言します」と述べたときに、満場の拍手が起こった。

一九六六年十二月十九日に、マニラで開業式が行われ、ＡＤＢは小さな規模でスタートした。創設当初の加盟国は三一ヵ国（域内一九、域外一二）であったが、現在は六八の国・地域（域内四九、域外一九）に増えている。また、当時の理事会のメンバーは二〇名（理事一〇名、理事代理一〇名）だったのに対し、職員はわずか四〇名だった。現在は、理事会メンバーが二四人に対し、スタッフの数は三五〇〇人を超える。

当初のスタッフのなかには、日本からは上述の藤岡氏のほか、東京銀行から出向していた高垣佑氏、財務省からの出向で渡辺総裁の補佐官となった行天豊雄氏も含まれていた。高垣氏は一九九〇年代に、東京銀行の頭取を経て、初代の東京三菱銀行の頭取にも就いた。行天氏は、一九八〇年代に財務官を務めたのち東京銀行会長となり、現在は国際通貨研究所の理事長を退任して名誉顧問を務めている。私が一九七八年に大蔵省の国際金融局調査課に入ったときの課長が行天氏だった。その後も折に触れて指導をいただいてきたが、特に私の赴任前に伺ったＡＤＢ創設時の話は参考になった。

最初の貸付は、一九六八年一月に理事会で承認されたタイの産業金融公社向けまで待たなければならなかった。渡辺総裁がよい案件を最初に取り上げることにこだわったからだ。そのことは、資本市場で投資家から信用を得るためにも必要だった。最初の債券の発行は設立から三年後の一九六九年だ。同年にドイツ（マルク建て）、一九七〇年にオーストリア（シリング建て）と日本で債券（円建て）を発行した。

　それまで国際機関や外国企業が東京市場で債券を発行して円を調達することがなかったので、これがいわゆるサムライ債（円建て外債）のはじめての例となった。渡辺総裁も、大蔵省、日本銀行などを回ってさまざまな承認の手続きを助けた。一九七〇年十一月に発行された六〇億円、金利六・四％のＡＤＢ債は、野村證券が六社の引受シンジケート団の主幹事となり、受託銀行は日本興業銀行、東京銀行、富士銀行が務めた。サムライ債は、その後もＡＤＢの資本市場における資金調達の手段となったが、ドル建ての借入を選ぶ途上国がほとんどのなか（一部ユーロ建てもある）、最近はサムライ債で円を調達してドルにスワップするのはコストが高く、残念ながらあまり利用されていない。

　一九七一年には米国でトリプルＡの格付けを得て、ニューヨーク証券取引所でドル債を出している。米国で債券を発行する際には、投資家保護の観点からの規制は州が見ているので、主な州の当局の承認も必要だった。

ＡＤＢ最初の貸付（タイ産業金融公社向け） 中央で署名するのが初代総裁の渡辺武氏（1968年1月）

創設五〇年にあたって、私は英国の「エコノミスト」誌の取材で、ＡＤＢがこの五〇年間で成し遂げた功績は何かと聞かれた。ＡＤＢの功績は三つの機能に集約されると答えた。第一に、ＡＤＢの有する資金と専門的知識を組み合わせて、開発途上国のインフラおよび社会セクターのプロジェクトを支援することだ。第二に、ハイレベルでの対話、技術協力、能力構築、そして「政策連動ローン」を通じて、各国の良い政策を促進してきている。加盟国が危機に見舞われた際には、一定の政策を条件にして緊急の財政支援も提供してきた。第三に、地域レベルでの協力と友好関係を築く触媒の役割を果たしてきた。ＡＤＢは、中央アジア、南アジア、東南アジア、太平洋、メコン河流域圏におけるサブリージョンの地域協力の取り組みも支援している。

ＡＤＢの国別・分野別業務

ＡＤＢの業務の出発点は、政府向けの外貨建て（主にドル建て）の貸付だ。そのプロセスを簡単に説明すると、国ごとに五年に一回程度策定する「国別支援戦略」とＡＤＢの財政状況を踏まえ、毎年最初に各国向けの貸付の金額について大まかな目標を立てる。それをもとに各国にプログラミング・ミッションを送って、政府（通常は財務省）とその年（およびその後の二年間）の新しい貸付についての議論を行う。もちろん、議論の対象には、それ以前の年からの積み残しも含まれる。インフラ関係、教育、医療などの担当省庁とは現地事務所も通じて日ごろから新しいプロジェクトについての意見交換を行っている。プロジェクトの技術・経済・財務面だけではなく、貧困削減、格差の縮小やジェンダーの平等促進への貢献度なども検討され、環境・社会へのインパクト評価も行うので、案件の組成には結構時間がかかる。相手国政府からの借入の要請を受け、ＡＤＢ内の関係部局によるチェックや調整、副総裁レベルでの議論など、さまざまな手続きを経て理事会用のペーパーを作る。

総裁の了承を得たら、基本は三週間前までに理事会メンバーに配布し、検討を求める。理事たちは自分が代表する各国の当局とも協議する。求められれば、各理事室にスタッフが説明に行く。理事会では、私が議長をして、担当副総裁がまず案件の説明をする。続いて、理事たちが意見や質問、それに賛成か棄権か反対かを述べ、担当局長ほかのスタッフがそれに返答する。私がコメントを付け加えることもある。質疑のラウンドが一回のこともあれば、何回か繰り返されることもある。投票権の半数以上の賛成が得られれば、案件は承認（approve）され、その後、後述のように、政府との貸付契約（loan agreement）を締結し、案件の進行に応じて貸出を実行（disburse）していく。

ＡＤＢの設立以降、貸付はその重点分野や大口借入国が変遷してきている。エネルギー、運輸・交通等は常に大きなシェアを有するが、当初はアジアの食糧不足への懸念も反映して、農業の比重が高かった。アジア通貨危機や、世界金融危機のあとには、公共セクター改革、金融セクター改革のための政策連動ローンが多用された。

もともとＡＤＢのローンは、インフラ・プロジェクトの機械設備の輸入のために必要な外貨を補うことを主な目的としていた。しかし、大きなプロジェクトの進行に応じて機械設備の調達や工事費のための貸出を実行するという「プロジェクト・ローン」では対応が不十分なケースが出てきた。最初の「プログラム・ローン」の貸付は、一九七八年にバングラデシュの農業増産プログラムについて、ポンプの修理とメンテナンスのために必要な輸入を賄うために供与された。

プログラム・ローンは一九八七年以降、構造改革のための「政策マトリクス」（改革の具体的措置をリスト化したもの）の実施を貸出実行の条件とする政策連動ローンとして使われるようになった。その場合は、外貨か内貨かということはあまり問題ではなくなり、あくまでも改革努力を促すために貸出を速やかに実行できる財政支援ということが重要になる。一九八〇年代には、ＩＭＦや世界銀行もアフリカや中南米諸国で構造調整のための資金提供を増やしていた。なお、プロジェクトの内貨部分（地元で行われる工事など）の予算手当てが困難でプロジェクトが遅れがちなときにも、貸付対象を内貨部分に拡げることが必要になる。

一〇年ごとに見てみよう。ＡＤＢは、最初の一〇年間、すなわち一九六六年（実際の最初の貸付は一九六八年）から一九七六年の業務（承認ベース、グラントや出資等を含む）は総額三一億ドルだった。そのうち、エネルギー（送配電設備、新規発電所など）が二三％、運輸・交通等（高速道路や農村道路など）が二〇％、農業（灌漑、肥料増産など）が一九％、金融（各国の開発金融機関を通じて民間設備投資や中小企業金融を支援）が一八％であった。地理的には、東南アジア五二％が最大であり、次いで東アジア二一％（韓国、台湾等）が大きかった。

一九七七年から一九八六年の一〇年間には総額一六〇億ドルのうち、農業が三一％で最大となり、地理的にはやはり東南アジアが五二％を占めた。

一九八七年から一九九六年には総額四三一億ドルのうち、エネルギーが二六％、運輸・交通等が二四％となり、農業の一六％はシェアを落としている。中国の加盟とインドへの貸付開始を受け、東南アジアの四一％に対し、南アジアは二七％、東アジアが一六％となっている。

一九九七年から二〇〇六年には総額が六四一億ドルのうち、運輸・交通等が二七％、金融が二三

％、エネルギーが一五％、公共セクターが九％、農業が九％であった。金融や公共セクターは、アジア通貨危機後の政策連動ローンでかさ上げされている。地理的には、東南アジアの二八％、南アジアの二七％、東アジアの二五％が拮抗《きっこう》し、アジア通貨危機後の韓国への緊急支援、中国の需要拡大を反映している。

二〇〇七年から二〇一六年は、総額が一四〇三億円に急拡大している。需要面では、世界金融危機以降の貸付の急増、二〇一五年のネパールの震災や資源価格低下を受けたカザフスタンなどへの財政支援、そして資金基盤面では、そのような貸付拡大を可能にした、下記に述べる通常資本勘定とアジア開発基金（ＡＤＦ）の資本統合が貸付実績を拡大させた（資本統合は二〇一七年からだが、二〇一五年には決定がなされており、貸付から貸出実行まで時間がかかるので、貸付の承認、契約締結は早めに拡大させている）。

ＡＤＢの貸付は、加盟各国が出資する通常資本財源を元に、債券を発行して資金を調達し、それに一定のスプレッドを乗せて貸している。スプレッドからの収益は人件費、その他の経費も賄い、残った利益はＡＤＦへの補助に当てられ、また、準備金として資本に積み上がっていく。各国からの通常資本財源への払込資本金は、基本的に米国債などに運用しており、その運用益もＡＤＢの収益源となる。

政府向けあるいは政府保証付きの貸付以外に、一九八〇年代からは民間向けの業務（貸付以外に出資、保証を含む）も加わった。この場合は、各国における企業からの要請が民間部門業務局に対して行われる場合もあるし、シンガポール、香港などの市場で、企業による資金調達の動きがあるところに民間銀行とともにＡＤＢが加わっていく場合もある。最近は、いくつかの国の現地事務所に民間部門業務局のスタッフを長期に派遣して、現地における民間セクターとのつながりを強化している。二〇一九年には民間向け業務を強化するため、小規模なシンガポールオフィスも立ち上げた。

このほか、低所得国には低金利、長期の譲許的貸付を行っている。これは下記で詳述するように、二〇一七年以降は通常資本財源から行われているが、一九七四年から二〇一六年までは任意の拠出からなる、協定上の「特別基金」であるＡＤＦから行われていた。特別基金は、通常資本財源とは別に技術協力や譲許的貸付を行うための任意拠出による基金を、ＡＤＢの設立協定で予定していたものだ。渡辺初代総裁は一九六六年のマニラにおける開業式でも、特別基金の重要性を強調していた。一九六八年には、日本が拠出した農業特別基金（七二億円、二〇〇〇万ドル相当）、カナダが供出した多目的特別基金（二五〇〇万ドル相当）が設けられ、譲許的貸付を行っていた。ＡＤＦという多数のドナーが参加する一般的な特別基金が一九七四年に生まれたことは、大きな進展であった。

さらに、ＡＤＢでは、二〇〇五年以降、返済を必要としないグラントの供与がＡＤＦの業務に加わった。これが現在では、ＡＤＦの唯一の業務となっている。

直近の二〇一九年の業務の実績を見てみよう。「契約締結ベース」で貸付が二〇八億ドル、グラントが八・五億ドルで合計二一七億ドルとなっている。新規貸付金額を見るには、理事会で承認をされた時点で金額を記録する「承認ベース」もあるが、契約締結ベースは、政府や民間との貸付等の契約が締結された時点で金額を記録するものだ。さらに、実際に「貸出実行」され、資金がＡＤＢを出ていくのはしばらくあとになる。プロジェクト・ローンの場合は、事業の進行に応じて貸出が行われるので数年かかることがあるが、政策連動ローンの場合はいわば予算支援であり、条件と

図表9／アジア開発銀行の業務の実績（2019年）

通常資本財源（OCR）の融資208億ドル
およびアジア開発基金（ADF）のグラント8.5億ドル
合計217億ドル（契約締結ベース）

（カッコ内は2018年の実績〈総額：216億ドル〉）

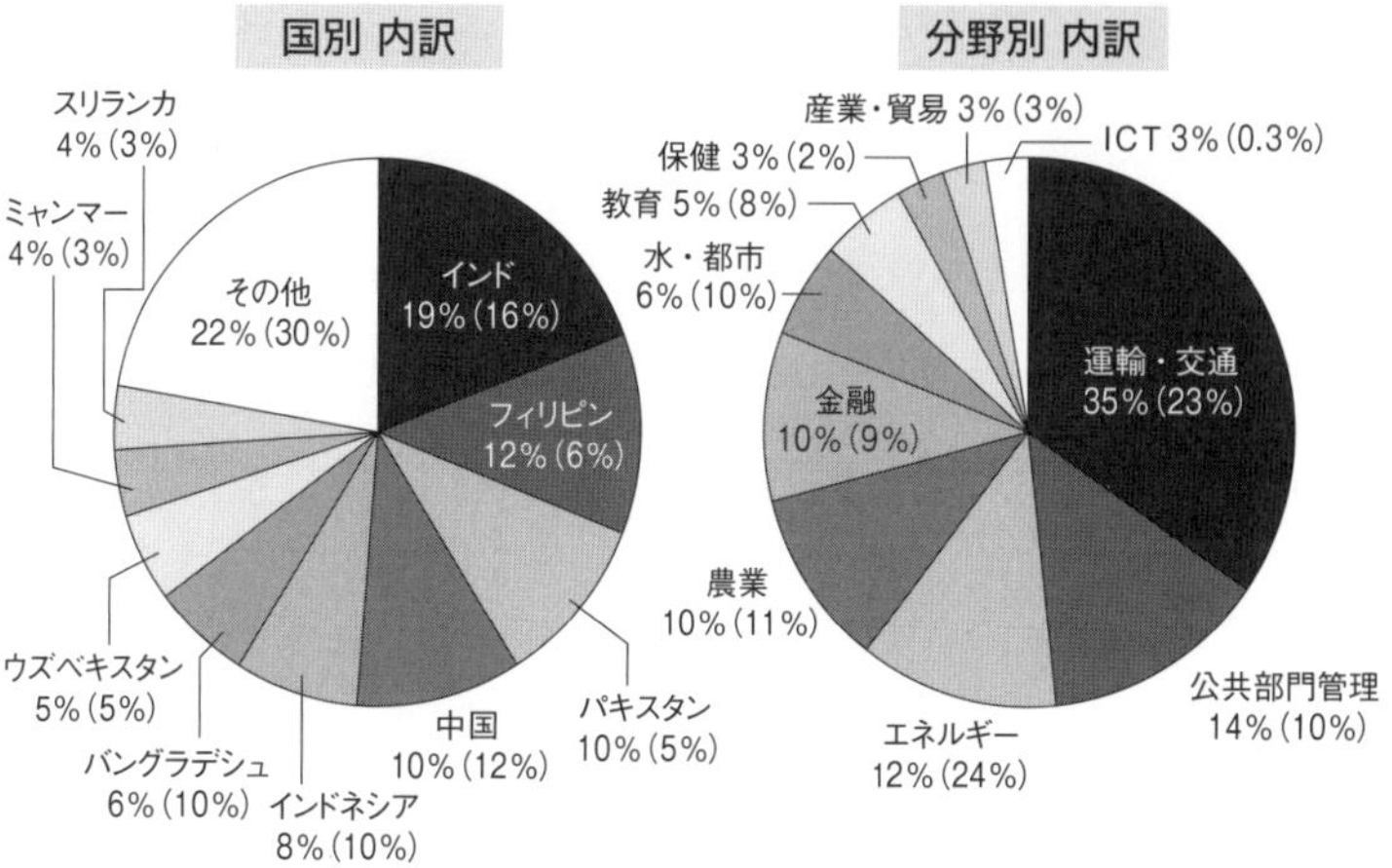

なる一定の政策が実施されれば借入国の政府予算にまとめて直接資金を振り込むので、貸出実行は早い。

二〇一九年の二一七億ドルを国別に見ると（図表9）、インド、フィリピン、パキスタンが上位を占める。ただし、毎年の順位はかなり変動がある。インドネシア、バングラデシュ、それから二〇一九年はそれほど多く借りていないが、ベトナムも重要な借入国だ。インドは政府向けが三二億ドルだが、ムンバイの地下鉄の九億ドルが大きかった。このほかインドでは、民間向け業務も鉄道電化のための七・五億ドルを含めて九・七億ドルに上った。フィリピンは政府向け二五億ドルのうち、マニラ郊外の鉄道プロジェクト一つが一三億ドルを占める。これはＡＤＢの一つのプロジェクト・ローンとしてこれまで最大の規模だ。パキスタンは、政府向けの二二億ドルのうち、第8章でも書いた一八億ドルの政策連動ローンが二〇一九年の金額を押し上げた。中国はかつてインドと並ぶ借り手であったが、シェアを減らしてきている。

次に、二〇一九年の二一七億ドルを今度は分野別で見ると、運輸・交通が一番大きいが、これはインドとフィリピンの大型地下鉄・鉄道案件を反映している。最近では、プロジェクト・ローンのなかでは、運輸・交通（道路と鉄道、都市の公共輸送）、エネルギー（水力や太陽光など再生可能エネルギーの発電および送電線）、上下水道のウェイトが高い。二〇一九年の公共部門管理は大きめだったが、これには上記のパキスタンの政策連動ローン、インドネシアの資本市場育成と財政改革のためのそれぞれ五億ドルの政策連動ローンの影響が大きい。

金額が少ないからと言って、保健や教育の分野が重要ではないということはない。パプアニューギニアでのマラリア対策、メコン河流域の国境地帯でのＨＩＶ対策、各国への国民皆保険制度の導入の支援など、ＡＤＢの保健分野への支援はそれほど大きな金額にはならなくとも各国から高い評価を受けてきた。同様に、教育の分野では、南アジアや東南アジアで技術・職業教育・訓練（ＴＶＥＴ）のプロジェクトを多く手掛けてきたが、社会開発への効果は大きい。保健、教育などの社会セクターでの支援は、各国が自己資金を使って同じようなプロジェクトを実施する際のモデルとしても重要だ。

スタッフのなかには、新規業務の金額を上げることこそが成果であり、自分の評価につながるという思い込みがどうしても強く、実際、銀行である以上貸付の規模にこだわるのは当然でもあるのだが、ＡＤＢの開発機関としての機能を考えた場合に、金額だけにこだわるのは好ましくない。人事評価においても、より先進的な取り組みをしたか、ＡＤＢ内での他の部門との協調を図ったか、部下への指示が的確で、能力を高めるような努力をしたか、などをよく見るように改革してきた。

ＡＤＢの財務と業務

少し技術的になるが、次ページの図表10にしたがって、ＡＤＢの財務と業務の関係について説明したい。下記のような仕組みは、民間金融機関とは違う点が多いが、世界銀行を含めて国際開発金融機関にはおおむね共通している。

第6章のＡＩＩＢとの比較のところでも述べたが、ＡＤＢの通常資本財源（ＯＣＲ：Ordinary Capital Resources）の授権資本（authorized capital）は、二〇一九年末に一四八〇億ドルだった（ただし、ＳＤＲ建てなので各国通貨の為替レートの変動でドル建ての金額は動く）。これには税金を使ってキャッシュで払い込まれる「払込資本金」（paid-in capital）の七二億ドルと、ＡＤＢの発行した債券の償還が難しくなるような事態になったときにＡＤＢからの請求を受けて加盟国が支払うことになる「請求払資本金」（callable capital）の一四〇七億ドルが含まれる。

ＡＤＢの場合は、通常資本財源において、二〇〇九年まで五回の一般増資が行われたが、五四年間の合計で七二億ドルしかキャッシュでの出資を受けていない。二〇〇九年の第五次増資では二〇〇％の増資（三倍増資）が行われたが、授権資本のなかに占める払込資本金の比率はわずかに四％であった。累積の払込資本金の七二億ドルに、利益を積み上げた累積利益準備金の一三二億ドル、それに次節で述べるように、ＡＤＢ内の特別基金であるＡＤＦとの資本の統合（二〇一七年初）で増えた三〇七億ドルを加えて、五一九億ドルがバランスシート上のいわゆる「自己資本」だ。

図表10／アジア開発銀行の主な業務

●融資等

Regular（一般）OCR（Ordinary Capital Resources：通常資本財源）および Concessional（譲許的）OCR

○一般OCR：中所得国（一人当たり国民総所得が6,975ドル以下を目安）向けの準市場金利による融資（民間向け貸付、出資、保証を含む）

○譲許的OCR：低所得国（一人当たり国民総所得が1,175ドル以下を目安）向けの超長期・超低利の融資

●グラント（無償支援）

アジア開発基金（ADF：Asian Development Fund）を用い、アフガニスタン、タジキスタン、島嶼国等の債務負担能力の低い国に対するプロジェクトを実施

●技術協力の提供

途上国政府の能力構築、プロジェクト準備、各種調査研究を実施

（単位：1億ドル）

	2019年間 契約締結額（協調融資額を除く）	2019年末 貸出残高	2019年末 自己資本
OCR（融資）	208	1144	519*
一般（準市場金利）	172（うち民間向け30）	851**	
譲許的（超長期・超低利）	36	293	
ADF（グラント）	8.5		13
技術協力	2.3		

＊払込資本金（72億ドル）及び準備金（447億ドル）の合計。準備金には、過去の累積利益準備金（132億ドル）に加え、2017年初のADF貸付業務とOCRの勘定統合に伴うADF資本（307億ドル）の算入が含まれる。

＊＊このほか民間企業向け出資残高が16億ドルある。

ＡＤＢ債の格付けがトリプルＡ（それだけデフォルトのリスクが低い）であるのは、上述の請求払資本金（特に先進国からのもの）の存在によると思っている人が多い。しかし、現状では、請求払資本金でＡＤＢの高格付けをサポートする加盟国自体、トリプルＡの国はドイツ、オーストラリア、カナダと少数派であり、日本はＡ＋、米国もＡＡ＋だ（S&Pの場合）。

ＡＤＢ債がトリプルＡである最大の理由は、むしろ民間銀行の自己資本規制と同様、ＡＤＢの自己資本（払込資本金と利益準備金の合計）が貸出残高に対して十分に高いことにある。それ以外の理由は、①健全なビジ

ネスモデルに根差していること、②ＡＤＢのような国際開発金融機関は二国間の公的貸付（たとえばＪＩＣＡによる途上国への貸付）や民間による貸付よりも借入国から優先的に返済を受けるという慣行があること（preferred creditor status）、そして、③請求払資本金でもサポートされていることだ。

ＡＤＢの貸出残高は二〇一九年末に一一四四億ドル、自己資本は五一九億ドルだから、単純計算すると自己資本比率は四六％だ。現在の貸出のクレジット・リスクや分散を勘案し、トリプルＡを維持するためには当面三四％を目途としているので、まだ増資なしに貸出を伸ばしていくことができる。貸出実行まで時間がかかることを考えれば、新規貸付の承認、契約の金額も早めに増やしていくことが可能だ。

ＡＤＢによる貸付は、準市場金利による貸付と譲許的条件による貸付に分かれる。準市場金利と言っているのは、途上国が自ら市場で債券を発行するなどして資金調達する場合に比べて、ＡＤＢがその信用を背景に金融仲介することにより、金利は低くなるからだ。準市場金利による一般貸付は、さらにソブリン（政府向け、あるいは政府保証付きの国有企業や地方政府などへの貸付）およびノンソブリン（民間向け貸付のほか、出資、保証も含む）に区分される。

二〇一九年の準市場金利によるソブリンの一般貸付は一四二億ドル（契約ベース）だった。この機能こそ、ＡＤＢの出発点であり、設立当初はこの機能しかなかった。ドル建てがほとんどだが、ユーロ建てもある。金利は、ＡＤＢの市場での調達金利（半年ごとの変動金利）に五〇ベーシスポイント、すなわち〇・五％のスプレッドと、それに返済期間が長いものは二〇ベーシスポイントまでの期間プレミアムを加算して貸し付ける（二〇二一年からは中国など所得の高い国に対し期間プレミアムの引き上げを予定）。ローンごとに返済スケジュールと据置期間（返済が始まらない期間）から計算する平均返済期間はだいたい二〇年までだ。

二〇一九年のノンソブリンの新規業務（契約ベース）は全体で三〇億ドルであった。ノンソブリン業務には、民間企業への政府保証のない「貸付」以外に、「出資」と「保証業務」が含まれる。貸付はドル建てが基本だが、現地通貨建ても増えてきた。調達コストにリスクや期間を考慮した三〇〇ベーシスポイント程度のスプレッドを乗せた金利で貸し付けるが、期間はソブリンより短めだ。ノンソブリン業務は、一九八三年に韓国の投資会社に対して出資をしたのが最初だ。一九八六年には、民間企業・金融機関への貸付業務を開始している。保証業務が可能となったのは一九八八年だ。図表9には明記されていないが、三〇億ドルの内訳は、貸付が二七億ドル、出資が一・六億ドル、保証が一・八億ドルであった。私が総裁になった二〇一三年のノンソブリン業務は全体で六・七億ドルだったので、四・五倍に拡大したことになる。

なお、調達金利に上乗せされるスプレッドからの収益（これに出資や保証業務からの収益が加わる）は、ADBの経費を賄い、リスクをカバーし（貸し倒れ引当金）、それでも残る利益は、一部は低所得国向けにグラントを出すADFに移転され、一部は資本に積み上げられて将来の貸付を助ける。

一方、譲許的貸付は低所得の政府向け（ソブリン）のみで、二〇一九年の実績は三六億ドルであった。主な借入国は、大きい順にパキスタン（九億ドル）、ウズベキスタン（五・二億ドル）、バングラデシュ（三・七億ドル）、ネパール（三・六億ドル）、カンボジア（二・七億ドル）、ミャンマー（二・三億ドル）、ラオス（一・四億ドル）だった。このうち上位三ヵ国は準市場金利による一般貸付もブレンドして供与されている。

譲許的貸付は金利が低く、返済期間が長い。標準は、返済期間三二年（うち据置期間八年）、金利が据置期間は一％、以降は一・五％だ。ただし、低所得国のなかでも所得が高めで一般貸付とブレンドして借入を受ける国の条件は、返済期間が二五年（うち据置期間五年）、金利が二％となる。譲許的貸付は、一九七四年に創設されたＡＤＦから行われてきたが、後述するように二〇一七年初めに通常資本勘定に統合され、現在はこの勘定から行われている。

グラントは返済を必要としない資金供与で、低所得国で返済能力が低いと認定された国が対象となる。ＡＤＦの業務に二〇〇五年に追加された。二〇一七年初からはＡＤＦの業務はグラント供与だけとなったので、ＡＤＦの目的が当初の譲許的貸付からグラントの供与に完全に置き換わったことになる。二〇一九年のグラント供与の実績は八・五億ドル、そのうちアフガニスタンが三・五億ドル、タジキスタンが一・二億ドル、キルギスタンが一億ドル、太平洋諸国やモルディブが合計で二・五億ドル、カンボジア、ラオス、ミャンマーが合計で〇・四億ドルとなっている。上記のようにカンボジア、ラオス、ミャンマーは、譲許的貸付も供与されており、その金額のほうが圧倒的に大きい。

ＡＤＦには、これまで総額で三三八億ドルが任意に拠出されており、先進加盟国、韓国、台湾、香港、シンガポール、中国、インド、インドネシアなどを含む三四ヵ国がドナーとなっている。そのうち日本は圧倒的な三八％を負担している。投票権は通常資本財源の授権資本への出資のみに基づくので、ＡＤＦへの拠出は投票権につながらない拠出だ。ＡＤＦの拠出金額は通常資本勘定の払込資本金より圧倒的に大きく、それだけ拠出国の税金を使った貢献が大きいことになる。

累積拠出の三三八億ドル（それに利子や余剰資本の運用益が加わる）のうち、三〇七億ドルは譲許

図表11／アジア開発銀行の融資等契約締結額の推移

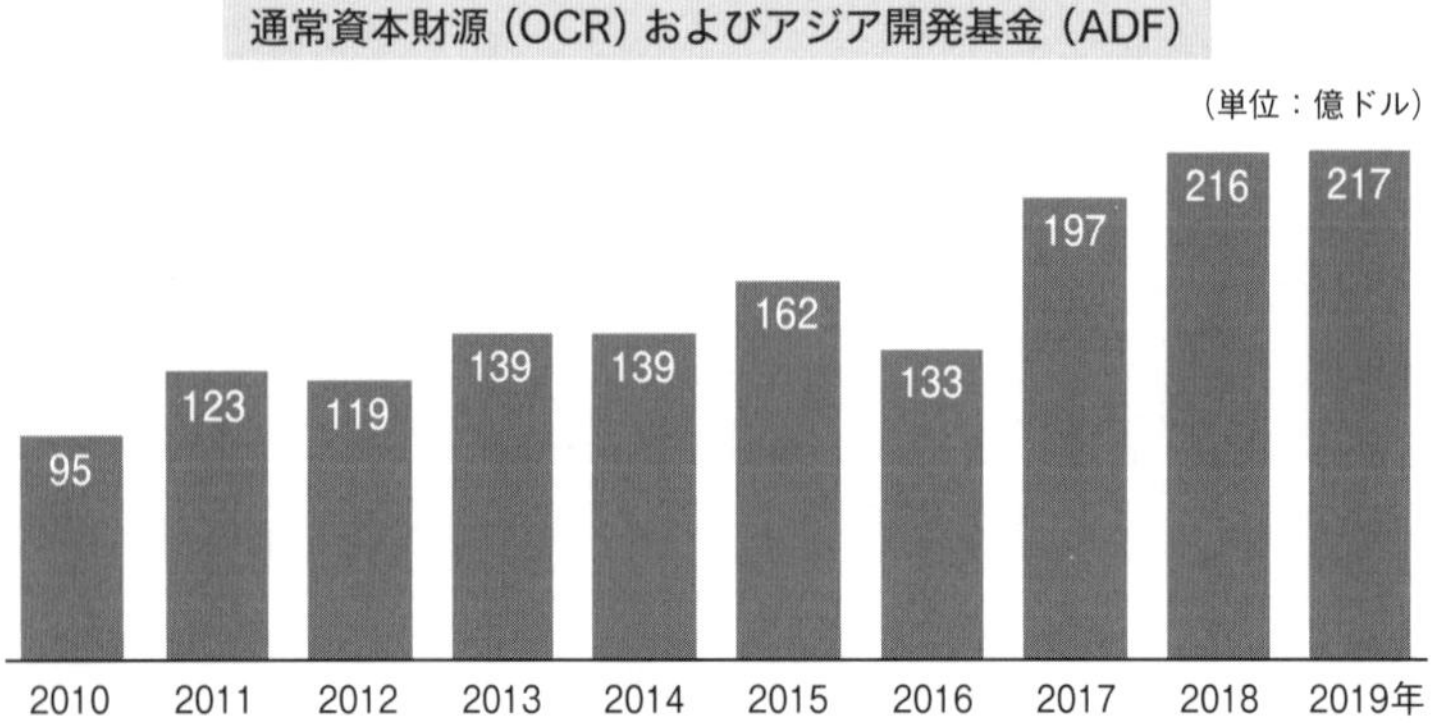

注：ADFからのグラント供与、およびOCRの業務に含まれる民間企業への出資、保証の金額を含む。

的貸付に用いられる資本として二〇一七年初に通常資本勘定の準備金の部分に統合された。現在はグラントのみの機能を持つＡＤＦに残っている運転資本は一三億ドル（二〇一九年末）で、合計しても三二〇億ドルにしかならないが、グラントは費消されてしまうし、ＡＤＦの運営にかかる経費が控除されることによる。

　ＡＤＢによる貸付とグラントをあわせた新規契約額は、図表11のように伸びてきている。私が総裁に就任した二〇一三年には一三九億ドルだったが、二〇一九年には二一七億ドルと、五六％拡大している。インフラ、気候変動、資源価格変動などから来るニーズ自体が大きいが、次節に述べる二〇一七年初の資本統合により通常資本財源が三倍に近くになり、それをベースに債券を発行して（レバレッジをかけ）、より多くの資金を動員できるようになった。

　このほか、グラントはＡＤＢにドナー国が任意にそれぞれ目的を定めて拠出する「信託基金」（trust fund）からも提供されており、その新規コミットメントは二〇一九年に一・八億ドルであった。ＡＤＢ自体の資金ではなく、協調融資に含まれるので、図表10には載せていない。現在活動中の信託基金は三四あるが、日本による貧困削減、民間インフラ促進、奨学金のための信託基金が金額的には圧倒的に大きい。

日本による奨学金のための信託基金は、毎年一五〇人ほどのアジアの若手行政官や中央銀行スタッフが日本をはじめとするアジアの大学の修士課程で学ぶことを助けている。その一つ、新潟の国際大学で講演したときは、この奨学金を受けている留学生たちが歓迎をしてくれた。フィリピンの中央銀行でプレゼンテーションをしたときには、この奨学金によって政策研究大学院大学の前身の埼玉大学大学院政策科学研究科で勉強した女性幹部がやってきて、親切な先生が多かったと言っていた。日本による奨学金の意義は、第7章のミャンマーのところでも書いたとおりだ。

技術協力（technical assistance）は、能力開発（capacity building）、プロジェクトの準備、セクターの調査などに使われており、ＡＤＢの設立当初からの基本的な機能の一つだ。現在は、四年ごとのＡＤＦ増資の際に同時に拠出される技術協力特別基金から提供されている。上述した三四の信託基金も、技術協力を目的とするものが多い。

通常資金と譲許的資金の資本統合による貸付能力の拡大

ＡＤＢには、上述のように、通常資本財源（ＯＣＲ）とアジア開発基金（ＡＤＦ）という二つの勘定があり、前者は主として中所得国への貸付を行い、後者は低所得国向けに低利子・長期の譲許的貸付やグラント支援を行ってきたが、二〇一七年一月からはＡＤＦの譲許的貸付をＯＣＲに統合し、ＡＤＦにはグラントの業務だけを残し、同時にＡＤＦの譲許的貸付に対応する累積拠出金（ＡＤＦの資本）をＯＣＲの資本に統合する、という大改革を行った。

この改革を議論しているとき、ＡＤＢの一年当たりの新規貸付およびグラントの供与は、この統合の効果により、新たな一般増資（ＯＣＲの増資）をしなくても二〇一四年から五〇％拡大できると説明したが、図表11に見るように、実際にそのようになっている。

私は、この案は、すべての関係者にとって利益になるので、推進すべきだし、実現できると考えた。すなわち、第一に、準市場金利で借入を受ける中所得国にとっては、ＡＤＢの通常資本勘定がより大きな資本を背景により多くの債券を発行することができるようになり資金基盤が強化されるので、より大きな借入が可能になる。第二に、譲許的な借入を行う国も、それまではＡＤＦに拠出された資金をそのまま貸して返済されたらまた貸付に回すという形だったのを、債券発行によるレバレッジを使って貸付のための資金を拡大することができるので、より大きな借入が可能になる。第三に、グラントで支援を受ける国にとっても、ＯＣＲでより大きな業務を行うことによりＡＤＢの利益は増えて、これまでも行っていたＯＣＲからＡＤＦへの利益移転も増えるので資金基盤が強化され、より大きなグラントの提供を受けることができる。

第四に、ＯＣＲを支える加盟国にとっては、ＯＣＲの自己資本が拡大したことにより、一般増資に応じる負担を当分の間避けることができる。特に、財政難に苦しむ米国を含めた先進国には、増資に対する慎重な姿勢がある。第五に、ＡＤＦの拠出国は、これまで四年に一度のＡＤＦの増資のたびに、ＡＤＦから譲許的貸付を増やすために大きな拠出を求められてきたが、グラントだけに対応すればよくなるので、その負担を大きく減らすことができる。

この貸付能力の拡大策は、私の着任四ヵ月後の二〇一三年八月の時点で検討を始めた。私の手帳の記録では、二〇一三年七月ごろ、各局から業務のブリーフィングを受けている際に、「持続的な貸付レベル」の話との関連ではじめて統合のアイデアを聞いた。その時点で、ＯＣＲのバランスシートの自己資本は一七〇億ドルであったが、ＯＣＲの貸出残高は五三〇億ドルに達しており（自己資本の比率は三二％）、ＯＣＲがトリプルＡの格付けを得るために目途としていた資本・貸出残高比率の最低ライン二五％を上回り続けるためには、新規貸付額を抑制し始めなければならないという懸念が持たれていた。

そのようなブリーフィングの場で、柏木幹夫財務局長が実現不可能な「クレージーなアイデア」として漏らしたのが、ＯＣＲとＡＤＦの統合案だ。ただし、その時点での統合のアイデアは、一度ＡＤＦへの拠出金をドナー国に返却し、ＯＣＲに再度出資してもらうというものであった。この案には二つ問題がある。一つは、各国の予算・法律上、いったん戻された資金を出資するには議会での手続きも必要であり、米議会も含めてすぐにはほとんど不可能だということだ。もう一つは、その時点でＡＤＦの三三〇億ドル程度の累積拠出額は一五〇〇億ドル程度の授権資本の金額（それに基づいて投票権が割り当てられる）に比べてもかなり大きく、これをＯＣＲへの出資に当ててしまうと、ＡＤＦで突出した三八％もの累積の拠出を行っている日本の出資額、そして投票権が大きく拡大してしまう。

八月九日の総裁室で、ロハニ筆頭副総裁、ラジャット・ナグ事務総局長、柏木財務局長、スティーブンソン法務局長、坂井和戦略局長らの幹部が集まって話をした。その際に私が思いついたのが、ＡＤＦの譲許的貸付の業務をＯＣＲに統合し、それに対応する累積の拠出金もＯＣＲのバランスシート上の資本の部を構成する「準備金」に「直入」するというアイデアであった。それなら各国議会の手続きは必要がないし、準備金部分なら投票権への影響もない。ＡＤＦは世界銀行グループで低所得国向けの譲許的貸付やグラントを提供する国際開発協会（ＩＤＡ）とは異なり、ＡＤＢ内に置かれた特別基金であって、別の条約に基づく別の法人ではないことも、各国の議会手続きなしにＡＤＢ内での業務・資金移転が可能だと考えた理由だった。

その際に、誰だったかが、日本は投票権に無関係にＯＣＲにそのような貢献をする用意があるのかと聞いた。私の答えは、日本はＯＣＲの出資比率をはるかに超えるシェアの多額のＡＤＦの拠出をしている時点で、すでに投票権との結びつけは要求していないというものだった。低所得国の支援というＡＤＦへの拠出の目的を維持するかぎりは、日本も、その他の国も、行政府だけではなく議会も資本統合に問題はないはずだと考えた。

このようなアイデア、判断には、私自身の経験が役に立った。私は日本の財務省で外務省や経済産業省を担当する主計官をしていたときに、国際協力銀行（ＪＢＩＣ）、石油公団、国民金融公庫、中小企業総合事業団の信用保険部門（いずれも当時）などのバランスシートに対し、国の予算で出資金や交付金を出すさまざまな方法を経験していた。国際局の開発政策課長を務めていたときは、国際的な重債務貧困国の債務削減イニシアティブに基づく円借款の債務削減の方式を、従来の債務救済無償方式（債務国からの返済後に直ちに同額のグラントを供与することによって債務国の負担をなくすもの）からもっとストレートで透明性のある債権放棄方式（当時のＪＢＩＣのバランスシートの円借款資産の償却）に変更する改革（二〇〇三年度から実施）を主導したことがある。これもそれまでの日本政府の考え方を大きく変更する改革であったので、その経験が私の頭のなかをよぎった。

また、ＡＤＢ等の増資関係の予算や法案に責任を持つ国際局長も務めていたので、国際機関への出資に関する各国での予算手続き、議会がどのような問題に注目するのかはよくわかっていた。さらに、一九八〇年代に主税局で国際租税条約（二重課税の排除、相手国への利子配当支払いへの課税を軽減、移転価格への対応等を規定する二国間条約）を担当していたときに、どのような国際約束が議会の批准承認を要するものであり、どのようなものが行政府の判断でできるものであるのかを学んだことも役に立った。

低所得国に対する譲許的貸付には債券発行によるレバレッジを使わないという考え方は、一九六〇年にＩＤＡが創設されて以来、いずれの国際開発金融機関もが依拠してきたもので、低所得国の信用力不足や、ドナー国と低所得国の大きな経済格差を背景にしている。しかし、ＡＤＦからの貸付について言えば、これまでベトナムやカンボジア、ミャンマーなど債務の「繰り延べ」を行った国はいくつかあるが、アフガニスタン以外に「債務削減」を行った例はない。また、先進国と低所得国の経済格差が縮まるなか、財政状況が厳しいドナー国の財政資金をレバレッジなしにそのまま譲許的貸付に回す方式はあまりにも不効率だ。実際、統合前には拠出金の残高（ＡＤＦの資本に当たる）が三三〇億ドルもあるのに、譲許的貸付の残高は二七〇億ドルに限られていた。

二〇一三年八月以降、財務局、法務局、戦略局、会計局をはじめスタッフが一致協力して、この統合案を具体化していった。私が二〇一三年十月に米国の財務省で旧知のラエル・ブレイナード次官にこの案を説明した際に、最初、彼女はそのような案はお話にならないと言った。ＡＤＦへの拠出は低所得国向けであり、それをＯＣＲに統合するのは目的外使用になるとの懸念であった。非常にまっとうな懸念である。しかし、私からは、この統合案は、グラントや譲許的貸付の供与を受ける低所得国にとってこそ大きな恩典となるので目的外使用とは言えないこと、米国のような大株主にとってＯＣＲの増資の負担を避けることにつながること、また、先進国を中心とするＡＤＦのドナーにもメリットがあるということを丁寧に繰り返した。

その場で米国は賛成するとは言わなかったが、検討の対象になりうるという感じは持ったようだった。この案に対する支持を広げるために、ティエリ・ド＝ロングマール財務担当副総裁、スタッフも各国を回り、格付機関や監査法人に十分説明をした。また、私が開発分野で国際的な影響力のあるジェフリー・サックス・コロンビア大学教授に会ったときに、サポートをお願いしたこともあった。ワシントンのグローバル開発センターのスコット・モリス上席研究員（元は米財務省の開発金融担当次官補代理）も非常に好意的な独立レビューを発表してくれた。

結局、米国を含めた、当時六七のすべての加盟国、三四のすべてのＡＤＦ拠出国の支持を二〇一五年五月までに獲得し、さらにさまざまな準備を経て、二〇一七年初めに統合がスタートした。二〇一七年一月一日に、ＡＤＦから三〇八億ドルの譲許的融資その他の資産がＯＣＲに無償で移転され、それはいわば利益としてＯＣＲの準備金を拡大し、ＯＣＲの自己資本は一七二億ドルから四八〇億ドルへと三倍近くに増加した。ＡＤＦのうち、二五億ドルはグラント業務のためにＡＤＦに残された（ＡＤＦの二〇一七年から二〇二〇年の財源補充期間における各国の拠出は順次行われるので、これはいわばバッファーの運転資金となる）。

統合の結果、三倍近くに増えたＯＣＲの自己資本は、その後の貸付増加、ＡＤＦへの利益移転を通じてグラント供与の増加を支えた。なお、より信用格付けの低い低所得国がＯＣＲからの借入国に加わった結果、ＡＤＢ債のトリプルＡを維持するために、資本・貸出残高比率の最低ラインの引き上げが必要となったが、同時にＯＣＲのポートフォリオ（貸出資産の内容）の分散が拡大して貸し倒れリスクの集中を緩和したため、二五％から三五％への引き上げにとどまった。上述したように、二〇一九年末の資本・貸出残高比率は四六％だったから、貸付拡大に大きな余裕が生まれたことになる。

新型コロナウイルスが途上国経済に深刻な影響を与えるなか、これに対応するための新規資金供与をＡＤＢは迅速かつ大規模に行っている。資本統合による貸付能力拡大は思わぬ形で役に立つこととなった。

この資本統合は、準備段階から他の国際開発金融機関の関心を呼び、世界銀行のクリスタリナ・ゲオルギエヴァＣＥＯや米州開発銀行のモレノ総裁との面談でも詳しい説明を求められたことがある。既存のバランスシートを活用し、レバレッジを生かして貸付能力を高めるという手法は、その後Ｇ20でも推奨されることになり、世界銀行や米州開発銀行も方法は違っても採用することとなった。

二〇一六年五月のＡＤＦのドナー会合では、二〇一七年から二〇二〇年の四年間の財源補充（増資）であるＡＤＦ12に合意した。資本統合の成果として、四年間のグラント供与の想定規模は、前の四年間に比べ七〇％増の三三億ドルとなり、アフガニスタン、太平洋の島国など低所得国での支援を強化できた。同期間におけるグラントと譲許的貸付を合わせた低所得国への支援も四〇％増の一六〇億ドルとなった。一方、ＡＤＦ12におけるドナーの拠出額は二五億ドルであり、その前の財源補充期間（二〇一三年から二〇一六年）における拠出額の四八億ドルの半分近くに減った。ＡＤＦ12では、中国やインドなどの新興国が大幅に拠出を増やしたことも成果の一つであった。

ところで、理論上ではあるが、将来ＡＤＢがその役割を終えて清算することになった場合、普通の法人の清算の考え方にしたがうなら、残余財産は出資比率に応じて加盟国に配分されることになる。つまり準備金の拡大に大きな貢献をしたＡＤＦドナー国の特別の持ち分が認められないということになってしまう。そこで、私は、三四のドナー国の累積拠出額を今後の年次報告に永遠に残していくこと、そしてＡＤＢの清算が行われる際に、ＡＤＢの債務を返済し、各国の出資額を返済したうえで残った財産は、ＡＤＦドナー国に優先して返却することを書類に書いておくよう求めた。

ＡＤＢの新戦略

アジアは、目覚ましい発展を遂げ、貧困を大きく削減させてきたが、同時に、アジア地域は多くの解決すべき課題に直面している。根強く残る貧困（図表12参照）や拡大する格差への対応、脆弱な状況にある国々や小規模な島嶼国への支援、男女の平等の実現、気候変動の緩和（二酸化炭素排出削減）と適応（気候変動から来る海面上昇や災害多発への備え）、海洋汚染対策を含む環境の保護、都市化や高齢化への対応、食料安全保障の確保、農村開発の促進などへの取り組みを強化することが不可欠だ。

さまざまな課題に取り組み、変わり続ける途上国のニーズに応えるためには、ＡＤＢ自体が明確な戦略を持ち、変革を続けていかなければならない。総裁室に最も多く顔を見せたのは、戦略局、それに続いて、予算人事局、調査局、法務局だったように思う。

私が総裁の任期中は、日本の海外経済協力基金（ＯＥＣＦ）から転籍した坂井和氏、インドの高

図表12／アジア開発銀行加盟開発途上国における貧困

年	人口 (百万人) (% 世界の人口)*	1.9ドル／日の収入 (2011年購買力平価)			3.2ドル／日の収入 (2011年購買力平価)		
		貧困人口 (百万人)	貧困率 (%)	世界の貧困人口に占める割合 (%)	貧困人口 (百万人)	貧困率 (%)	世界の貧困人口に占める割合 (%)
1990	2,759 (52%)	1,507	54.6	79.7	2,274	82.4	78.2
1999	3,172 (53%)	1,231	38.8	71.4	2,241	70.6	73.5
2005	3,417 (53%)	875	25.6	65.0	1,942	56.8	70.7
2011	3,644 (52%)	497	13.6	52.0	1,495	41.0	65.3
2015	3,791 (52%)	264	7.0	36.2	1,100	29.0	57.2

＊世界の人口（1990年53億人、1999年60億人、2005年65億人、2011年70億人、2015年73.5億人）に占める割合。

級官僚グループ出身でジョンズ・ホプキンス大学の医療経済学の博士号を持っているインドゥ・ブシャン氏、そしてやはりＯＥＣＦの後継機関の国際協力銀行で円借款を担当していた木村知之氏の有能かつアイデア豊富な三人の戦略局長に助けられた。戦略局は、長期戦略を考えるだけではなく、毎年の貸付、グラント供与の各国、各分野への配分、新しい貸付制度の検討、四年に一度のＡＤＦの財源補充交渉、必要な場合の一般増資交渉など、極めて重要かつ幅広い任務を持っている。

私が総裁になって戦略面で手を付けたのは、まず、黒田総裁時代の二〇〇八年はじめに理事会で承認された長期戦略「ストラテジー２０２０」の「中間見直し」（Mid-term Review）だ。この見直しはもともと予定されていたものであり、最初に相談を受けたのは二〇一三年七月だった。スタッフが持ってきた当初の見直しの案は、「ストラテジー２０２０」がその時点でも有効かどうかの検証にエネルギーをかけすぎているように見えた。私は、その時点で必要な見直しを行ったうえで、実質的に新しい戦略を作ってもよいと考えた。

というのも、「ストラテジー２０２０」が作られたあと、二〇〇八年九月のリーマン危機から始まる世界金融危機があり、国連では持続可能な開発目標（ＳＤＧs、二〇一五年九月採択）の議論が進展しており、気候変動についての議論も盛んになっていた。アジアの状況も、中国をはじめとする中所得国がさらに発展し、ＡＤＢでどのような対応をしていくのかが議論になりえた。

少しさかのぼってみると、「ストラテジー２０２０」に先立ち、長期戦略を検討するために設けられた有識者グループは二〇〇七年三月に報告書を出している。二〇〇六年六月に設けられたこの有識者グループには、タイの元副首相で国連貿易開発会議（ＵＮＣＴＡＤ）事務局長のスパチャイ・パニチャパック氏を委員長とし、インドの著名なエコノミストのイッシャー・ジャッジ・アルワリア氏、日本の出井《いでい》伸之・元ソニー社長、ドイツのカイオ・コッホウェザー元世界銀行専務理事、中国のジャスティン・リン北京大学教授（のちに世界銀行チーフエコノミスト）、米国のローレンス・サマーズ元財務長官が参加していた。「大いなる安定」の時期に作られたこともあってか、報告書は「変革を遂げたアジアでは伝統的な開発モデルによる公的な資金移転という役割はいずれ不要になるであろう」との立場に立っている。また、世界銀行のような「フルサービスの」開発銀行ではなく、もっと焦点を絞った専門的な機関になるべきというアイデアもにじませている。

「ストラテジー２０２０」はさらに部内での検討を踏まえ、二〇〇八年初めに理事会に承認された。有識者の報告書を踏まえつつ、眼目とされたのは次の四点だ。すなわち、①インフラ、環境・気候変動、地域協力・統合、金融セクター、教育の五分野を中核的業務分野と位置付け、貧困削減が達成されたとしてもＡＤＢが引き続き役に立つことのできる課題があることを示す、②同時に、総花的なアプローチを修正し、世界銀行その他のドナーとの分業も視野に入れながら限られた分野に資源を投入して能力を高める、③開発における民間部門の貢献への支援を強化する、④そして「成果フレームワーク」で成果を検証する、であった。

「ストラテジー２０２０」の「中間見直し」に話を戻すと、これは比較的迅速な検討を経て二〇一四年四月に公表することができた。新戦略の名前を付けなかったのは、総裁交代後の短い時間に新戦略を打ち出すことによって存在感を示すようなアプローチを私が避けたかったためでもあった。この中間見直しは一〇項目の戦略的優先事項を示している。特徴的なのは、①加盟国が必要とするかぎり、ＡＤＢの業務の範囲はある程度広くてよいとの立場に立っていること、②特に、保健セクターや急速な都市化への対応を改めて重視していること、③気候変動や環境問題などを中心に、中所得国と関与を続けることを明確にしたこと、④手続きの迅速化やスキルの構築、クライアントへのサービス向上などＡＤＢ自体の業務の改善を強く促していること、であった。

その後、ＡＤＢは、新たな長期戦略の検討を二〇一五年に開始し、二〇一八年七月に「ストラテジー２０３０」として発表した。検討のプロセスでは、著名な有識者によるグループを設けるのではなく、ＡＤＢの支援を受ける途上国の当局、ＡＤＦの拠出に大きな役割を果たす先進加盟国の当局、開発に関わる多くの学者や専門家（特にアジアの学者や女性の学者）、市民社会のグループとの対話をできるだけ多く持つようにした。マニラ、ロンドン、東京、ワシントンでのラウンドテーブル会合には私自身が参加し、それぞれ二〇名程度の各国の専門家から意見を聞いた。ＡＤＢ自身の独立評価局によるさまざまな評価も重要なインプットであった。

この新戦略では、七つの優先課題、すなわち、①貧困の削減と格差の縮小、②ジェンダーの平等の促進、③気候変動対策、防災、環境保護、④より暮らしやすい都市の構築、⑤農村開発と食料安全保障の促進、⑥ガバナンスの強化、⑦地域協力・統合の推進、を挙げた。

また、ＡＤＢの途上国支援の際の三つの原則、①途上国の状況に即した支援、②革新的な技術の活用、③多様な専門性を統合して総合的な解決策を提供、を定めた。気候変動やジェンダー、民間部門業務、協調融資については明確な数値目標を設定した。

なお、気候変動については、ＡＤＢは二〇一五年のＣＯＰ21の前に、他の国際開発金融機関に先駆けて気候変動関連の年間承諾額を二〇一四年の三〇億ドルから二〇二〇年までに六〇億ドルに倍増させるという気候変動ファイナンスに関する目標を定めた。その目標は二〇一九年に一年前倒しで達成されている。実際、アジア・太平洋地域の人口や経済規模を考えれば、ＳＤＧｓや気候変動に関するＣＯＰ21のパリ協定、仙台防災枠組などの国際的な目標を実現できるかどうかは、この地域の成功に大きく左右される。ＡＤＢにおける気候変動への取り組みに当たっては、ＡＤＢの気候変動テーマグループのヘッドでインド出身のプリーティ・バンダリ氏の貢献が大きかった。彼女は、国連気候変動枠組み条約事務局の金融・技術プログラムのヘッドから私が総裁在任中に採用した専門家だ。

以下、「ストラテジー２０３０」の主な内容を紹介したい。

まず、基本的な立場として、ＡＤＢは全体として幅広い分野で支援を行うが、同時に国レベルでは、ＡＤＢの比較優位、各国の具体的な需要、ＡＤＢの持つ能力と財源の範囲のなかで付加価値をもたらすことができる分野を考慮し、選択的に支援に取り組む。また、不安定で紛争の影響を受けた国や小さな島国などの脆弱国への支援を優先する。一方、中所得国のなかでも所得が高い国に対するＡＤＢの支援は、最も大きな付加価値を提供することのできる気候変動や環境などの分野に焦点を当て、より選択的に行う。

貧困削減との関係では、中小企業や零細企業を含め、質の高い雇用創出の促進を支援する。また、教育・研修の質を向上させ、保健の分野で国民皆保険の採用を助けていく。ジェンダーの平等に関しては、女性の教育や雇用の機会を拡大する支援を行うとともに、プロジェクトの設計や実施に当たって女性の地位向上になるような配慮をする（たとえば、高速道路での女性用の化粧室の拡充、インフラ・プロジェクトでの女性技術者の研修など）。気候変動への対応に関しては、二〇三〇年までに、合意した業務案件数の少なくとも七五％（三年間移動平均で、ソブリンおよびノンソブリン業務を含む）において、気候変動の緩和と適応を支援することを目指す。

暮らしやすい都市づくりに関しては、都市における保健・医療、都市の交通、ジェンダーの平等、環境の持続可能性を促進するために、分野横断的なプロジェクトを実施する。農村開発と食料安全保障の促進の分野では、農業バリューチェーンの連携を改善する取り組みや食の安全強化を支援する。ガバナンスの強化に関しては、すべてのプロジェクトとプログラムにおいて、引き続き環境・社会配慮のセーフガードを維持し、また、腐敗防止策を講じる。地域協力・統合の推進に関しては、地域の公共財や共同の取り組みに対する支援を拡大することで、気候変動、汚染、感染症などのリスクの拡大を防止する。

ＡＤＢはノンソブリンの業務（民間セクター向け）を拡大し、二〇二四年までに業務案件総数の三分の一にまで増やす。民間セクター業務の主な目的として開発効果を追求することとともに、収益性と商業的な持続可能性も確保する。ノンソブリン業務において収益性を確保することはＡＤＢの財務の健全性にとって重要であるだけではなく、その事業自体が経済的な合理性を持っていることの証しでもある。ノンソブリン業務のリスク管理も、業務の拡大に伴って重要性を増す。ＡＤＢでは、独立したリスク管理局が、信用リスク、市場リスク、オペレーショナル・リスク（たとえば災害による業務の中断）などを評価し、必要資本量を計算している。

最近は、民間向け業務において、為替リスクを避けるために、各国通貨建てでの借入を求める企業が増えている。財務局では、中国、インド、インドネシア、フィリピンなど比較的大きな国の通貨建て債券で資金を調達するだけではなく、カザフスタン、ジョージア、アルメニアなどの通貨建てでも債券発行を増やしている。また、財務局は、ジェンダー・ボンド（調達資金を女性の地位向上のためのプロジェクトに当てる債券）、グリーン・ボンド（調達資金を環境、気候変動のプロジェクトに当てる債券）など、いわゆるテーマ・ボンドの発行にも力を入れ、投資家の新しいニーズに応えている。

ＡＤＢは、引き続き「より強力で、より良く、より迅速な」組織となるよう努める。今後の業務の支えとなる強固な財源基盤を確保し、人材を強化し、現地事務所の強化を通じてその国におけるプレゼンスを高める（任期中に東ティモールとブータンの現地事務所を開所し、すでに現地事務所のあるフィジー、パプアニューギニア以外のすべての太平洋諸国に連絡事務所を置いた）。さらに、調達に関しては、公正な競争という目的を確保しつつ、各国それぞれの制度の利用拡大などを通じて手続きの迅速化を図る。また、プロジェクトの設計、実施、モニタリングにおいて市民社会組織（ＣＳＯ）との連携を強化する。

ＡＤＢは、成果を数量的に評価する「成果フレームワーク」を活用して、業務の効果を高める。ＡＤＢは「Ｏｎｅ ＡＤＢ」アプローチを掲げ、「ストラテジー２０３０」を効果的に実施するために組織全体の知見と専門的能力を結集していく。

ＡＤＢ自体の知識や技術の水準を高めるために二〇一六年一月に創設したのが、エネルギー、運輸・交通、都市、水、教育、保健、金融の七つのセクターグループと、気候変動、ジェンダー、農村開発、地域協力・統合ほか八つのテーマグループだ。各グループにリーダーと事務局を設け、それらを知識センターとしての持続的開発・気候変動局内に置くことで、五つの地域局と民間部門業務局にまたがる技術や知識の蓄積・共有を図り、他の国際機関や企業、大学など外部のパートナーとの連携を推進することにした。

たとえば、ジェンダー・グループの田中そのみチーフは、日本で投資銀行勤務や英国留学を経て世界銀行のジェンダー担当コンサルタントからの転身だが、各局の行うプロジェクトに最大限女性の地位を上げるような要素を取り入れていくイニシアティブ（gender mainstreaming）を推進し、また、本部や各国でジェンダー関係のセミナーを開いている。

ただ、セクターやテーマに属するスタッフの多くは依然として地域局と民間部門業務局に属し、その局長の人事評価を受けるので、このような横断的なグループの重要性を常にトップが身をもって示さなければ効果的に機能しなくなってしまう。定期的に私が参加するグループの会合を開催して、副総裁たち、地域局、民間部門業務局などの局長や戦略局長ほかにも入ってもらい、担当の課長クラスが発表して、自由に意見交換をするようにした。私があまり意味がないと思うのは原稿を読むだけのレトリックの多い発表であり、根本に立ち返るようなストレートな質問をして活発な議論の誘発に心がけた。

Ｏｎｅ ＡＤＢについては、特にソブリンの業務を担当する五つの地域局と、ノンソブリンの業務を担当する民間部門業務局の連携が大事だと考えた。地域局には、エネルギー、道路などのセクター別の専門家が多くいて、政府とのチャネルも太いので、インフラ投資に民間を活用するようなアイデアに初期の段階で関与することができる。民間部門業務局は投資銀行などの出身者が多く、地域局とは違うカルチャーを持っているが、私は、人はソブリンかノンソブリンに分かれて生まれてくるわけではなく、お互いに学び、行き来することで個人としても成長できると言ってきた。

インフラ投資の質の改善と量の拡大についての考え方

インフラへの投資拡大は、世界金融危機のあと、世界の成長を下支えするという観点から、G20やＩＭＦなどでの国際的な議論でも大きなテーマとなってきた。気候変動対策としての緩和や適応においても、エネルギー、運輸・交通、水などのインフラ・プロジェクトにどのように織り込んでいくかが重要だ。インフラの質については、第6章でも触れたように、二〇一九年のG20大阪サミットで「質の高いインフラ投資のための原則」が合意されたことは重要なステップだったと思う。

私の在任中、インフラ整備に関して、最も力を入れて取り組んできたのは、より先進的な技術をプロジェクトに生かすというイニシアティブだ。各国の先進的な企業トップとの意見交換などを通じて、これらの企業がアジアの開発に関与し続ける重要性を感じた。ＡＤＢが支援するプロジェクトの調達は、国際競争入札にかけ、一定の基準を満たしたもののなかで最低価格のものが落札することが基本だが、価格の要素に加え、より高度な技術を取り入れていくことは、いくつかの点から重要性を増している。

第一に、地球温暖化問題に取り組んでいくうえで、よりクリーンで災害に強い技術の利用を促進することが求められている。第二に、インフラの耐久性あるいはメンテナンスに関心が高まっており、初期投資に加えライフサイクル全体でコストを考えていく必要がある。第三に、ＡＤＢの支援は国全体のインフラ需要から見れば限られたものであり、より先進的なプロジェクトを手掛けることによって、各国で同様のプロジェクトを実施する際のモデルとなり、開発効果を高めることができる。

多くの加盟国が中所得国となったいま、先進的な技術や知識の移転は、これまで以上に重要だ。価格だけを重視する調達基準では、実際に調達を行う借入国政府に、これまで通りの古い技術を押し付けることになりかねない。プロジェクトのデザイン、入札の際のスペック設定、落札者を決めるための評価の仕方について、ルールの見直しを行うことによって、より高度でクリーンな技術の導入を図ってきた。

インフラ整備にあたっては、プロジェクトの承認や実施のスピードを上げていくことも必要だ。各国の当局者と話をしていると、スピードが遅いことへの不満を示されることがある。先方政府内のプロセスに時間がかかっている場合も多いのだが、確かに、ＡＤＢ側が厳正に調達プロセスの公正さを保ち、生物多様性の保全（たとえば希少種の鷹への影響）までを含む環境へのインパクトや住民移転などの社会的な影響を評価し、セーフガードすることには相当時間がかかっている。これらの配慮は、途上国自身が取り組みを強化していくべき分野であり、ＡＤＢのプロジェクトを通じて学ぶことができるメリットもあると思う。

しかし、煩雑すぎる、時間のかかりすぎる手続きがそのままでいいということにはならない。デジタル技術の時代に即応した手続きの合理化、現地事務所への権限委譲、状況に応じてではあるが各国のシステムに基づいた調達手続きや環境・社会基準の採用、などの改革を進めている。

インフラ整備への民間セクターの活用も大事なテーマだ。インフラ整備は、多くの国で政府自身が行っているが、発電、有料道路、港湾、空港、水道など、民間セクターが行っている場合も多い。ＡＤＢは、太陽光、地熱、風力などの再生可能エネルギー事業、通信事業など、民間インフラ向け業務を拡大しつつある。

官民連携（ＰＰＰ）の手法を活用する機運も広がっている。先進国の年金や生命保険などの長期の資金源と、開発途上国におけるインフラ整備のための長期の資金需要をマッチングすれば、双方の利益になると言われる。しかし、実際上は、たとえば有料道路のＰＰＰ事業の場合、政府が事業権を民間事業者に与える長期契約を行っても、土地収用の責任は誰が負うのか、将来の料金設定への規制変更の可能性はないのか、収入の見通しが外れたときの損失のリスクは誰が取るのか、民間と政府の間で争いが生じたときにどう解決するかなど、課題は多い。

政府の財政負担を避けるために安易にＰＰＰが使われると、途中で事業が放棄されたり、あとになって納税者や利用者の負担がかえって増加することにもつながりかねない。その意味でも、ＰＰＰは、ルールをきちんと設定し、民間の持っている資金だけではなく技術力や経営力を生かすという効率性の観点が不可欠だ。ＡＤＢは、インド、インドネシア、ベトナムなどに対し、ＰＰＰ法令の整備や、各国政府内におけるＰＰＰ専門部局の創設などを支援してきた。フィリピン・セブ島の空港拡張事業がその一例だが、民間事業者の必要資金を民間銀行とともにＡＤＢの民間部門業務局が融資することも行っている。

ＰＰＰの活用を促進するためには、いかに採算に合う（bankable）プロジェクトを探し出し、ＰＰＰ案件として組成するかが鍵となる。この認識から、ＰＰＰ専任の官民連携部を創設し、二〇一五年一月からＰＰＰの案件組成に対する助言サービス（transaction advisory service）を行ってきている。官民連携部は、公募の結果、いずれも国際協力銀行（旧日本輸出入銀行）の勤務経験がある加賀隆一氏、森下洋司氏が二代続けて部長となっている。また、ＰＰＰオフィスの活動を支援するため、二〇一六年一月、日本、オーストラリア、カナダの拠出により「アジア・太平洋プロジェクト組成ファシリティ」が発足した。

アジアの膨大なインフラ資金需要に応えるために、世界銀行やＡＩＩＢなど国際開発金融機関に加え、ＪＩＣＡやＫｆＷ（ドイツ）、ＡＦＤ（フランス）など二国間援助機関や民間金融機関との協調融資も進めている。二〇一九年は、ＡＤＢの資金による新規貸付が二一七億ドルなのに対し、協調融資は一一八億ドルに上った。

私の在任中、高度な技術をインフラ整備に取り込むとの観点から、専門知識を各国政府、民間、研究機関などとシェアする仕事にも力を入れた。クリーン・エネルギーや持続可能な運輸・交通、都市開発、水、デジタル技術などのセクターやテーマに関する重要なフォーラムを定期的に開催し、インフラ需要、防災などに関する重要な報告書もいくつか発表した。なお、これは必ずしもインフラとの関連ではないが、ＡＤＢの知見を活かした技術協力は、法務局（たとえば、女性の土地所有権の法整備）、財務局（ソブリン・ウェルス・ファンド、外貨準備の運用など）、腐敗防止・公正管理部（汚職対策）などの分野にも拡げてきた。

第二次世界大戦後の援助潮流の変遷とＡＤＢ

ところで、ＡＤＢの業務や戦略は、アジアの途上国の状況とともに、国際社会における援助についての考え方を反映してきている。私自身、経済協力を担当する主計官や円借款や債務救済などを担当する開発政策課長の経験を踏まえ、二〇〇五年に財務省の広報誌「ファイナンス」に二回にわけて「我が国のＯＤＡと国際的な援助潮流」と題する八〇ページに及ぶ論文を出したことがあり、以下はそれも踏まえている。

低所得国に対する国際的な開発援助は、ＡＤＢや世界銀行などの国際開発金融機関、それに各国が二国間ＯＤＡを行うＪＩＣＡなどの機関が担っている。どのような開発援助が必要で効果的かについては、第二次世界大戦後から今日に至るまで、さまざまな考え方の変化があったと言える。

開発の問題、すなわち、いかに人口増加に追いつくように農業の生産を高め、工業の競争力を付け、国力を増大させ、国民の生活を向上させ、疎外や貧困の問題に取り組んでいくのかは、アダム・スミス、リカード、マルサス、マルクスなどの先達がとりあげてきた、いわば経済学の本来的な課題だ。しかし、「開発途上国」の開発および援助の問題が経済理論および国際社会の主要な課題となったのは、第二次世界大戦後であると考えられる。

戦後の開発理論の変遷に大きな影響のあった世界銀行が当初最大の課題としたのは戦争で傷ついた西欧諸国の復興であるが、同時に、その時点で開発途上国の長期的な開発を助けることも目標となっていた。世界銀行の出発点である国際復興開発銀行（ＩＢＲＤ）の設立協定には、目的として

「復興」とともに「開発」が含まれている。ＩＢＲＤは一九四六年に業務を開始し、一九四七年にフランスの復興向けに最初の融資承諾を行っているが、一九四八年にはチリ、一九五〇年にはエチオピアにも開発のための融資を行っている。ちなみに、日本への最初の融資承諾は一九五二年の加盟の後の一九五三年であった。

この当時の開発理論の主流は、途上国において資本の蓄積を促進して、人口増加を上回る経済成長を遂げることが重要だというものであった。そのためには、政府が自ら運輸や通信などの基礎的な経済インフラに投資を行い、工業化を主導することが期待された。

一九四〇年代から五〇年代にはアジア諸国の独立、一九六〇年代にはアフリカ諸国の独立が相次いだ。独立したばかりの開発途上国にとって、国の発展の基礎を確保するためには、工業化が必要であると考えられた。すなわち、生産性の伸びが低く工業製品に比べて交易条件が悪化する（工業製品ほど価格が上がらない）傾向がある農業部門に依存している状態から、できるだけ早く「離陸」することが求められたのである。

一九六〇年代には、ＩＢＲＤとともに世界銀行グループの一翼をなすＩＤＡ（国際開発協会）の設立、我が国の海外経済協力基金を含む各国の二国間援助機関の設立、一九六六年のＡＤＢの設立などが相次ぎ、途上国への国際的な援助体制が整っていったが、重点はインフラへの投資であった。

一九七〇年代に入ると、主要通貨の変動相場制への移行、石油ショックに代表されるような資源の高騰、深刻な環境問題、国際的な資本移動の活発化など戦後の世界経済の秩序を揺り動かすような出来事が次々に起こり、「持続可能な成長」「環境と適合する成長」といった考え方が大きな関心を集めるようになった。同時に、世界銀行では、マクナマラ総裁が成長とともに「貧困削減」「雇用創出」を目標に掲げ、人間の「基本ニーズ」を満たす必要性、「成長を伴う再分配」の戦略が提唱された。

一九八〇年代には、それまでの政府主導の介入的な開発政策に強い揺り戻しが起こり、新古典派的な構造調整政策が大きな流れとなった。その背景には、多くの途上国で生じた公的セクターの肥大化、恒常的な財政赤字やインフレ、輸入代替工業化政策や一次産品価格安定化の失敗、過剰な規制に伴う腐敗などへの反省がある。輸入代替政策をとってきた中南米諸国がハイパー・インフレや債務累積の問題に陥っていたこと、アジアの新興工業諸国が輸出志向で急速な成長に成功したこと、社会主義国の低迷と中国の改革開放政策への転換が明らかとなったこと、などが輸入代替的、介入的な政策からの転換を促した。

その結果、一九八〇年代には援助の世界でも、規律ある財政・金融政策、貿易の自由化、国有企業の民営化、規制緩和、海外からの直接投資への開放性、などからなる市場主義的な政策（後に「ワシントン・コンセンサス」と名づけられた）が推し進められることとなった。世界銀行はこれを従来のプロジェクト・ローンではなく、プログラム型の構造調整融資（ＰＳＡＬ）で支援し、同じようにＩＭＦも構造調整ファシリティ（ＳＡＦ）あるいは拡大構造調整ファシリティ（ＥＳＡＦ）で構造調整に伴う国際収支の困難を支援した。

しかし、結局のところ、一九八〇年代の新古典派的な構造調整政策は期待どおり途上国を成長軌道に乗せることに成功したとは言いがたく、むしろサブサハラ（サハラ以南）・アフリカ諸国などで債務問題の深刻化などをもたらしたのではないかという反省が出てきた。また、画一的で国・地域ごとの状況の違いを十分に踏まえない政策を、貸出条件（コンディショナリティ）を用いて強引に押し付けたという批判も強くなった。

これに対し、一九九〇年代には、広い意味での貧困削減、制度・政策環境、人間開発などを重視する援助潮流が新たな主流となった。その背景の整理を試みると、①一九八〇年代の市場原理主義的な構造調整政策への反省が生じたこと、②ノーベル経済学賞（一九九八年）を受賞したインド出身のハーバード大学教授アマルティア・セン氏などの影響により、貧困の概念が適切な保健や教育の機会、人間の潜在能力を開発（empower）する権利を含むものに拡大し、このような広義の貧困を削減することが開発の目的であるとの考え方が強くなったこと、③冷戦の終結により、体制のどちら側かではなく途上国政府のガバナンスをより客観的に評価する環境が整ったこと、などが挙げられよう。

ただし、この援助潮流は一九八〇年代の市場志向の考え方を完全に否定しているわけではない。新たな援助潮流が一九八〇年代の流れと一線を画している点は、貧困削減が開発の最も重要な目標となるという明確な視点、途上国自身のオーナーシップに基づく国ごとの異なるアプローチが重要であるという認識とともに、貧困削減や人間開発の努力は政府の責任であり、効率的で効果的な政府による市場の補完が開発には不可欠であることが従来にも増して認識されるようになった点にあった。

ＡＤＢでも、千野忠男総裁（一九九九年から二〇〇五年まで在任）のもとで、一九九九年の「貧困削減戦略」、さらに二〇〇一年の「アジア太平洋地域における貧困削減アジェンダの推進」という長期戦略枠組みが策定され、貧困削減が最上位の目標とされた。関連して、保健、教育、ジェンダー、環境配慮などが重視された。このようなＡＤＢの戦略は、二〇〇〇年に国連で採択されたミレニアム開発目標（ＭＤＧｓ）にも呼応するものでもあり、ＡＤＢのアジア開発基金に対する先進加盟国の継続的な支援を確保するためにも必要であった。

その後の「大いなる安定」の時期に、再び市場の力への期待が強くなり、ドナー国のいわゆる「援助疲れ」もあって、国際開発金融機関の役割はより限定的でよいという考え方が出てきた。ある意味では、ＡＤＢの「ストラテジー２０２０」はそのような流れを部分的に反映していたとも考えられる。

しかし、世界金融危機後は、世界の成長を高めるためにはインフラ投資の拡大が必要であり、気候変動への対応や持続可能な成長目標（ＳＤＧｓ）の達成のためにも国際開発金融機関の役割は大事だという考え方が再び強くなってきた。インフラ投資は、もともと、経済成長とそれを通じた貧困削減に不可欠である。また、電気や道路、清潔な水へのアクセスはそれ自体が追求すべき目標であり、広義の貧困を減らすものでもある。電気がなければ子供の教育や女性の社会進出にも問題が生じるし、道路がなければよい病院、学校、職場に行くのも難しい。衛生的な水道のサービスは、健康な生活の基礎であり、家事の負担を減らす。

ＡＤＢのこれまでの歩み、戦略を俯瞰すると、国際的な援助潮流の影響は受けてきたものの、その振れは比較的小さく、成長と貧困削減のためのインフラの重視、各国の状況に応じた現実的なアプローチ、各国の声をまずは重視するという姿勢では一貫していたと言える。ＡＤＢの「ストラテジー２０３０」もそのような伝統を踏襲しているのだ。

Ⅲ　アジアの開発の歴史から学ぶ

第13章　アジアはなぜ発展したのか

『アジア開発史』の刊行

域内の加盟国を回って各国の状況を目にし、ＡＤＢによる支援の方策を当局者と議論し、また、アジア全体としての新しい課題への取り組みを考えるにつけ、アジアの開発の歴史をもっと知ることが大事だと思うようになった。日本経済の発展については、中村隆英《たかふさ》東京大学教授による『昭和経済史』（岩波書店、一九八六年）が最も刺激を受けた書物の一つだ。

アジアとは何か、アジアと西欧はどう違うのか、アジアの歴史をどう総括するのか、アジアの今後はどうなるのかは、Ｇ７で欧米諸国との関わりが強かった私にとっていわば永遠のテーマだ。私は、ＡＤＢというアジアの国際機関にとっても、加盟国それぞれの経験に基づいてアジアの戦後の開発の歴史をさまざまな角度から振り返るのは、重要な責任だと考えた。

二〇一五年に第12章でも述べたＡＤＢの五〇年史の準備を始めたときには、すでにアジア各国の開発そのものの歴史を別の書物として、ＡＤＢで書くということを決めていた。実際に『アジア開発史』を書き始めたのは、二〇一七年にADBの五〇年史が刊行されてからだ。各国の歴史を丁寧に振り返るという作業とあわせ、いろいろなテーマやアイデアが加わってきたことによって、完成までにおよそ三年を要した。スタッフの多大な協力で、私の退任の前日である二〇二〇年一月十五日にADBのホームページでの公開までこぎつけたことは幸運であった（四月に書籍を出版済、二〇二〇年末までに日本語版を勁草書房から出版予定）。

本文だけでも五〇〇ページに及ぶ『アジア開発史』（*Asia's Journey to Prosperity: Policy, Market, and Technology over 50 Years*）では、第5章で述べた経済発展の八条件を基本にしつつ、一五章がそれぞれテーマを扱っている。すなわち、①第二次世界大戦後の開発の概観、②市場と国家の役割、③産業構造の転換、④農業の近代化と農村開発、⑤成長の原動力としての技術進歩、⑥教育・保健と人口動態、⑦投資・貯蓄と金融セクター、⑧インフラ開発、⑨貿易・外国直接投資・経済開放、⑩マクロ経済安定化の取り組み、⑪貧困削減と所得分配、⑫ジェンダーと開発、⑬環境の持続可能性と気候変動、⑭多国間・二国間開発資金の貢献、⑮アジアにおける地域協力・統合、である。

このような本を書くときによく採用する方法は、外部の識者に執筆をゆだね、それを取りまとめるというものだ。しかし、私がこだわったのは、ADBにもアジア各国の現状をよく知る優秀なエコノミストが多数いるのだから、ADB自体が著者となるべきだということだ。同時に、数回にわたってアジア各国や欧米からアジアの開発に精通した数十名の学者を招いて、アドバイスをもらった。事実の正確な記述に関すること、書ききれていなかったこと、メッセージをどのようなものにするかということなどについて、有益な質問、コメントをたくさんいただいた。アジアにも英語で論文を出している学者は多く、優秀な若手の学者、女性の学者を見出し、活躍の機会を持ってもらうのもＡＤＢの役割の一つだと言ってきた。ちなみに、日本からは、大塚啓二郎神戸大学教授（開発経済）、岡崎哲二東京大学教授（日本経済史）に来てもらった。

執筆には、澤田康幸調査局長、同局のシニア経済アドバイザーで中国出身のジュゾン・ジャン（庄巨忠）がリーダーとなり、各国出身の数十名のエコノミストが参加した。総裁直属のシニア・アドバイザーのニニー・コーは、台湾系マレーシア人の気鋭のエコノミストだ。彼女は東南アジアと中国に関する広い知識とコモンセンスで私をサポートしてくれた。一九九〇年代に中国からオーストラリアに渡り同国の国籍をとってメルボルン大学で教えていたこともあるレイ・レイ・ソンは私の総裁補佐官だったが、総裁室からインド・オフィスに転じたあともビデオ参加し、インドと中国の比較などについての興味深い視点を提供してくれた。調査局のナショナル・スタッフ、アドミニストラティブ・スタッフは、資料の収集、図表の作成、原稿の整理に献身してくれた。

私自身も構想段階から深く関与し、テーマによっては一〇名近くが参加する総裁室での会議も数十回に及んだ。特に、二〇一九年夏からの詰めの段階では、朝から夕方まで文章を精査する総裁室でのセッションが連日に及ぶことがあり、澤田局長は米国で新兵の訓練キャンプを指す「ブート・キャンプ」になぞらえていた。と言っても、私自身がいわば上官兼新兵のようであった。

経済学博士号を持っている各国出身のエコノミストとの議論を通じて、知らなかった各国の歴史や事情、関連する学者の論文にも触れることができたのは、またとないよい勉強になった。貸付の業務を持っている金融機関のトップとしては異例の力の入れ方であり、ときには時間を使いすぎているのではないかと自分に問いかけることもあった。しかし、アジアの開発の歴史を客観的かつ包括的にアジアの声で語りたい、情報が豊富で完成度が高く、そして興味深いエピソードや図表を多く含んだ、読みやすい本、長く読み継がれる本を出したいという強い思いがあった。

特に意識したのは、よく知られた、世界銀行による一九九三年の『東アジアの奇跡』だ。四半世紀前に日本政府の支援もあって出版されたこの出版物と比べてみたとき、『アジア開発史』にはいくつかの特長がある。

第一に、『東アジアの奇跡』が対象とした日本、新興工業経済（NIEs）、いくつかの東南アジアの国（インドネシア、マレーシア、タイ）を超えてアジアの途上国全体をカバーしており、中国、インド、ベトナムほかの改革と力強い成長、中央アジア諸国の中央計画経済からの移行も詳しく論じることができている。

第二に、気候変動、海洋汚染、人口高齢化、ジェンダーなど重要性を増している課題、一九九七から九八年のアジア通貨危機や二〇〇八年の世界金融危機の後の政策対応も対象としている。グローバル・バリューチェーン、人工知能などの新技術の影響、新しいサービスの重要性といった新しい世界経済のトレンドも取り上げている。

第三に、アジア、北米、欧州の広範な加盟国を出身とする多くのエコノミストによって書かれたこの本は、各国の経験への深い理解とバランスのとれた見方に支えられたものとなった。また、ADBで貸付などの実務に関わっている多くのスタッフが執筆に参加したことにより、保健、教育、ジェンダー、農業、エネルギー、交通・運輸、水、通信、環境と気候変動などを扱う章の記述は、専門知識と具体例をたくさん含んだものになった。

以下では、この本にしたがいつつ、アジアの発展はどのようにして可能になったのかを私の言葉で振り返っていきたい。

アジアの開発の成果は予想を裏切った

一九六六年にＡＤＢが創設されたとき、アジア・太平洋地域は非常に貧しかった。当時は、人口が多く、しかも増加しつつある地域の人々に、いかに食糧を行きわたらせるかが最大の課題であった。半世紀後、アジアは世界のダイナミックな発展の中心的な位置にある。

五〇年前、アジアの工業化と開発一般についての見方は悲観的であった。のちにノーベル賞を受賞するスウェーデンの経済学者グンナー・ミュルダールは、一九六八年に出版された『アジアのドラマ』（*Asian Drama*）のなかで、アジアの多くの地域は、人口の増加圧力にさらされ、政府が適切な政策を実行する能力がないことから、沈滞（doldrums）していると描写した。日本は十九世紀後半に近代化を始めており、当時は戦後の高度成長のただ中にあったが、アジアのなかでは例外だと考えられていた。

中国は、文化大革命の混迷に入っていくところであった。インドは、社会主義的な考え方と中央計画経済、輸入代替政策によって、成長を阻まれていた。のちにＮＩＥｓと呼ばれることになる香港、韓国、シンガポール、台湾は成長を始めていたが、その未来はまだ不確かなものであった。ＡＳＥＡＮは一九六七年に、当初の五ヵ国のメンバーによって地域の平和を促進するために創設された。しかし、経済改革と「雁行的発展モデル」による力強い成長は始まっていなかった。中央アジア諸国はソ連の一部であった。ベトナムは戦争のさなかにあり、そのほかにも地域の多くの国が紛争や政治の不安定性に苦しめられていた。

図表13／一人当たりGDPの推移

（ドル建て2010年価格）

	1960年	1990年	2018年
アジア途上国	**330**	**1,078**	**4,903**
バングラデシュ	372	411	1,203
インド	330	581	2,104
インドネシア	690	1,708	4,285
マレーシア	1,354	4,537	12,109
中国	192	729	7,755
フィリピン	1,059	1,527	3,022
韓国	944	8,465	26,762
シンガポール	3,503	22,572	58,248
台湾	919	7,691	23,113
タイ	571	2,504	6,362
ウズベキスタン	—	1,003	2,027
ヴェトナム	—	433	1,964
アジア先進国	**9,685**	**37,519**	**49,857**
オーストラリア	19,378	35,913	56,919
日本	8,608	38,074	48,920
OECD平均	**11,499**	**27,337**	**39,937**
アメリカ	16,982	35,702	54,554
世界平均	**3,758**	**7,186**	**10,882**

出所：ADB Key Indicators Database; World Bank, World Development Indicators; 2019 Revision of World Population Prospects; ADB estimates.

アジアの開発途上国（ＡＤＢの域内加盟国である四六ヵ国・地域でＡＤＢからの借入卒業国であるＮＩＥｓを含む）の一九六〇年の一人当たりのＧＤＰ（二〇一〇年価格）は、平均で三三〇ドルであったが、二〇一八年にはそれが四九〇三ドルと一五倍になった（図表13）。その間に世界全体の一人当たりのＧＤＰの増加は三倍にとどまったので、アジア途上国の世界のＧＤＰに占めるシェアは四％から二四％にまで拡大した。地域の先進国である日本、オーストラリア、ニュージーランドを含めると、世界のＧＤＰに占めるシェアは一三％から三四％に拡大している（図表14）。過去五〇年の地域のパフォーマンスは、経済成長のほか、貧困削減、保健や教育の向上など社会的な指標を含め、予想をはるかに上回るものだった（図表15）。

図表14／世界各地域のGDPシェア（ドル建て2010年価格で計算）

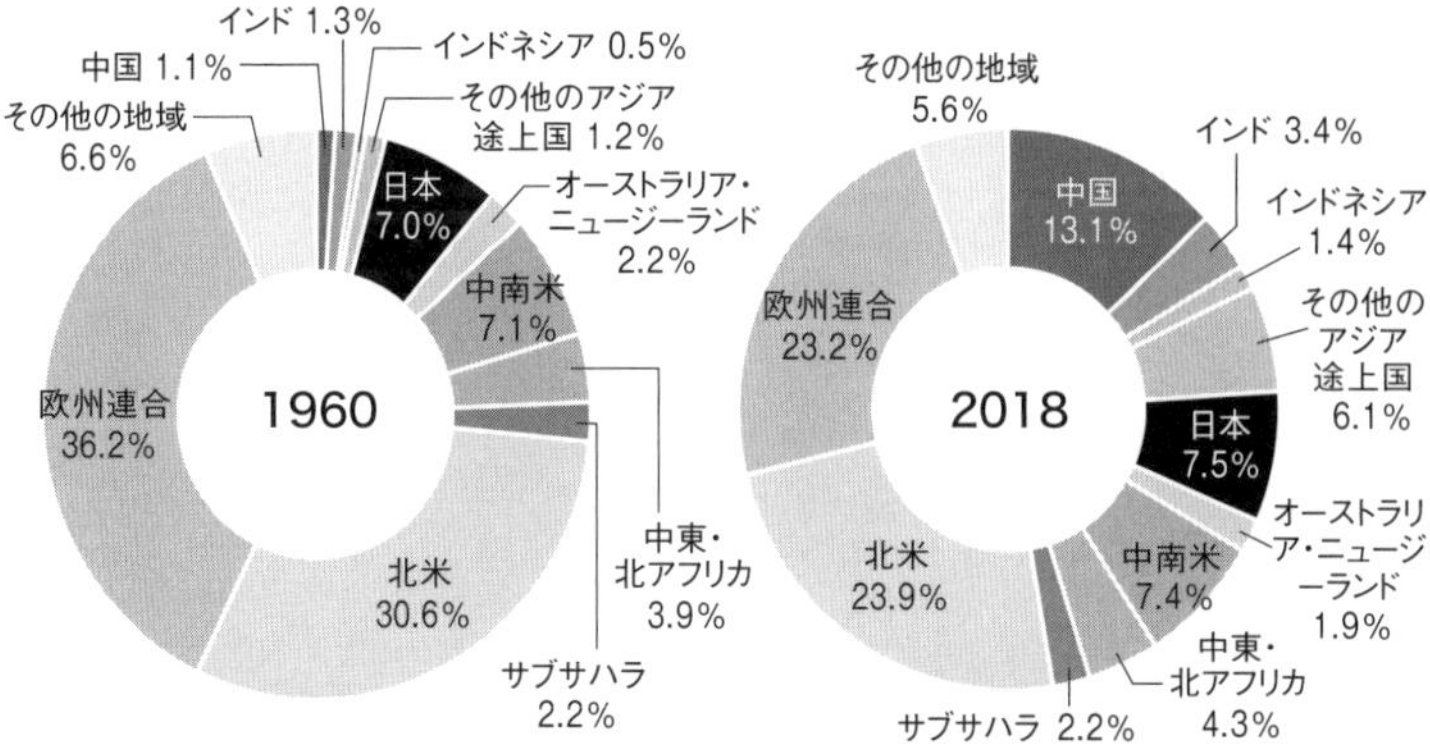

ADB域内加盟国	13.4%
発展途上国	4.1%
先進国	9.2%

ADB域内加盟国	33.5%
発展途上国	24.0%
先進国	9.4%

出所：ADB Key Indicators Database. https://kidb.adb.org/kidb（2019年8月2日アクセス）および世銀 World Development Indicators. https://data .worldbank.org（2019年8月2日アクセス）を基にADBが試算。

図表15／社会セクターの発展

	アジア途上国				OECD			
年	1960	1980	2000	2018	1960	1980	2000	2018
絶対的貧困率（人口対比%）	—	68.1	33.1	6.9	—	1.3	1.2	0.9
平均寿命（年）	45.0	59.3	65.8	71.8	67.8	72.6	77.2	80.5
乳幼児死亡率（1,000人当たり）	137.8	80.1	48.1	26.2	49.1	25.1	9.4	5.9
平均教育期間（年：20-24歳の集団）	3.5	6.0	7.7	8.9	7.8	10.1	11.4	12.1

出所：*Asia's Journey to Prosperity: Policy, Market, and Technology over 50 Years*

アジアの成功の理由——アジア・コンセンサスはあるのか

何がこのような戦後のアジアの経済的成功の理由であったのか。

過去半世紀にわたり、アジアの多くの国では人口が増加し、その過程で生産年齢人口の比率が上昇することによる「人口ボーナス」を受け取ることができた。この期間には、先進国が開放的な貿易・投資を進めてきたという意味で、アジアは良好な対外環境に置かれてきたということも言える。また、アジア各国は、技術進歩やグローバリゼーションからも大きな恩恵を受けてきた。特に近年においてそうであった。さらに、いわゆる先進国へのキャッチアップ、あるいはコンバージェンス（収斂）のプロセスによって、低所得からより早い成長をする機会が与えられた。

しかし、有利な人口動態や対外環境があれば経済成長が自動的に進展するわけではない。アジアの戦後の経済的成功は、基本的に、効果的な政策と強い制度（政府の組織、経済体制、法的枠組みなど）によってもたらされた。政策を選択するにあたっての政府のプラグマティズム、自国や他国の成功や失敗の経験から学ぶ能力、改革を導入する際の決断力にも助けられた。多くの国で、明確な国の将来像を先見力のあるリーダーが提唱し、それを社会の多くの階層が共有し、有能な官僚層が支えたことも大きかった。

国ごとに政策の組み合わせやタイミングなどに違いはあったし、ときには政策が後退したり逆戻りしたこともあったが、成功したアジアの国々は、この五〇年の間に、開放的な貿易・投資体制、インフラの整備、教育や保健への投資、マクロの安定など、経済発展の八条件に挙げたような、持続的な成長に必要な政策をとってきた。

アジアには、他の地域とは異なるような特別な発展モデル、つまり「アジア・コンセンサス」のようなものがあったのだろうか。ADBの立場は、そのようなものはなかった、ということである。アジア各国が行ってきた政策は、いずれも標準的な経済理論で説明できるし、IMFや世界銀行が主導してきた、いわゆる「ワシントン・コンセンサス」と言われるような政策ともあまり変わりはない。

違いがあるとすれば、アジア各国はこれらの政策を実施するにあたり、実践的なアプローチを用いたということであろう。すなわち、各国は、ワシントン・コンセンサスの処方箋でもある輸入の自由化、外国からの直接投資への国内の開放、金融セクターの規制緩和、市場の実勢を反映した為替レート、国有企業の民営化などの政策を、より「漸進的」でかつ「段階を踏む形」で行ってきた。たとえば、資本流入の自由化は、まずは国内の金融セクターが十分に発展してから行うべきということだ。この点は、国有企業の民営化などでいわゆるビッグバンのアプローチをとったロシアとは大きく異なる。

退任前の二〇一九年十二月に中国に出張した際、北京大学の国家発展研究院を訪問し、世界銀行のチーフエコノミストであった林毅夫（ジャスティン・リン）教授ほかの何人かの教授と意見交換の機会を持った。気鋭の女性准教授なども交えてデジタル技術の経済・社会への影響、環境にやさしい経済発展の方策も議論したが、ちょうど『アジア開発史』の執筆の最終段階だったので、これも議論の対象になった。リン教授は、アジアにはワシントン・コンセンサスとは明らかに異なるアジアのアプローチがあるという立場だ。彼によれば、行きつくところの目的（ends）は一緒でも、どうやってそこに行くのかの方策（means）も含めて、違いがあるのかどうかを考えなければいけない。

逆に、『アジア開発史』がアジア・コンセンサスのような特別なものはないと主張しているのは、米国や欧州先進国の場合もアジアの場合も、成長をもたらしたのは民間の活力だったという点、政府の役割で最も重要なものは民間企業の活動が活発になるように制度を整えることであるという点、米国の英国へのキャッチアップの過程も含めて、発展の初期にはどの国でも政府が国内産業を助けることもあるという点など、多くが共通していると考えているからだ。

また、私自身がアジアの発展モデルは特殊ではないと強調する背景には、一九八〇年代後半から九〇年代前半にかけて日本経済の強さがピークとなり米国の脅威になっていると思われたときに、いわゆる日本異質論が唱えられ、日本が政官財の協力のもとにあたかも不公正な競争を行っているかのように批判されたことの苦い経験がある。私は当時、大蔵省の主税局や国際金融局で日米構造協議などに関わっていたが、米国の日本に対する見方は、相当偏った決めつけがあると感じていた。

それに、そもそもアジア諸国の発展は、たとえば、第二次世界大戦に向かう一九三〇年代から戦後のある時期までを除けば基本的には資本主義によって発展してきた日本、財閥の創業者たちが政府のビジョン設定を背景に重化学工業化を成し遂げた韓国、中央計画経済を経て一九七〇年代後半から市場志向の改革開放路線に転じ、社会主義市場経済に移行した中国、海外からの直接投資をてこに高成長を遂げているベトナムなど、それぞれかなり異なる発展モデルであり、コンセンサスという言葉になじまない。

結局は、私とリン教授の違いは、標準的な発展モデルであると言うにせよ、特別なアプローチであると言うにせよ、かなりの程度は説明の仕方の違いだろうと思う。中国の場合は、政治体制が日本や欧米の先進国と異なることもあり、違うモデルでも成功するということを強調する傾向にあるのだと思われる。

ステレオタイプの見方に反論する

先述した日本異質論のときもそうであったが、私は、アジアの経済的な成功についての見方は単純すぎる面があるのではないかと長く感じてきた。多くの学者、特に欧米の学者たちの議論のなかには、国による介入とガイダンスの役割を強調しすぎる傾向がみられる。しかし、アジアの成功は、本質的には、市場と民間セクターを成長のエンジンとすることでもたらされてきたものだ。実際、各国の経済は、国による介入から市場志向に政策を転じてからより高い成長を始めている。もちろん、政府も必要な分野で、民間活動を支えるような役割を果たしてきた。

市場志向の政策は、多くのアジア諸国の商業や技術の長い歴史にも根差している。たとえば、日本には江戸時代からの商人の伝統や資本蓄積がある。角倉了以《すみのくらりょうい》による保津川の水運、住友の銅山、鴻池の新田開発、三越の元になった越後屋呉服店、堂島のコメの先物取引などがよい例だ。明治時代（一八六八―一九一二年）には、政府が欧米をモデルに近代的な制度を導入し、産業の分野でもパイロット事業を行ったが、早いうちに払い下げた。中央線や東北線を含め、多くの鉄道の路線は民間によって建設されている。国有化が進んだのは、一九〇六年の鉄道国有法によってだ。日本の大都市圏の郊外を走る私鉄網は、私自身、米国やマニラの滞在経験から見ると、改めて世界に誇るべきすばらしいものであると思うが、明治後期から昭和初期にかけて起業家たちが競って建設し、あわせて住宅地やデパート、遊園地などを開発した成果だ。電気もずっと民間会社が供給してきた。

　中国やインドにおいても、二十世紀の初頭には、繊維、紙、薬品、鉄鋼、造船などの分野で、民族資本が主導する産業が盛んだった。たとえば、インドのタタ財閥は、一八六八年にムンバイ（設立当時は英国領インド帝国のボンベイ）に設立された綿貿易会社が出発点であり、その後、綿紡績、ホテル、製鉄と業態を拡大している。タタ製鉄が二〇〇七年に、かつてインドを植民地として支配していた英国の製鉄会社を買収したというニュースは、私自身も感慨深かった。

　多くのアジアの国が、工業化を促進するために、特定の産業をターゲットに置く「産業政策」をとってきたことで、その点が成功の秘訣であるように考える人がいる。産業政策には、国内の企業振興のために関税、補助金、信用供与の優遇、税制上のインセンティブが用いられた。しかし、それらの政策のなかには、成功したものもあれば、失敗したものもある。

　一般的に国内市場が狭い場合、過度の国内産業の保護が長く行われる場合に、産業政策は成功しない。産業政策は、もしも適切に使われなければ、企業がいわゆる「レントシーキング」によって政策を自分の都合のよいものに変えさせるなど、不公平な競争や非効率を招くことになる。実際、時間を経るにしたがい、アジア各国の産業政策は、より介入の色彩の弱い、研究開発支援のような政策に移行していった。

　日本における戦後の傾斜生産方式、外貨や資金の優先的割り当てなどの政策は産業政策の典型的なケースとされるが、一九三〇年代後半の国家総動員体制、戦時体制のいわば延長であって、長い日本の経済史では例外的な時代ということができる。鉄も石炭も外貨も、すべてが不足しているなかで、国による優先付けをせざるをえなかったのだ。自動車産業については、ある時期まで輸入車に対する関税（一九七八年以降はゼロ）や大型車に対する物品税、自動車産業に対する対内直接投資の制限などの産業政策が、国内メーカーの育成を図るうえで一定の役割を果たしたと考えられるが、家電や二輪車が産業政策で強くなったわけではない。

もちろん、産業政策を完全に否定するものでもない。今日では多くの論者が、もしも適切に使われれば、特に開発の早い段階で、産業政策は有効な役割を果たすということに同意している。実際、現在の先進国である、ドイツや米国でも、発展の初期には英国に追いつくために産業政策が大きな役割を果たしてきた。アジアにおける産業政策が特殊なものであったとは必ずしも言えない。第二次世界大戦後を見ても、米国の現在の競争力の柱であるコンピューター、インターネット、GPS、宇宙航空産業などは、国から多くの資金が流れる軍事技術から派生したものだ。産業政策は、それが競争を促進する面を持っているときに、また、より透明性のある形で、明確なターゲットと実施期限を定めて行われるときに、成功する可能性が高くなる。

アジアの「輸出志向」の貿易政策も、しばしば過度に強調され、また誤解を生んできたと思う。日本やNIEsは早い時期から輸出志向の政策を採用している。しかし、このような政策は、むしろ「対外志向」の政策と呼ばれるべきである。というのは、輸出の促進は、より多くの資源（石油や鉄鉱石など）、資本財（高度な製造用機械など）、技術（特許料など）の輸入を行うために、必要な外貨を獲得することを目的としていた。実際、日本は、一九六〇年代半ばまでは、継続的に国際収支上の経常赤字をかかえており、いわゆる「国際収支の天井」に近づいたときには、輸入を増やしてしまう内需を抑制するため、財政金融政策を引き締めなければならなかった。経常収支黒字がG

ＤＰの伸びを主導したわけでは決してない。

インドやインドネシアなど、多くのアジアの国は独立後、「輸入代替」政策をとっていたが、次第にそこから転換していった。自国の産業育成のために輸入品を国産品で代替する輸入代替の戦略は、第二次世界大戦後、世界の多くの途上国が採用していた。国が資源配分を決めるという社会主義の影響もあったし、植民地支配から独立を遂げた国々は自力発展を望んでいた。

アルゼンチンの経済学者ラウル・プレビッシュが一九四九年に最初に唱えたいわゆる「従属理論」あるいは「中心・周辺理論」も輸入代替による工業化政策を後押しした。この理論によれば、世界経済の中心にある先進国の工業製品に対し、周辺の途上国の主要輸出品である一次産品の相対的な価格は趨勢《すうせい》的に低下し（交易条件の悪化）、途上国が生活水準を上げ従属の地位から脱するためには、工業化を国家主導で進めなければならない。

しかし、実際には、輸入代替による工業化戦略の下でとられた保護貿易と過大評価された自国通貨の為替水準は、国内産業の競争の欠如、深刻な非効率を生み、特にラテンアメリカでそうであったように、国際収支危機にすらつながった。どの国でも、自国にない資源や技術、機械などは外国から輸入せざるをえず、外貨を節約して自力で工業化するという政策が、皮肉なことに外貨の決定的な不足を招いた。

市場と国家の役割をどう考えるか

市場と国家の経済発展における役割をどう考えるかについては、長い間議論の対象となってきた。

結論から言えば、身も蓋《ふた》もないようだが、どちらも重要ということになる。アダム・スミスが十八

世紀に『国富論』で著したように、人々が利益を追求して工夫をし、努力をすること、価格の変化

を経済活動の指標とすること、それぞれが得意なことに分業することが成長の源泉であることは古

今東西変わりがない。これまで述べてきたように、アジアの成長も、市場の機能を重視する政策を取ることによって促進されてきた。

　一方、政府の機能も重要だ。政府には、第一に、ルール作りや裁判所などを通じて、民間の経済活動のための諸制度（institutions）を整え、それを執行（enforce）する役割がある。第二に、道路や警察、外交活動など、料金の徴収が難しく、皆が同時に消費するいわゆる「公共財」を提供しなければならない。料金は取れるが、プラスの外部経済効果（費用を負担する人以外にも利益となる）が大きい教育は「準公共財」と言われることがあり、どの国でも初等・中等教育は、政府が提供したり、支援をすることが普通だ。第三に、環境汚染など価格に反映されない社会のコストなどの「外部不経済」に対応し、規制や税金などで補正することが必要だ。第四に、一定の産業政策や研究開発などを通じて、イノベーションを促進する機能も多くの政府が果たしている。

　第五に、マクロ経済の安定を図る機能だ。一九三六年にジョン・メイナード・ケインズが『雇用・利子および貨幣の一般理論』で明らかにしたのは、不況で国内の総需要が総生産の能力より足りないときには、国債を発行してでも財政支出を拡大させ、需要を補う必要があるということだ。一九二九年のニューヨークでの株価大暴落に始まる大恐慌のさなか、一九三二年に五度目の大蔵大臣となった高橋是清による雇用創出のための公共事業拡大やルーズベルト大統領が一九三三年から採用したニューディール政策は、いわばケインズ理論を先取りしたものであった。

第六に、市場は資源配分の効率性をもたらすが、個々人の資産や置かれた環境などの初期条件に依存する所得や資産の分配をより平等にする機能は持っていないので、税制（累進的所得税、相続税、固定資産税など）や財政支出（医療、教育、失業保険など）を用いて再分配を図る政策が必要だ。貧困を削減し、平等度を上げることは、それ自体に価値があるだけではなく、国民の労働や教育への意欲を高め、中間層を増やし、社会の安定や持続的な成長にも資する。

『アジア開発史』を編纂していく過程で私が強く感じたのは、これらの政府の機能のなかでも制度を整備し、それを執行していくことの重要性である。たとえば、米国は独立後いち早く一七九〇年に特許法を制定している。苦労をして発明をした成果が発明者に利益をもたらし、かつ特許料を払えば皆が利用できるようにすることは、イノベーションとその普及を促進するうえで鍵になる。ただし、法令を整備しても、規制当局や司法制度によってそれが守られるように執行できなければ意味がない。

中国は、一九七八年以降改革開放政策に舵をとったが、外国から学んだ制度の一つが市場経済の基礎となっているマクロやミクロの経済学だ。私が一九八〇年から八二年にカリフォルニア大学（バークレー）に留学していた際も、中国から経済学を学ぶために大学院に留学していた若い学者と知り合って、ときどき意見交換をしたことを覚えている。中国は、一九八五年に米国等からノーベル経済学賞の受賞者などを含めた学者を多数招いて、揚子江でクルーズをしながら価格の段階的自由化に関するシンポジウムを行ったが、このクルーズは今も中国の経済史に記憶されている大事なイベントであった。

明治の日本が近代化に成功したのも、科学技術や機械の輸入もさることながら、株式会社、複式簿記、銀行、中央銀行、証券取引所、民法や商法など資本主義を支えるさまざまな制度、憲法、内閣、議会などの統治に関する制度、そのほか医療、軍隊、大学や義務教育などさまざまな制度をいち早く取り入れていったことが最も重要だったのではないかと思う。その際には、明治初年に遣欧使節団が世界を見分したことを踏まえ、世界で最も進んでいると考えられる国を高官が訪問して教えを請い、専門家を日本に高給で招き、次第に各国に派遣した留学生に置き換えている。ちなみに、日本銀行は、のちに初代の大蔵大臣になった松方正義の建議により一八八二年に創設されているが、松方が一八七八年のパリ滞在中に会ったフランスのレオン・セイ蔵相の助言にしたがい、当時最新とされたベルギー中央銀行をモデルとしている。

第14章　経済発展のさまざまな側面を振り返る

産業構造の転換は経済発展とともに進む

経済発展は、基本的に農業から工業、そしてサービスへ産業が転換していくプロセスだ。アジアの途上国全体で見たときに、農業ほかの第一次産業の雇用に占める比率は、一九七〇年代の七一％から二〇一八年の三四％へ、ＧＤＰに占める比率は三二％から九％に下がっている。一方、製造業や鉱業の第二次産業は雇用に占める比率が一九七〇年代の一四％から二〇一八年には二六％へ、ＧＤＰに占める比率が三四％から三八％に増大している。農業の生産性が上がって、農村の余剰労働が工業に移り、工業生産を拡大する過程が表れている。

さらに、サービス産業の第三次産業は、雇用が一九七〇年代の一五％から二〇一八年の四一％へ、生産が三四％から五四％へとシェアを大きく増やしており、アジアの途上国でも経済のサービス化が進んでいることがわかる。日本では、第二次産業のシェアは、雇用が一九七〇年代の三六％から二〇一八年には二五％へ、ＧＤＰが四三％から二八％まで下がっている一方、第三次産業のシェアが雇用で五〇％から七二％、生産で五二％から七一％まで上昇しており、いわゆる「脱工業化」が進んでいることがわかる。

インドやフィリピンのような国では、ＩＴ関係のサービス業が伸びていることもあって、農業から十分な工業化を経ずに、サービス主体で高所得国にジャンプすることができるかが議論になることがある。今の先進国はいずれも工業化を経ており、製造業には経済発展を導く性格があるとされてきた。すなわち、貿易可能であること、より多くの雇用が生み出せること、科学技術の発展と表裏をなすこと、「規模の経済」（生産規模が大きくなるにしたがい、単位当たりのコストが下がる）や分業のメリットを得られること、などである。しかし、インターネットやデジタル技術の発展によって、このような性格はサービス業にもあてはまるようになっており、この議論の結論はまだ出ていないと言える。

成長や産業構造の転換に伴い、都市化も各国で進んでいる。一九七〇年から二〇一八年までの間にアジアの途上国における都市人口は全体の二〇％から四六％に上昇し、さらに上昇を続けている。産業や知識の集積という都市の利点を生かしつつ、環境汚染や混雑への対策、質の高い都市インフラや教育・医療の提供をコミュニティも関与させる形で進めることが各国の課題となっている。

農業セクターの生産性上昇は経済発展の出発点

農業セクターの生産性が上昇しなければ、全人口の食料を賄うために農業に従事しなければならない人口の比率は高いままであり、他のセクターが発展することは不可能だ。日本、韓国、台湾で

国際稲研究所（フィリピン・ロスバニョス）の視察（2015年12月）

実施された農地改革は、地主から小作農への農地の分配を通じて、農家の生産へのインセンティブを向上させ、社会の平等化にも寄与した。フィリピンや南アジアでも農地改革は行われたが、徹底したものではなかった。

一九六〇年代初めまでのアジアでは、人口が増加するなかで食料の不足こそが喫緊の課題であった。この問題を解決し、農家の所得を増やしたのは、一九六〇年代後半から東南アジアで始まった「緑の革命」だ。これは、収穫量の多いコメや小麦の品種の開発と普及、化学肥料や農薬の使用、灌漑プロジェクトの要素からなる。緑の革命に続いて、多くの国で農業の機械化が進んだ。コメの一ヘクタール当たり収量は東アジアでは一九六〇年代初めに比べて三・五倍の七トン、南アジアや東南アジアでも四トンに増えている。

コメの品種改良で、一九六六年に生育が早く高収穫のＩＲ８、別名「奇跡のコメ」（インドネシアと台湾の稲の交配）を生み出した国際稲研究所（ＩＲＲＩ）は、マニラの南東六五キロメートルのロスバニョスにある。ＡＤＢとは協力関係にあって、ＡＤＢから技術協力の資金を出していることもあり、一度訪問してマシュー・モレル所長に実験農場と世界中の稲の種を冷蔵保存する貯蔵室を見せてもらった。気候変動の影響で大雨が増えるなか、稲が冠水してもしばらくは生き残ることができる「潜水」品種の開発など、地道な研究の成果に驚くことばかりだった。

一方、農産物の需要は、各国における所得の高まりとともに、穀物から肉や野菜・フルーツなどの高付加価値のものにシフトしている。道路の整備や冷蔵技術も、農産物のバリューチェーンの発達や貿易の拡大を可能にし、農業のチャンスを広げている。一方、気候変動からの影響もあるなかで、品種改良や農法に関する研究を怠ってはならないし、海洋資源の保護、食品安全の確保などの新しい課題も増えている。

サービス産業の拡大

ＡＤＢでは、サービス産業が成長や雇用にどのような影響をもたらすのかにも焦点を当て、分析、研究の対象にしてきた。上述したように、各国でサービス産業は次第に拡大している。工業化の過程では第二次産業のＧＤＰや雇用に占める割合が上昇するが、その後はそれらの割合は減少し、サービス産業の割合が増える。いわゆる、脱工業化、あるいは「経済のサービス化」である。

現在では、サービス産業は極めて多様であり、国連の分類によれば、卸売りや小売り、運輸・交通、情報・通信、宿泊、レストラン、テーラー、金融、教育、医療その他の健康サービス、娯楽、支援・管理型サービス、専門的サービス、公務サービスなど極めて多岐にわたる。

特に、ＩＴ関係のサービスは拡大しているし、製造業から設計、データ処理、広告、マーケティングなどを請け負うサービスも増えている。製造業と分類される産業でも、工場で働く人よりもオフィスや研究所で働く人が増えている。このような現象は、「製造業のサービス化」と言われることがある。

ホテルや小売りなどの伝統的なサービスは労働者一人当たりの付加価値が低いので、経済のサービス化は全体として労働賃金の低下につながると言われることがある。もちろん一人当たりの資本装備が少ないようなサービス産業では、その限りでは一人当たりの付加価値が低いということになるが、資本装備率が高い場合に比べて利潤や利払いに回る分も少ないので、賃金が低いということには必ずしもならない。サービス産業イコール低賃金でないのは、先進的なＩＴサービス、ブランド力のあるホテル、味にこだわる人気のレストラン、カリスマと言われる美容師などを考えてみれば明白だ。

インターネットやデジタル技術の発展で、かつては一般的に非貿易財とされたサービスが、国際的に取引されるようになっている。国境を越えたインターネット・コマースや音楽・ドラマなどの配信サービスの拡大もその一つだ。フィリピンやインドで盛んなビジネス・プロセス・アウトソーシングは、インターネットを使ってコールセンター、法務・会計事務、データ処理など、国境をまたぐ企業向けサービスを提供しており、この分野は拡大を続けている。

二〇一八年の夏、マニラのシティバンクのサービスセンターの見学に招かれた。ここにはおよそ六〇〇〇人が勤務し、ほとんどがシティバンクの国外での事業を支援するサービスに従事している。そのうち二〇〇〇人はコールセンターのスタッフであり、米国と時差があるので多くの人が夜間シフトになっている。預金残高の確認や振込手続きのように機械でも代替できる単純な作業より、住宅用借入（モーゲッジ）の返済期間延長の交渉など、高いコミュニケーション能力が求められる仕事が中心だ。ＡＩに簡単に置き換えられるものではないと感じた。そのほか同センターには、世界中のシティバンクの活動を横一〇メートルほどの大型画面でモニターするコントロールセンターがあって、災害やテロなど緊急事態にすぐに対応できるよう二四時間体制でモニターが行われていた。

観光業のポテンシャル

消費者向けサービス産業拡大の典型例が観光業だ。日本でもインバウンドの観光は、GDPへの貢献や地域の活性化の観点から近年大きく取り上げられている。二〇一八年に新技術の雇用への影響を分析したことがきっかけとなって、私自身、産業としての観光業に着目するようになった。二〇一九年五月に開催したフィジーでのADB年次総会では、フィジーに関係が深い「持続可能な観光」(sustainable tourism)を重要なテーマの一つにした。

新技術が発展すると、余暇が増えて観光への需要が高まるとともに、新しい雇用機会としての観光業が重要になってくる。ソーシャルメディアが発達すると、行き先を考えたり、評判を知ったり、予約をしたりすることが簡単になる。バーチャルな世界で魅力的な場所や食べ物を知ると、リアルにそれを体験したくなる。

世界的にみると、二〇一〇年から二〇一八年にかけてだけでも、国際的な観光客(到着数)は九億五〇〇〇万人から一四億人に増えた。一年間に世界の人口の五分の一が海外旅行をしていることになる。アジアは人気の旅行先だが、同時に国際的な観光客の四分の一はアジアの観光客が占める。この間に、訪日外国人は八六〇万人から三一〇〇万人まで増えたが、これは日本だけの現象ではないのだ。

次ページの図表16から明らかなように、アジアの多くの国、特に太平洋諸国で、観光業は一大産

図表16／アジア・太平洋諸国における観光業

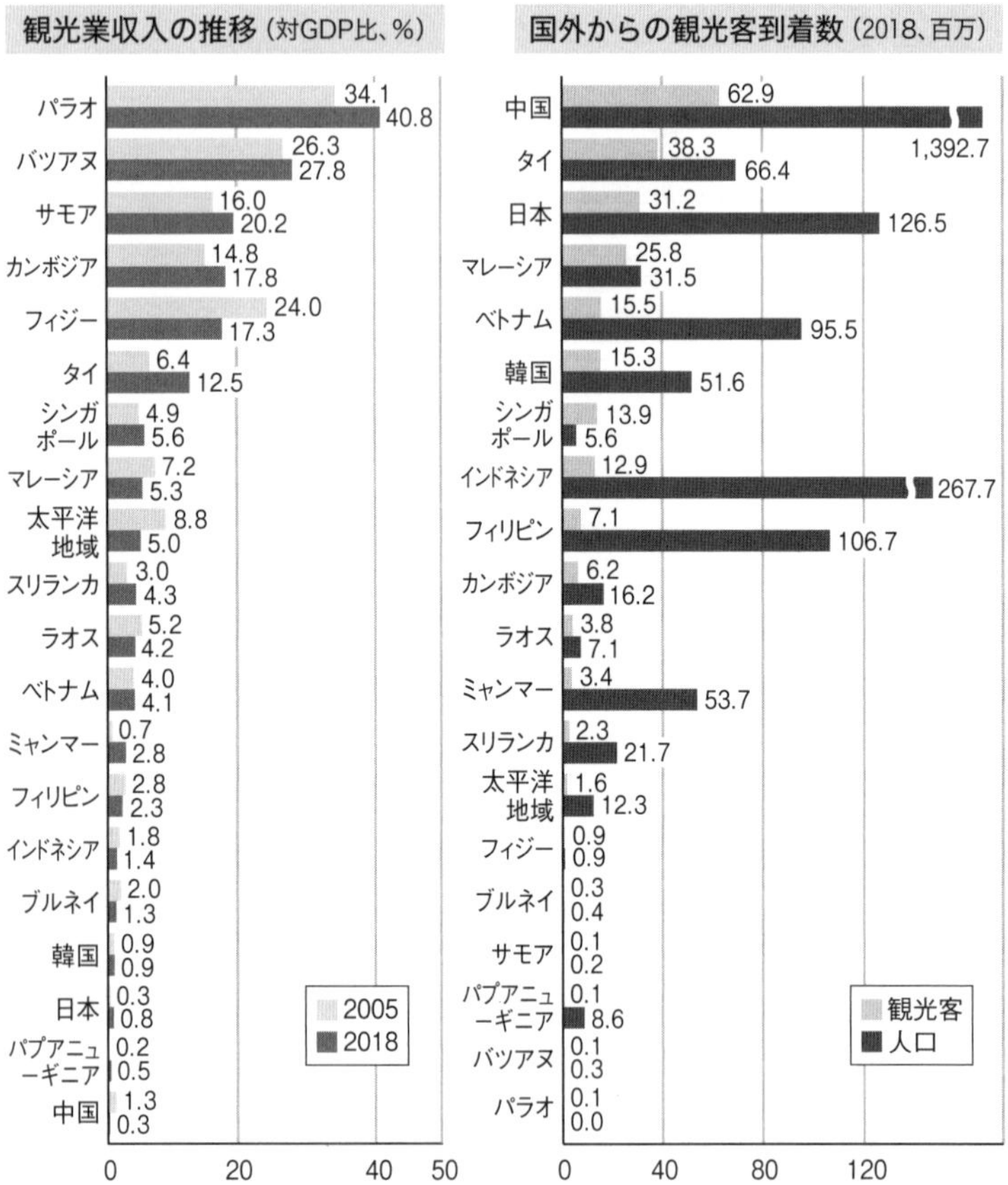

注：太平洋地域はナウルおよびクック諸島を除く。ミャンマー、ラオス、パラオ、バヌアツ、ソロモン諸島、東ティモール、ツバル、キリバスは2017年のデータ。マーシャル諸島は2016年のデータ。ミクロネシア連邦は2015年のデータ。

注：太平洋地域はナウルおよびクック諸島を除く。インドネシア、シンガポール、ミャンマー、パプアニューギニア、サモア、トンガ、ツバル、キリバス、マーシャル諸島は2017年のデータ。ミクロネシア連邦は2016年のデータ。

出所：世銀 World Development Indicators および Key Indicators 2019を基にADBが試算（2020年2月20日アクセス）。

業となっていることがわかる。観光収入のGDPへの貢献は、収入そのものから、輸入食材や外国のホテルチェーンへのロイヤルティ、外国人労働者の賃金などのインプットを引かなければならない。一方で、ホテルや関連インフラへの投資の派生需要も生むので、それも含めると太平洋諸国におけるGDPや雇用への貢献は非常に大きい。新型コロナウイルスの影響で、足元では、観光客数は各国で大きく落ち込んでおり、観光業に深刻な影響を与えているが、パンデミックが終息すれば、趨勢としては今後も拡大していくだろう。

なぜこれほど観光が盛んになったのか。ADBの分析では、①アジアなどの人口の多い新興国で成長が高まり、海外旅行を楽しむ余裕のある中間層が劇的に広がったこと、②格安航空会社（LCC）が増えていること、③先述したように、ソーシャルメディアやインターネットの発達が観光を助けていること、④各国も産業としての観光を振興するためにビザ取得の緩和などの政策をとっていること、が大きな理由だ。

しかし、観光客の増大はよいことばかりではない。あふれる観光客は海洋や森林などの自然環境に負荷を与える。交通は渋滞し、店は混雑し、家賃や物価は高騰して、普通の生活ができなくなる。フィジーの総会での観光業に関するセミナーに登壇した際、私からは、京都の魅力は近所の豆腐屋や西陣の機屋などを昔から大事にしてきた住民の存在にあると述べた。明治維新で廃仏毀釈の波にさらされたときに古いものを守ったのも、各地のコミュニティだ。コミュニティがこわれてしまえば、寺社だけの集まる、いわば歴史的なテーマパークになってしまう。

それでは、観光業をより持続可能にし、地域への雇用などの貢献を大きくし、環境やコミュニティを守り、未来に対して美しい自然や歴史的な遺産を受け継いでいくにはどうすればよいのか。A

DBのペーパーでは、①環境や土地利用について住民も参加して適切な規制をかけること、②より付加価値の高い観光業を目指すために専門性のある人材を育成すること、③インターネット環境や美しい街並みの維持など、観光の基盤となるインフラに投資すること、を挙げている。

アジアの技術進歩の経験

通常、生産の拡大は、労働、資本（機械や設備）、人的資本の向上（教育の期間と質）、そして生産性（「全要素生産性」）の増大によってもたらされると考えられる。長期的には、生産性の上昇、あるいは技術の進歩がなければ成長を続けることは不可能であり、アジアの成長も次第に技術に軸足を置くものになってきた。もっとも、生産性の計測は難しい。全要素生産性の伸びは、生産の伸びから前の三つの伸びを引いた残差として計算されるので、不況などで生産が落ちて、他の三要素のインプットがそれほど減らなければ、生産性は大きく下がってしまう。資本の増大の部分が多いと、全要素生産性の伸びは低くなるが、資本の価格自体が技術の進歩、生産性の上昇を反映している場合が多い。逆に、人的資本の向上は、質の評価は難しいので教育期間の伸びで代替する場合があるが、その場合、教育の質の向上は、生産性の上昇の一部として計測される。

米国の経済学者ポール・クルーグマンは、一九九四年に出した「アジアの奇跡という神話」という有名なペーパーで、実証研究から見てアジアの成長のなかに占める効率性、すなわち「全要素生産性」の向上は乏しく、成長は主として労働と資本という資源の動員（resource mobilization）によってもたらされただけであり、ソ連の経済がそうであったように、持続的ではないだろうと論じた。

しかし、アジア諸国が効果的に国内貯蓄による資本への投資を行い、余剰労働力を動員して成長したこと自体が成功と言うべきであり、アフリカなどが容易に達成できなかったことなのである。しかも、ソ連の中央計画経済とは異なり、市場を通じてそのような資源の動員がなされたわけで、時間が経つにつれ、成長はイノベーションや効率化をより反映したものになっていく。実際、アジア通貨危機というマクロ経済上の危機を乗り越えたあとは、そのような成長が生じた。

アジアでの成長が、より高い技術に基づくものになっていることは、輸出が繊維や靴などから電子製品や自動車にシフトしてきていること、特許件数、産業用ロボットの使用数などにも表れている。アジアが技術を高度化してきたのは、これまでの先進国と同様、海外からのライセンスの取得、輸入品に含まれている技術からの学習、輸出市場での競争、対内直接投資、研究開発、産業集積の活用などを通じてであった。もちろん、政府の後押しも重要だった。第四次産業革命と言われるなかで、高度な技術は重要性を増しており、アジア発の技術やビジネスモデルも増えてきている。

人工知能などの新技術は雇用にどう影響するか

ADBではアジア地域や各国の経済の分析や見通しに加えて、その時々のテーマの分析や提言を発表しているが、二〇一八年春の「アジア経済見通し」の特集のなかで取り上げたのは、人工知能（AI）などの新技術が雇用にどのように影響するか、という点だ。

いくつかの世界的なコンサルタントや研究機関が、AI、ロボット、三次元プリンターなどの高度技術が長期的に人間の雇用の多くを奪う可能性があると発表したこともあって、その点を懸念する人が増えている。フィリピンのドミンゲス財務大臣やビジネスリーダーたちとの会合でも、ＡＩが発達するとフィリピンのＧＤＰや雇用の重要なシェアを占めるコールセンターなどの仕事が減るのではないかということが話題になった。

しかし、ＡＤＢの分析は、新技術の雇用に対する悪影響は言われすぎている一方、適切な政策対応は必要だというものだ。直感的に考えても、産業革命以降、機械に仕事を奪われるという懸念は常に唱えられてきたが、結果的には新しい分野や需要が拡大して生産と所得は持続的に拡大し、社会全体を見れば雇用も増えている。また、人々はより短い労働時間でよりよい生活を楽しめるようになった。たとえば、十九世紀前半から鉄道の発達によって馬車業者はダメージを受けたが、運輸や旅行の需要は爆発的に拡大し、全体として生産、所得、雇用は拡大した。

新技術が雇用によい影響をもたらしうる理由として、以下の四点が考えられる。

第一に、ＡＩは人間がやっている仕事のある部分のタスク、特にルーチン化された仕事を置き換えることはできるが、それ以外はそうでもない。新技術の影響という意味では、たとえば、銀行のＡＴＭは銀行の支店の預金、引き出し、送金などの仕事を機械が置き換えたが、支店のスタッフは顧客サービスなどのより複雑でコミュニケーション能力が必要な仕事に集中できるようになった。私が訪問したマニラのコールセンターの例のように、ＡＩにできない仕事は多い。

第二に、新技術は技術的に可能であり、かつ経済的にも意味があるときにしか人間の仕事に置き換わらない。自動車産業では多くのロボットを使っているが、繊維やアパレルではロボットの利用はまだ少ない。バングラデシュのアパレル工場を二〇一八年に見学した際には、より安全で清潔な職場環境を作りつつ高付加価値の製品を目指す取り組みが印象的だったが、英国帰りの創業者は、取り残した針などを見つける装置に高度技術は使われているが、すべての工程をロボットにすることは技術的には可能でも経済的に成り立たないと言っていた。

第三に、高度技術の採用でより少ない労働者が生産を行うようになるということは生産性が上がり所得も増えるということである。また、製品の価格が下がるということであり、多くの場合それは需要の拡大、より多くの生産、そして雇用拡大にもつながる。自動車の場合も二十世紀初頭以降、技術の進歩で量産が可能になって価格が下がり、中間層も含めた人々の交通手段として需要は飛躍的に拡大した。それは、郊外住宅やショッピングモールなどの新しいライフスタイルとそれに伴う需要をもたらした。

第四に、新技術はある領域で雇用を減らすかもしれないが、その技術を生かして、あるいは余剰となった労働者を使って、新しい産業や職業を生む。たとえば、ＡＩやビッグデータを使った金融、交通、医療、教育などの新しいサービスが生まれているし、システムの開発やサイバーセキュリティの担当者ももっと必要になる。より一般的に生産性の向上により所得が上がり、余暇が増えれば、観光やエンターテインメント、スポーツ、教養や生涯教育などの分野で、顧客の個別のニーズに応えるような新しいサービスが盛んになる。もちろん、既存の仕事をしていた人のなかには、職を失う人やこれまでより低賃金の職種に代わらざるをえない人が出てくる。産業革命の際に一代で変化した職業環境が今は数年で変化してしまうこともあり、普通の人間にはついていくことが難しい。また、新技術は一般に技術や資本を持っている人を雇用や所得の面でより有利にする傾向がある。

各国の政府は、①仕事のマッチングや職業再訓練を含めた生涯教育を支援する、②仕事の環境変化に対応できる応用力、学ぶ力が身につくような教育を促進する、③失業手当、最低生活保障を供与するとともに、適切な税制によって税収と再分配機能を確保する、④新技術が多くの人々に恩恵をもたらすように、デジタル・インフラの整備、新技術の公共サービスでの活用、プライバシーやデータの保護を進めていく、などの政策を推進する必要がある。

教育や保健・医療への投資がアジアの成長を助けた

教育のレベルは、人的資本の質を向上させ、成長を助ける。アジアの途上国の平均的な教育期間（二十五歳から二十九歳の集団で見た場合）は、一九六〇年の三・五年から二〇一八年の八・九年に伸びた。初等教育への参加は同世代の九三％、高等教育でも三四％に達している。韓国では、同世代の九四％が高等教育を受けており、日本の六四％より高く、大卒の就職難につながっているぐらいだ。一般に、アジアの途上国では、中等教育（中学校、高等学校）や職業教育の質の向上などが課題であり、ＡＤＢもこの分野で各国を支援している。

人々が健康であることは、それ自体が人々の幸せに直結するし、持続的な成長の前提でもある。健康の指標として、アジアの途上国の平均寿命を見てみると、一九六〇年の四十五歳から二〇一八年の七十二歳まで、二七年も伸びた。乳幼児死亡率と妊産婦死亡率の低下や、結核などの感染症による若年死亡の低下の影響が大きい。これには、一般的な生活水準の向上に伴う衛生状態の改善（特に安全な水）、医療サービスの普及と質の向上、分娩の補助（産婦人科や産婆）、感染症に対する抗生剤、その他の新薬、予防接種などが貢献している。逆に、多くの国で、長寿化に伴い非伝染性の疾患（高血圧、脳卒中、心臓疾患、がんなど）が増えており、その対策が課題である、日本では国民皆保険制度は一九六一年に実施されたが、多くの途上国が国民全体への医療の提供（universal health care）を目指している。ＡＤＢは保健分野でもＨＩＶやマラリアの対策、国民皆保険制度の導入などに関連する融資や技術支援を増やしてきている。

人口ボーナスと人口オーナス

アジアの多くの途上国が、人口論で言うところの、多産多死、多産少死、少産少死という過程を経てきた。一九六〇年代は子供の数が増え、全人口中の生産年齢人口（十五歳から六十四歳）の比率はむしろ下がって、その意味での人口オーナス（経済成長にとっての負担）が生じた。一九六〇年代にアジアの途上国全体で人口オーナスは一人当たりＧＤＰの年平均の伸びを〇・四％押し下げた。もちろん資本も人口も生産性も増加しており、全体のＧＤＰは拡大していたのではあるが。

その後、増えた子供が生産年齢に達することにより、一九七〇年代以降はほとんどの国で生産年齢人口の比率は上がり、人口ボーナスから恩恵を受けてきた。アジアの全途上国では、一九七〇年代に〇・二％、その後は二〇〇〇年代まで一〇年ごとにほぼ毎年〇・六％の人口ボーナスが生じている。しかし、二〇一〇年代（二〇一〇年から一八年）になると、高齢化の進展（人口に対する高齢者の比率の上昇）により、日本と同様、韓国、中国、シンガポール、タイなどでは人口オーナスにシフトしている。

アジアの多くの国で、女性が一生に産む子供の数は減り、アジアの途上国全体では一九六〇年の六・一人から二〇一八年には人口を維持するのに最低限必要とされる二・一人にまで落ちた。特に、中国の場合は一人っ子政策の影響もあって、一九六〇年の六・二人から一九八〇年には二・五人、二〇一八年には一・七人と急減している。一般に、出生率の低下には、都市化、工業化、女性の教育期間の長期化と仕事の機会の増加、子供の教育費の上昇、伝統的価値観からのシフトなどが影響していると考えられている。

出生率の低下は、社会の高齢化による人口オーナス、そして人口の減少につながる。高齢化は、医療、介護、年金などの財政負担、消費意欲やイノベーションの低下などを通じて成長を押し下げる。もちろん、健康な高齢者の労働参加を促進したり、高齢者の雇用や介護を新技術が補うなどのチャンスはある。また、技術革新によって生産年齢人口の生産性をさらに上昇させることは可能だ。しかし、総じてみれば、少子高齢化は今後アジアの多くの国で大きな課題になると考えられる。

日本の経済プレゼンスの低下は人口の要因も大きい

ところで、第5章の図表6（一一一ページ）を見ると、日本と米国の一人当たりGDPは一・五倍の差がついている。日本は、金融危機、アジア通貨危機直前の一九九六年には、一人当たりGDPは三万八〇〇〇ドルと米国の三万ドルを大きく上回り、人口は一億二五七〇万人、GDPは四・八三兆ドルであった。これが二二年後の二〇一八年には三万九〇〇〇ドル、一億二六五〇万人、四・九五兆ドルといずれもあまり変わっていない。ちなみに円建ての名目GDPも五二五兆円から五四七兆円と四％の伸びにとどまった。この間に日本の実質GDPは一八％（年率〇・七五％）増えているが、物価（GDPデフレーター）が一二％下がっていて、名目GDPの伸びを抑えている。

為替レートは一九九六年が一ドル一〇八・七円、二〇一八年が一一〇・五円と同水準だ。

これに対し、米国は一九九六年から二〇一八年にかけて一人当たりのGDPが三万ドルから六万三〇〇〇ドルと二・一倍（年率三・四％増大）になっているうえに、人口が二億七〇〇〇万人から三億三〇〇〇万人まで一・二倍（年率〇・九％）に増えて、名目GDPは八・一兆ドルから二〇・六兆ドルと二・五倍（年率四・三％）になっている。この間に実質GDPは一・七倍（年率二・四％）なので、物価が一・五倍（年率一・九％）となっていることも名目GDPの増加に貢献していることがわかる。

この二二年間の日本の伸びの低さには、アジア通貨危機後、世界金融危機後の大幅なマイナス成長が影響したが、人口に対する生産年齢人口（十五歳から六十四歳）の比率も影響している。これが上昇するときには人口ボーナスを生み、これが低下すると人口オーナスをもたらす。国内で働いている人の比率が減れば、当然に人口一人当たりの生産は減ることになる。『アジア開発史』では、各国の成長に対する人口ボーナスあるいはオーナスの影響を一〇年ごとに分析しているが、日本では一九九〇年代以降人口オーナスに転じている。

日米を二〇一〇年から二〇一八年の八年間で比べてみると、日本の国全体の実質成長率は年平均一・〇％だったが、人口減により毎年〇・二％実質成長が押し下げられているので、一人当たりの実質GDP成長率は一・二％だった。人口オーナスにより一人当たりの実質GDPが毎年〇・六％のマイナスの影響を受けていたので、これを除くと生産年齢人口一人当たりの実質GDPは一・八％の成長をしていたことになる。これに対し、米国の同じ期間の成長率は平均二・二％だが、人口増が毎年〇・七％だけGDPを引き上げていたので、一人当たりの成長は一・五％、人口オーナスが〇・三％だったので、この影響を除くと一人当たりの実質ＧＤＰはやはり一・八％の成長だったということになる。

まとめると、日米の経済プレゼンスの変化、つまりドル建て名目ＧＤＰの伸びの差は、人口の変化の差、生産年齢人口の比率の変化の差、物価が上昇しているか低下しているか、為替レートがどう動いているかに左右されていると言える。日本の生産年齢世代は思われている以上に一生懸命働いて、一人当たりの生産性も米国と同程度に上昇しているのだが、高齢化（一人当たりの実質ＧＤＰに影響）、人口の停滞（全体の実質ＧＤＰに影響）、デフレ的な状況（名目ＧＤＰに影響）、加えて、円ドルレートの水準（ドル建てＧＤＰに影響）によって、日米のドル建てＧＤＰが大きく差を広げる結果をもたらしている。日本の物価が下がり、米国の物価が上がっているのだから、購買力平価が成立すれば円はドルに対して上昇しているはずだが、日本経済の勢いのなさを反映して、そうはなっていない。

もちろん、日本では一九八〇年代までの家電産業におけるような比較優位が新興国からの競争のなかで維持できず、ＩＴ関係のプラットフォーム企業のように利益率の高い分野を開拓できなかったことも日本経済のプレゼンス低下の重要な要因だ。少子高齢化の対応に加え、技術革新や社会全体の効率性をどう促進していくのかが将来を占う鍵になる。

高い貯蓄率が高い投資につながった

アジアの成功した途上国を見ると、より高い貯蓄率が投資につながり、資本の蓄積を通じて、成長を高めたことがわかる。それらの国では、GDP比で高い投資（インフラ、機械設備、住宅など）は、基本的には、家計、企業、政府による国内貯蓄によって賄われた。アジアの途上国の全体で見ると、GDPに対する総貯蓄率は、一九六〇年代の一八％から二〇一〇年代には四一％に達している。ちなみに、日本の総貯蓄率は、一九七〇年代には三七％であったものが、二〇一〇年代には二三％に下がっており、消費主導の成長に転換していることがわかる。

アジアの途上国では、一九八〇年代までは、先進国によるODA（政府開発援助）や世界銀行、ADBなどの国際機関からの資金流入も国内貯蓄不足、外貨不足を補ったが、その後は対内直接投資が資金流入の最大の貢献をするようになった。多くの国で、海外で働いている労働者からの送金も重要な役割を果たしている。

国内貯蓄を適切に国内投資に向けるには、金融仲介の機能が重要だ。アジアでは銀行セクターが大きな役割を果たしてきた。もっとも、ボンベイ証券取引所が一八七五年、東京証券取引所が一八七八年、インドネシアの証券取引所が一九一二年に開設されたように、アジアにも長い資本市場の伝統がある。銀行は小規模の貯蓄を中長期の企業の資金需要に動員するうえで重要な役割を果たす。企業との長期的な関係は、企業活動をモニターする機能も持っている。一方、債券や株式の市場は、リスクを幅広く投資家に分散して、イノベーションや長期の投資を促進する強みがある。株主による監視、情報公開や価格のシグナルにより企業のガバナンスに資する面もある。

アジアでは、アジア通貨危機において銀行セクターがダメージを受けたことが危機を増幅した経験にも立って、アジア域内の資本市場を育成することに力を傾けてきた。二〇〇三年にASEAN＋3財務大臣会議で合意されADBもサポートする「アジア債券市場育成イニシアティブ」（AB

ＭＩ）はその一つである。

ＡＢＭＩのもとで、①クロスボーダー債券取引に係る市場慣行の標準化や規制の調和化を図るための官民一体のフォーラム（ＡＢＭＦ）の創設と債券市場ガイドの策定、②域内のプロ投資家向け債券市場への上場プロセスの共通化を図るフレームワーク（ＡＭＢＩＦ）の推進、③域内の企業が発行する社債に保証を供与することで現地通貨建て債券の発行を支援する信用保証・投資ファシリティ（ＣＧＩＦ）の創設（二〇一〇年にＡＳＥＡＮ＋３のすべての国とＡＤＢが合計七億ドルを出資）を行ってきており、実際、アジアの現地通貨建ての債券市場は国債市場、社債市場とも大きく拡大している。

インフラ開発が経済発展の基礎

エネルギー、運輸・交通、上下水道、通信などのインフラが産業の発展、成長の基礎であることは論を俟たないが、同時に、質の高いインフラの整備は、国民の生活の改善をもたらす。途上国の開発のためには、インフラよりも人々に焦点を置き、教育や医療などの社会セクターを重視するべきだという考え方が強まった時期もあるが、電気がなければ子供は昼間しか勉強できないし、家電や水道は女性の社会進出を助ける。道路がなければ病院に行くこともできない。ＡＤＢは従来インフラ・プロジェクトへの融資が業務の中心であり、各国での経験を蓄積してきた。

一九七一年から二〇一八年の間に、アジア・太平洋地域（日本、オーストラリア、ニュージーランドを含む）の発電量は、一六・五倍に増え、成長を支えた。アジアにおける最初の水力発電所は、一八九一年に京都の蹴上《けあげ》に作られた。発電は、水力から、火力、そして火力のなかでも石油や石炭からよりクリーンな天然ガス、さらに最近は水力以外の再生可能エネルギーへと投資の焦点が移ってきた。と言っても、現時点では多くの国で火力発電が発電量の多くを占める。

主なエネルギー源を見ると、たとえば、日本は、一九七一年の発電量のうち、六二％が石油、二三％が水力、一二％が石炭であったが、二〇一八年には三四％が天然ガス、三三％が石炭、九％が水力、原子力が六％、太陽光、風力など水力以外の再生可能エネルギーが一三％となっている。二〇一八年に、中国では六七％が石炭、一七％が水力、そのほかの再生可能エネルギーが八％、ドイツでは三七％が石炭、一七％が風力、一三％が天然ガス、一二％が原子力、三％が水力、その他の再生可能エネルギーが一〇％だった。最近では太陽光や風力の発電のコストは下がってきており、再生可能エネルギーへの投資が増えている。ラオスやネパールなどの山岳地帯では、大型ダムを使った水力発電への投資も続いており、ＡＤＢも支援しているが、環境への影響や住民移転の問題に十分配慮しなければならない。

鉄道は、アジアの途上国では、植民地やソ連（中央アジア諸国の場合）の時代に多くが敷設された。第二次世界大戦後はモータリゼーションのための道路建設に力点が移り、鉄道への投資不足がサービスの低下と収益の悪化の悪循環につながった国が多かった。しかし、近年は、気候変動や環境問題、都市の交通渋滞の深刻化などから、鉄道や地下鉄などへの投資が再び増えている。日本で一九六四年に開業した東海道新幹線は、世界の高速鉄道建設のさきがけとなった。インドなど鉄道がいまだ政府直轄の国では、まず企業化などを通じて効率性を上げることが課題だ。

水道は、アジアの多くの都市で植民地時代に敷設された設備の老朽化が進んでいる。安全な水を安定的に供給するためには、濾過《ろか》などの設備を整備し、一定の水圧を保ち、漏水や違法な取水を防止し、料金徴収の割合を増やす必要がある。水道は、多くの国で地方公共団体が受け持っており、メンテナンスや必要な新規投資、新技術の採用が遅れがちだ。バングラデシュのダッカでは、かつては漏水率が五〇%に上り、料金の徴収も不十分だったが、一九九六年に企業化のプロセスが始まり、新規の投資と経営の効率化により水の常時供給が可能となった。地区ごとに区切られたネットワークとメーターによって漏水や違法な取水は減り、コミュニティを巻き込むことにより、料金の徴収率も改善した。

開放的な貿易・直接投資の体制

アジアの成長の最大の理由の一つは、貿易や対内直接投資に関する政策を開放的なものにし、内外の民間の力を活用してきたことだ。

先述したとおり、多くの国が当初輸入代替政策をとっていたが、次第に対外開放的な政策をとるようになった。一九六〇年から二〇一八年の間に、アジアの途上国の輸出入合計のGDPに対する比率は二〇%から五三%に高まった。多くの人が、日本は輸出志向の国だと考えているが、実は日本の輸入が果たした役割も大きかった。日本は、アジアの途上国からの繊維製品、電化製品などの輸出に重要な市場を提供した。かつて韓国、台湾、インドネシア、マレーシア、タイ、フィリピンにとって日本は最大の輸出先であり、中国にとっても一九九六年までは日本は香港に次ぐ第二の輸出先であった。その後、中国経済の拡大に伴い、多くの途上国にとって、いまや中国は現在、最大の輸出先となっている。

途上国への対内直接投資は、資金とともに技術や経営ノウハウを持ち込むメリットがあり、アジアの発展に直接投資が果たした影響は非常に大きい。一九八五年のプラザ合意による円高は、日本から東南アジアへの直接投資のブームを呼び、生産ネットワーク構築のきっかけとなった。現在では、中国や韓国はもちろん、ＡＳＥＡＮ諸国を含めたアジアの途上国から、他のアジアの途上国への直接投資も大きい。アジア途上国の企業から、日本や欧米の先進国への直接投資をするケースも増えてきている。

いわゆる「経済特区」は、特定の地区で関税を免除し、法人税減免の恩恵を与えたり、直接投資への規制を緩めたりすることにより、国外からの直接投資を促す制度だ。一九五九年に始まったアイルランドのシャノン空港の自由貿易ゾーンが早い時期のモデルとしてよく知られているが、中国をはじめ多くのアジアの途上国が経済特区を活用して、貿易や投資の自由化を進め、次第に経済特区以外の全土に広げていった。

二〇〇一年の中国のＷＴＯへの加盟は、中国の世界経済への統合を加速させ、高い成長の持続につながるとともに、東アジアにおける生産ネットワークを深化させることにつながった。

東アジアの貿易体制の進展については、一橋大学教授だった赤松要が一九六一年、六二年に英語の論文で発表した「雁行型発展モデル」がよく言及される。元の論文は一九三五年に発表され、むしろ現在の先進国に適用するものであったが、ＮＩＥｓの経済発展との関連で、雁の群れの先頭を飛ぶ日本から、より付加価値の低い産業が次第に後発の国に移っていくという説明に用いられた。今日では、アジア各国間の貿易構造は、産業内でも双方向に製品がやりとりされるネットワーク型のより複雑なものとなり、各国が生産のプロセスの一部を担うグローバル・バリューチェーンの一環となっている。

マクロ経済の安定とアジア通貨危機の教訓

アジアは、ラテンアメリカやアフリカなどの他の開発途上の地域に比べて、おおむね健全な財政政策や金融政策をとってきた。過度のインフレや財政赤字を避けてきたことが不確実性を減らし、高い貯蓄率や投資につながり成長を後押しした。

しかし、一九九七年七月のタイに始まり、韓国、インドネシアほかに深刻な国際収支と金融セクターの危機をもたらしたアジア通貨危機は、アジア各国に大きな教訓を残した。危機は、①一九九〇年代前半に海外からの資本流入の自由化政策が取られ（ＩＭＦも奨励していた）、②アジア経済についての楽観的な見通しが広がり、③各国の為替政策により実質的に対ドルで為替レートが固定されているなかで、④為替リスクを無視した外国からの大量の短期資金が流入して、⑤資産価格のバブル、経済の過熱を招き、⑥いったんそのような状況の持続可能性に対する不安が生じたときに資金が急激な流出に転じたこと、から生じたものであった。

加えて、規制が弱く、自己資本が不十分であった各国の銀行が、短期のドル建て借入を行い、不動産投資など生産性につながらない長期の自国通貨建て貸付を行ったことにより、急速な自国通貨の減価が起こったときには銀行は深刻なバランスシートの問題を抱えることになり、これが銀行破綻や貸し渋り、そして実態経済のさらなる悪化につながった。

当時は、アジアの弱いガバナンスや不十分な金融セクターの規制監督が原因であり、米国や欧州には関係がないことのように考える論者もいたが、その後米国発でサブプライム・ローン問題に端を発する世界金融危機、ユーロ圏で周辺国の国債、金融セクターの危機が起きた。いずれも、楽観的な将来への見方に基づく過剰なリスク・テイクとレバレッジ（資本に対する債務の拡大を利用した貸付）、資産バブルの発生、弱い金融規制という意味では、いわば共通の原因を持っているということができる。ユーロの場合は、共通通貨であるがゆえに為替リスクがなかったことが周辺国への過剰な資金流入と不動産バブル、財政赤字拡大を招いた。危機時には、問題国の為替レートの急落が起こりえなかった代わりに、問題国の国債価格の急落という形での市場へのアタックが起こった。

アジア通貨危機に際して、IMFは国際収支困難に陥ったアジア各国に放漫財政がしばしば危機を招いたラテンアメリカなどに処方したのと同様の財政緊縮策を求め、また、危機と直接関係のない広範な構造改革を外貨支援の条件としたため、危機をかえって深刻化させたという批判を受けることになった。なお、ADBも、世界銀行や日本などとともに、金融セクターの構造改革などを条件とする多額の財政支援型ローンを提供した。これは、ADBが従来のプロジェクト・ローンに加え、政策連動ローンを積極的に使うようになるきっかけとなった。

アジア通貨危機後、各国は、①マクロ経済の健全な運営の推進、②国際的な資金の移動や資産価格の動きを監視、③為替レートの動きの柔軟性拡大、④外貨準備の積み増し、⑤金融セクターの規制・監督の強化、⑥銀行の資本の増強、⑦資本市場の育成、⑧チェンマイ・イニシアティブ（第2章参照）のような地域金融協力の強化あるいは二国間の協力、などに努力をしてきた。その成果もあって、世界金融危機は比較的小さなダメージで乗り切ることができた。

貧困削減は進んだが所得分配は格差が拡がっている

どの程度の経済的な平等を求めるかは、社会によっても選択が異なるだろうが、一般に貧富の差が少ないことはそれ自体が望ましいことであるし、中間層の厚みが増すことは、その消費拡大が成長を促進するとともに、社会の安定をもたらして成長を下支えする。アジアの成長は、貧困削減に大きな貢献をしたが、所得分配の公平ということでは成果は国によってもまちまちであり、最近は、むしろ多くの国で所得格差が拡大する傾向が見られる。ノーベル経済学賞をとった米国のサイモン・クズネッツは、不平等度は経済発展に伴い最初は上がるが、社会の進歩にしたがって下がっていく傾向があるという、いわゆる「クズネッツの逆U字カーブ」を提唱した。しかし、最近は先進国も含めて、世界的にそうではない傾向が見られる。

私が在米国大使館で公使として働いた二年間の経験をもとに書いた『アメリカの経済政策』（中公新書、二〇〇八年二月）でも、テーマの一つは、技術進歩と経済のグローバル化、自由主義的な経済思想の強化（社会民主主義的な思想の退潮）、金融資本への富の集中などから来る米国における所得格差の拡大であった。

アジアの絶対的貧困（二〇一一年の購買力平価で一日一・九ドル以下）は、各国の経済成長、特に農業の生産性上昇、製造業の発展などに伴い大きく減少した。一九八一年から二〇一五年の間に、アジアの途上国の絶対的貧困は、全人口の六八％の一六億人から七％の二億六〇〇〇万人にまで下がっている。この間、中国では、人口の八八％の八億八〇〇〇万人から〇・七％の一〇〇〇万人に、インドでは、人口の五八％の四億一〇〇〇万人から人口の一三％の一億八〇〇〇万人に減少した。同じ時期に、サブサハラのアフリカ諸国では、絶対的貧困率は四九％から四一％に下がったが、全体の人口の増加に伴い貧困人口自体は一億九〇〇〇万人から四億二〇〇〇万人にむしろ増えているので、アジアの成果は際立っている。

一方、所得分配に関しては、一九六〇年代から一九八〇年代までは、平等度は安定していたか、あるいは東アジアや東南アジアの多くの国のように「平等を伴う成長」を果たしたところもあった。しかし、一九九〇年代以降は、堅調な成長と貧困の削減には成果があったにもかかわらず、ジニ係数（完全な平等は0、完全な不平等、すなわち一人が全部の所得や資産を占める状態は1）で計測した不平等度は高まっている。

経済成長は、一般に国民の一人当たりの所得を増やし、その恩典は社会の各層に及ぶ。先進国の場合は、直接投資による生産拠点の途上国への移転と途上国からの安い製品の流入によって、グローバル化が工場の労働者や中間層の賃金の低迷をもたらす問題が指摘されるが、途上国の場合はむしろ生産が先進国から移転してくるので、所得の上昇はより広範なものになる。工業化の進展でよい賃金が得られる仕事が増えると、農業地帯から人が移って地方の収入も上がるし、サービスセクターの賃金も増える。

しかし、途上国においても、先進国と同様、新しい技術とグローバル化に伴って、より高い教育を受ける人々、もともと大きな資本や土地を持っている人々はとりわけ有利になる。海外から直接投資が入ってくるときは、地元の状況に精通した国内の大手ビジネスとパートナーシップを組むことが多いし、一部のファースト・ムーバーが巨万の富を手にすることがある。途上国では絶対数が少ない高い教育を受けた人への需要も高まる。つまり、貧困人口は減るが、富裕層はもっともっと豊かになって差が広がる。

貧富の差の拡大が続くことは、社会的に好ましくないだけではなく、持続的な成長を阻害する可能性がある。アジア各国は、改めて税制や歳出による再分配策を強化する必要がある。中国で都市と農村の戸籍をわけている戸口制度を見直して、農村から都市に移動した住民が医療や子供の教育などの公的サービスを平等に受けることができるようにすることも不可欠だ。実際、中国もその方向の改革を段階的に進めているが、加速する必要があるだろう。

日本でも戦前は不平等度がかなり高かった。しかし、戦争直後のインフレによる金融資産の価値の激減、農地解放、財閥解体、臨時の財産税により富裕層は大きな打撃を受け、不平等度は大きく下がった。さらに、一九六〇年代から七〇年代は、①製造業中心の幅広い成長と都市への人口移動、②生産者米価の保証を含む農業政策、③地方に重点を置いた公共事業、④地方交付税交付金や補助金による地方財源の支援、⑤公教育や国民皆保険、⑥戦後の労働法の改革に基づく活発な労働組合、⑦非常に累進的な税制（一番高いときで所得税七五％と住民税一八％をあわせると最高税率は九三％に及んだ。相続税の最高税率は七五％）が社会の平等化を助けた。

「平等を伴う成長」の典型的な成功例であり、最も社会主義的な政策だったという論者もいる。国際的な競争が厳しくなるなかで、上記のような政策はある程度修正を迫られており、たとえば最高税率は、現在は所得税四五％と住民税一〇％をあわせて五五％、相続税も五五％まで下がっている。

日本でも最近は不平等度が高まる傾向にある。市場での所得によるジニ係数は一九八五年の〇・三五から二〇一五年の〇・五まで上がっている。もっとも、政府による再分配後では、〇・三から〇・三四の上昇に抑えられている。非正規労働者の増加に加え、社会の高齢化のなかで、高齢者は収入が少なく、高齢者間の所得の格差も大きいので、そのことからも不平等度は上がる傾向がある。

ジェンダーの平等

さまざまな分野での男女の格差は、アジアの経済発展とともに縮まってきたが、まだ多くの課題が残る。ジェンダーの格差を減らすことは、それ自体が社会の目標となるべき価値を有している。同時に、女性の労働市場への参加や政治への参加は、持続可能な成長やバランスのとれた発展につながる。ＡＤＢは、女性の医療、職業教育、女性の経営する企業への信用供与などの分野で各国の取り組みを支援している。インフラのプロジェクトでも、女性への配慮をデザインのなかに入れたり、女性技術者の育成を図ったりしている。

まず、女性の教育は経済発展とともに著しく向上し、いまや平均的な教育期間は男性と同程度か、多くの国で男性を上回る。たとえば、バングラデシュでは一九六〇年の女性の平均教育期間はわずか〇・二年で男性の一・五年を下回っていたが、二〇一〇年には女性が八・六年、男性が八・一年と逆転している。スリランカ、フィリピン、タイ、ベトナム、ミャンマー、カザフスタンなどでも同様の傾向が見られる。ちなみに、日本では一九六〇年に女性が八・〇年、男性が九・三年、二〇一〇年に女性が一三・七年、男性が一三・一年で、やはり男女が逆転している。

女性の健康も、妊産婦死亡率の減少を含めて、大きく改善した。平均寿命は、アジアの途上国の平均で、一九六〇年に女性が四五・九歳、男性が四四・一歳で、もともと女性のほうが長生きだったが、二〇一八年には女性が七三・七歳、男性が七〇・〇歳でその差が開いている。

女性の労働参加（十五歳から六十四歳）は、過去五〇年間にアジアの多くの途上国で大きく上昇したが、一九九〇年と二〇一七年を比較すると、むしろ五七％から五〇％に落ちている。これは家計の所得が上がるにつれ、専業主婦への選好が強くなる面があるからだ。しかし、さらに経済発展をすると、高い教育を受け、キャリアの確立、生活上の独立や可処分所得の増大を求める女性が増えて、再び女性の労働参加率は上昇する。日本では、女性の労働参加率は、一九九〇年の五七％から二〇一八年には七〇％まで上昇している。

ただし、多くの国で、女性の非正規労働の比率が高いこと、男性との賃金格差、経営陣に入っている女性が少ないこと、などの問題は残っている。保育施設の拡大、女性だけではなく男性を含めたワークライフバランスなど、女性が働きやすい環境を作っていくことが必要だ。

このほか、ジェンダーについては、女性の政治参加、財産の所有権など法的権利、女性への暴力排除などが国際的な目標となっている。

環境問題と気候変動への取り組み

アジアの経済開発は、「まず成長し、きれいにするのはあと」（Grow First, Clean up Later.）という政策によって、森林、土壌、水質、大気、大洋の環境を悪化させてきた。一般に、環境にもクズネッツの逆U字カーブのような現象が見られるという説がある。本来は最初から環境問題に配慮しておくことが望ましいし、多くの場合経済的にも合理的なのだが、どの国でも、経済発展の初期には環境は悪化し、一定のレベルに達したあと、改善し始める傾向がある。

アジアでも、経済成長につれて環境問題への関心は高まりを見せ、インターネットを使った環境の監視も含めて市民社会の関与も強まっている。各国は、環境法の制定、インフラ建設における環境社会配慮のセーフガード、土壌、水質、大気などの基準の設定、下水や固形廃棄物の処理施設の整備、計画的な植林、企業への規制や過料徴収などの政策を積極的に実施してきている。

ちなみに、日本でも環境対策は経済成長に遅れた。一九六〇年代には公害が深刻となり、熊本の水俣病（有機水銀）や富山のイタイイタイ病（カドミウム）、四日市のぜんそく（亜硫酸ガス）などの訴訟が相次いだ。国民の関心も高まり、一九六七年に公害対策基本法、一九六八年に大気汚染防止法、続いて一九七〇年の「公害国会」では公害関係一四法案が成立し、一九七一年に環境庁が設置された。企業に賠償を求める民事訴訟も原告の勝訴が相次いだ。

気候変動問題に目を移すと、経済成長に伴って二酸化炭素などの温室効果ガスの排出は増えており、アジアの途上国の全世界の排出に占める比率は一九九〇年の二三％から二〇一四年には四四％に拡大している。ちなみに、二〇一四年において、北米の比率は一五％、欧州は一四％、日本は二・八％、オーストラリアとニュージーランドは一・二％だった。中国の排出は一人当たりでは今のところ米国の半分以下であるが、人口が多く、成長も続いている中国の取り組みが世界に与える影響は大きい。二〇一五年のパリにおけるＣＯＰ21、同じく二〇一五年に国連で採択された持続可能な開発目標など気候変動対策に関する国際的な枠組みには、アジア諸国も積極的に参加している。

ＡＤＢは、温室効果ガスの排出の「緩和」（mitigation）のために、各国で太陽光、風力などの再生可能エネルギー、それを全国的なネットワークに取り入れるための送電線、公共交通機関、省エネルギー対策などの分野で、政府や民間によるプロジェクトへの貸付を行っている。

アジアは、干魃、ハリケーン、洪水など、気候変動の影響を受ける自然災害が多い地域でもある。気候変動による海岸線の上昇、川への塩水の遡上なども問題となっている。ADBでは、気候変動への「適応」(adaptation)の分野でも、太平洋諸国を中心に、より耐久性の高い道路や港の建設、水道の取水口の上流への変更、水を節約することのできるドリップ灌漑(作物の根の部分だけに散水)などのプロジェクトを支援している。

二国間のODAと国際開発金融機関の役割

アジアの途上国は総じて貯蓄率が高かったが、すべての国がそうであったわけではなく、また、多くの国は外国からの資本財や技術の輸入に当てる外貨も不足していた。開発のための知識も不十分であった。そうしたなか、二国間のODA(政府開発援助)や国際開発金融機関(MDBs)による資金とノウハウの移転が果たした役割は大きかった。

ODAは一九七〇年代初めまでは米国が最大の供与国(グロス・ベース)であったが、その後は日本が最大の供与国になった。EU諸国も長い期間にわたって金額で三分の一程度を占めるアジアへのODAの重要な出し手だ。オーストラリアとニュージーランドの援助は太平洋諸国に焦点を置いている。韓国は短い期間に途上国から先進国になった経験を生かして、ODAに力を入れている。中国やタイは、ODAの基準や統計の作成に当たるOECDのDAC(開発援助委員会)のメンバーではないが、近年は他の途上国への開発資金の貸付を増やしている。

ＭＤＢｓのアジアの途上国への支援は、一九六六年のＡＤＢ創設後も、一九九〇年代後半までは世界銀行のシェアが大きかったが、アジア通貨危機の際にはＡＤＢも多額の政策連動型の支援を行い、二〇〇〇年代以降は世界銀行と同程度の融資規模を有するようになった。開発に関する知見の面でも、かつては世界銀行のみがアドバイスをした中国の五ヵ年計画にＡＤＢも技術協力を行うなど、ＡＤＢの存在感は増してきている。

日本は、第二次世界大戦後の復興期において外貨が不足するなか、米国からの援助や世界銀行からの借入に助けられた。世界銀行からの借入は一九五一年から六六年まで続き、関西電力の黒部川第四水力発電所、東海道新幹線、東名高速など戦後の歴史に残る大規模プロジェクトも含まれている。日本の交通・運輸体系は、明治以降鉄道が中心であり、道路の整備は非常に遅れていた。東名高速では、資金だけではなく、世界銀行のドイツ人のコンサルタントなどから、道路の曲線の描き方や傾き方、インターチェンジの作り方、料金の設定の仕方まで、多くを教わった。ドイツは、一九三〇年代に建設が始まったアウトバーンの伝統を持つ高速道路の先進国だった（武部健一『道路の日本史』中公新書）。

一方、ＯＤＡ供与国としての日本は、戦後のアジア諸国への賠償や技術協力に始まり、一九六四年のＯＥＣＤ加盟を経て、ＪＩＣＡなどの援助機関を整備し、累次のＯＤＡ倍増計画によって、一九八九年、一九九一年から二〇〇〇年までは世界最大の供与国となった。円借款（低利・長期の貸付）を活用して、経済発展の基盤となるインフラ建設を助けることに力点があった。アフリカにも支援を行っていたが、太宗はアジア向けだ。

日本のＯＤＡは、平和憲法によって軍事的な貢献ができない制約のなかで、高度成長による潤沢な財政や経常収支黒字を背景として、国際社会、なかでもアジアへの貢献のあり方として拡大してきた。

アジア域内の地域協力・統合の進展

一九六六年に設立されたＡＤＢは、アジア域内の地域協力を体現したものだ。第12章の最初に述べたように、アジアの多くの人々が、域内の協力を金融支援や技術協力を通じて推進するＡＤＢのような国際機関を求めていた。ＡＤＢの設立協定の第一条は、ＡＤＢの目的について、域内の「経済成長および経済協力を助長し、（略）域内の開発途上にある加盟国の共同的な又は個別的な経済開発の促進に寄与することを目的とする」と宣言している。

アジア域内のより小さなグループであるサブリージョン・レベルでの地域協力・統合の努力として最も顕著な例は、一九六七年に創設されたＡＳＥＡＮだ。ＡＤＢは、創設の時期も近いＡＳＥＡＮと協力し、さまざまな分野で支援をしてきたが、そのほかのサブリージョンについても、地域協力のイニシアティブを推し進めてきた。メコン地域が市場経済に移行するのを助け、流域の協力を進めるためにＡＤＢの支援で一九九二年に始まったのが、メコン河流域圏経済協力（ＧＭＳ）である。カンボジア、ラオス、ベトナム、ミャンマー、タイ、中国がメンバーとなっている。ＧＭＳはＡＤＢが主導したので、私も数年に一度の首脳会合に呼ばれた。第9章で述べた中央アジア地域経済協力（ＣＡＲＥＣ）は二〇〇〇年に正式に発足している。南アジアや太平洋諸国でも地域連携の促進を図っている。

一般に、ＡＳＥＡＮのような地域協力イニシアティブは、ＥＵのようなより堅固な法的枠組み、共同体に比べると、貿易や投資の自由化や各種基準のハーモニゼーションなどの進捗が遅いと批判されることがある。しかし、ＡＳＥＡＮが顕著な例だが、より緩やかな枠組みであっても、いくつかの点で非常に重要な役割を果たしていると思う。

第一に、定期的に首脳や各分野の大臣が会うことによってお互いの理解が深まり、友好的、安定的な関係を促進する。第二に、貿易や投資、サービスなどの障壁を減らし、インフラの連結を増すことによって、規模の経済や分業を通じた経済成長をもたらす。第三に、マクロ経済状況や金融セクターに関する協議と協調は、経済の安定化に資する。第四に、地域協力を通じて、伝染病、環境、気候変動への対策など、いわゆる地域的な公共財を提供することができる。第五に、ＡＳＥＡＮに後発の四ヵ国が入ってきたときもそうであるが、適切な政策についてのピア・プレッシャー（同期間の圧力）をかけあうことができる。第六に、ＡＳＥＡＮ＋３の金融協力や、ＡＳＥＡＮ地域フォーラムを通じた安全保障に関する対話など、より大きな枠組みのプラットフォームを提供する。

総裁任期中に何度か、アジアにもＥＵのような枠組みがいずれ必要になるのではないかという質問を受けることがあった。しかし、私は、少なくともアジアでは、ＡＳＥＡＮのように緩やかな、市場の経済的な必要性に基づいた結びつきのほうがよいだろうと答えている。ＥＵやユーロも、英国の離脱問題やギリシャの財政危機などの最近の状況から明らかなように、常に問題をかかえている。欧州のように、ギリシャ、ローマ、キリスト教の伝統を共有し、王室どうしに血縁関係があるところですら、人の移動や財政の問題が絡むと対立が起こりうる。

主権国家は選挙民や納税者に支えられていて、それは長い歴史的な出来事や物語（神話や英雄や戦争など)、伝統、文化、同じ国民としての共感に根差している。それを超える枠組みが大きな権限を持つことには高いハードルがある。日本には、国際連合をはじめとする国際機関を理想化する傾向があると思うし、それはそれでよいことなのではあるが、国際機関は結局は主権国家の集まりだと感じる。

ＥＵやユーロのような共同体には平和を維持するための結びつきを強化する意味があるということも言われる。ＥＵやユーロはさまざまなチャレンジを乗り越え、統合を維持・強化しようとしており、国際社会もそれをサポートしている。しかし、このような取り組みが世界の他の地域で成り立つとは限らない。無理に一緒になっていることによってかえって仲が悪くなることは人間の場合もよくあることだ。主権国家が自国民の長期的な利益を責任をもって追求するという基本に立ちつつ、そのためにも国際機関やＧ20等の国際的な会議の枠組み、二国間あるいは地域的な取り組みを通じて各国間が協調し、分野によってはより堅固で共同体的なアプローチをとるというのが現実的であり、賢明でもあると思う。

終章　アジアの未来に思う

総裁退任まで

二〇一九年九月十七日、私はスタッフと理事会メンバーに対して、翌二〇二〇年一月十六日をもって総裁職を辞任する意図を表明した。二〇一三年四月二十八日に黒田東彦前総裁の任期を引き継いで総裁に就任し、二〇一六年十一月二十四日には五年の任期で再選されており、まだ任期は残っていたが、そろそろ総裁職を引き継ぐことを考えるときだと思ったからだ。その後、各国から候補者の推薦が行われ、結局唯一の候補者だった浅川雅嗣前財務官が正式に次期総裁として選ばれて、発表されたのが十二月二日だった。

辞意表明後も忙しい日々を過ごした。九月の後半には、前から再訪を求められていたドイツ、そして英国とベルギーを訪れ、当局者たちと面会した。ドイツと英国は総裁として五回目、ベルギーははじめての訪問だった。ドイツでは、「ハンデルスブラット」紙の取材を受け、講演を行ったアジア投資イベントでは、二〇一六年のＡＤＢフランクフルト総会でお世話になったハンス・ヨアヒム・フックテル元経済開発協力省（BMZ）副大臣とハグをして協力を懐かしんだ。英国では、チャタムハウスで講演をして、「フィナンシャル・タイムズ」紙の著名なマーティン・ウルフ記者とも二度目の意見交換をした。話題は、世界的な所得格差の拡大だった。ベルギーでは、旧知の児玉和夫EU代表部大使の瀟洒な公邸に呼ばれて、夕食をともにしながら、英国のEU離脱の可能性について議論を戦わせた。

ベルギーのブリュッセルでは、世界税関機構（WCO）の本部も訪ねた。各国の税関の協力を進めるために一九五二年に設立された国際機関で、メンバーは一八三ヵ国、関税分類や税関手続きに関する諸条約の作成、税関に関する技術協力が主な業務だ。ADBとの間でも、中央アジア諸国間の税関手続きの合理化や機械化などの分野で協力を行っている。二〇〇九年からその職にある御厨邦雄事務総局長は財務省の二年先輩で、ダボス会議では毎年会ったし、マニラのADB本部に来てもらったこともある。ぜひ一度WCO本部を訪ねたいと思っていたので、朝早い時間にもかかわらず意見交換を兼ねた朝食をホストしていただけたのはありがたかった。

十月にはIMF世銀総会関係の会議のためにワシントンに出張し、CSIS（戦略国際問題研究所）で講演をし、何度も会ってきた国際開発金融機関の総裁たちにもお別れの挨拶をした。十一月には、ウズベキスタン、カザフスタンにそれぞれ三回目となる訪問をした。

十一月五日には、アジア開発基金の四年に一度の増資（二〇二一年からの四年間をカバーするADF13）に向けたドナー会合がマニラで開かれ、規模や使途について大体の方向性がまとまった。十一月十九日には、理事会で、中国など中所得国のなかでも所得の高い国に対する金利の引き上げを行う見直しが、中国自身の賛成も得て可決された。長い間懸案だった二つの問題がこれで解決した。

十二月には一六回目となる中国訪問で、韓正副首相と面会し、いつものように財政部を訪れ、劉崑財政部長や財務省国際局長のとき以来一〇年の付き合いになる副部長の鄒加怡氏ほかと夕食をともにしながら、中国経済の現状とアジアにおける位置づけなどについて意見交換をした。この出張では、第13章に書いたように北京大学国家発展研究院を訪れ、ジャスティン・リン教授や少壮の学者たちと執筆の最終段階にある『アジア開発史』のメッセージについて率直な意見交換をした。私も日本に戻ったら大学で教えることになると思うので、ぜひ交流を続けたいと言ったら、大いに喜んでくれた。これが、私の総裁としての一三一回目、最後の海外出張であった。

十二月十三日に二〇二〇年の予算の理事会を終えた日に、インドから来ているディワカー・グプタ副総裁の自宅で、総裁及び六人の副総裁のオフィスに属するスタッフたちのクリスマス・パーティーが催された。おいしいインド料理をいただき、それぞれチームに分かれ、歌やダンス、クイズなどを楽しんだ。フィリピンの人たちの音楽のセンスにはいつも驚かされる。私も一曲歌ったが、離任が近づいていたせいか、それまでの年より拍手が多かったような気がした。

東京で冬休みをとってから一月四日にマニラに戻ると、一月七日にはマラカニアン宮殿でドゥテルテ大統領にお別れの挨拶をして、勲章をいただいた。引っ越し荷物をオフィスと自宅で送り出し、いつもゴルフをやっていた仲間が十数人で催してくれた送別ゴルフコンペに参加した。仕事のほうでは、最後まで『アジア開発史』の文章を調査局のメンバーと調整し、退任の前日の一月十五日に私も入ったトークセッションを開催してホームページで公開することができた。マニラに着任したときもあわただしかったが、離任もやはり最後まで忙しかった。

マニラを離れるわずか五日前の一月十二日日曜の午後に、マニラから六〇キロしか離れていない保養地、タール湖の中央に位置するタール火山が一九六五年以来となる突然の噴火をした。死傷者は出なかったが、火山灰の影響で一日半にわたって空港が閉鎖され、浅川新総裁の着任や私の離任はどうなるのかと心配になったが、そのあと幸いにも沈静化してくれた。一月十六日は、ドミンゲス財務大臣夫妻とジョクノ中央銀行総裁夫妻も参加してADBの大ホールで私の送別イベントが行われ、大臣、デボラ・ストークス副総裁、理事会ディーンのスルカニ・インドネシア理事、スタッフ・アソシエーションのアウン委員長からの送別の言葉をもらった。

私は、「ADBでの時間は私にとって実り多いもので、深い満足感と感謝の気持ちをもってADBを去ることができます」と謝辞を述べた。そして、ADBのスタッフに対して、覚えておいてほしい三つのことを述べた。第一は、美しい言葉であいまいにせずADBの各業務の目的とその達成手段を常に明確にし、ADBならではの付加価値のある仕事を心がけること、第二は、ADB自らが変革することへのガッツと現状に満足することなく挑戦する姿勢を持ち続けること、第三は、アジア・太平洋地域のなかにあって、プロジェクトの実施や知識の提供、各国の友好や協力を推進することのできるADBという機関で働くことに誇りを持ち続けること、同時に、ADBは加盟国の納税者の拠出により成り立ち、貧しい人々のために働いている機関であることを踏まえ、謙虚さを常に心にとどめることだ。

送別イベントの最後に、広報局長のタン氏から壇上で大きな記念品を渡された。私がいったんそれを受け取ったあと、それをもう一度スタッフに戻そうとする彼女と自分で持って帰ろうとする私が一瞬引っ張りあいのようになり、大ホールにあふれるぐらい、一五〇〇人ほども詰めかけたスタッフたちがどっと笑った。それを受けて私も大きくこぶしを何度かうえに上げて、みんなの歓声に応えた。スタッフの温かい気持ちを感じた瞬間だった。

続くダイニングルームでのレセプションでは、浅川夫妻と私の妻も壇上に上がり、私と浅川氏が手をつないだままうえに上げたときに再び歓声が起きた。浅川氏とは年末に話をしたときに、これまでの慣例では新旧二人の総裁が同じタイミングでＡＤＢの庁舎内にいることはないようにするということだが、日本の新旧大臣の引き継ぎも大臣室で行われており、あまり意味がない慣例だということで一致して、このような形となった。新旧の総裁が息があったところを見せるのは、スタッフにとっても感じがよく、安心材料にもなると思った。ちなみに、浅川氏は、一九九〇年から九二年まで垂水公正総裁の総裁補佐官を務めていたことがあるので、ＡＤＢは二度目の勤務になる。

一月十七日は、午前中に自宅の近くのポロクラブで七年近くにわたって毎週私の相手をしてくれたトレーナーのオントイとイバラを相手に最後のテニスをした。このクラブには、周囲一キロメートルのポログラウンド、サッカーコート、野球グラウンドのほかに、一〇面の屋内テニスコート（ただし冷房はないので非常に暑い）、五面の屋外テニスコートがあり、いったい何度そのテニスコートを使ったことだろう。

昼は、私たち家族がマニラに来たときにも夫人とお子さん二人と一緒にポロクラブを案内してくれて、家族ぐるみの付き合いがあったウーチョン・ウム持続的開発・気候変動局長とクラブ内のレストランでピザを食べ、妻と空港に向かった。空港には、ストークス副総裁やジューコフ官房長ほかと私の秘書をずっとやってくれたシーラ・グズマン氏も見送りにきてくれた。シーラは私と握手をしたときに涙を流していたが、私はなぜか涙はこぼれなかった。財務官をやめたときもそうだったが、さびしいというよりは、仕事をやり遂げたという気持ちのほうが強かったからだと思う。

そのあとほどなくして、新型コロナウイルスにより、アジア、そして世界中がパンデミックに襲われて、マニラもロックダウンされ、ＡＤＢのスタッフも在宅勤務を余儀なくされることになるとは、夢想だにしなかった。

アジアのなかの日本

マニラにいてアジア各国を回る生活をしているうちに、日本の歴史やアジアにおける位置づけ、役割に思いをいたすことが多かった。この本を書き終えるに当たり、そのことにも触れておきたい。

日本は、明治以降、欧米以外の国のなかで、はじめて近代化と工業化を成し遂げた国だ。先述したように、明治の成功の秘訣は、欧米の先進国から科学技術だけではなく、近代的な経済、政治、社会の諸制度を学び、それらをいち早く実施していったことにある。日本人が、西欧から来た「自由」「社会」「資本」「共産主義」、それに「幹部」というような言葉まで、漢字を使って翻訳したことは中国人にもよく知られている。

明治の後期には、日本の近代化を学ぼうとする中国からの留学生が増えて、東京・神田の中華料理屋にはそのころに起源を持つものがある。日露戦争（一九〇四年から〇五年）での勝利はインドをはじめ各国の独立運動に大きな刺激を与えた。インドの詩人タゴールのコルカタに残る自宅を見学したことは第8章に書いたが、彼は日本を五回にわたって訪れ、日本の思想家たちと交流している。日本はそうやって、アジアの近代化や独立運動に影響を与えてきた。

しかし、その後の日本は、一九一五年の中華民国に対する二一ヵ条の要求をはじめとして、アジアに対する拡張主義に陥っていった。もちろん、日本が対外強硬路線や拡張主義に陥っていった背景には、カリフォルニアにおける日本人移民への差別だとか、国際連盟で人種差別反対の決議が認められなかったなど、多くのリゼントメント（憤り）があったと思う。純粋にアジアの植民地を欧米の支配から解放しようと考えた人たちもいただろう。また、資源が乏しいという意識、第一次世界大戦後の金融恐慌や一九二九年の世界大恐慌、貧しい農民や都市貧困層の存在など、経済的な背景もあった。明治憲法のあり方が、軍部の暴走を止められないという問題にもつながった。

それにしても、五〇万人の日本の将兵や民間人と一〇〇万人のフィリピン人が犠牲になったというフィリピン、そしてパプアニューギニア、ソロモン諸島（ガダルカナル島）、パラオなど、太平洋を取り巻くADBメンバーの国々を回ると、日本の無謀な戦争、非人間的な作戦で、アジア・太平洋のいくつもの国々であまりにも多くの人命が無残に失われたことに改めて気づかされる。マニラの私のアパートの近くには、緑豊かな、広大な米軍記念墓地があり、太平洋戦争で亡くなった一万七〇〇〇人以上の米国の将兵たちの墓石、そしてそれとは別に、記念館にはそれぞれの名前と出身州が刻まれている。多くの戦死者は二十歳にもならない若者たちだ。

パラオは第一次世界大戦後、ドイツの植民地から日本の委託統治領となって、戦争開始時には三万人近くの日本人が平和に住んでいた。南洋庁が置かれた旧首都コロールには楽器屋や自転車屋もあり、開戦当時、『山月記』で知られる作家の中島敦も文部省から派遣されて日本語教育のあり方を研究していた。しかし、一九四四年には、飛行場のあった周囲わずか二六キロメートルのペリリュー島で、日本の守備隊と米軍の間の壮絶な戦いが行われ、日本側の戦死者一万七〇〇〇人（ほとんど全滅）、米側の戦死者二三〇〇人を出した（住民は事前に退避させられ犠牲はなかった）。二〇一五年に平成の天皇陛下がペリリュー島を訪問され、日本兵の慰霊碑のまえで白い簡素なシャツの姿のまま皇后陛下と並んで長い間海に向かって静かに頭を下げられていた姿には涙が出た。私も二〇一六年にパラオを訪問した際にペリリュー島にわたり、海辺の日本兵の慰霊碑の前で手を合わせ、米兵の慰霊碑にもお参りをした。

パラオの周りの海にもたくさんの日本の軍艦や輸送船が沈んでいて、今は潜水のスポットになっている。小さなボートで島と島の間を移動するのだが、明るい陽光のもとでエメラルドに輝く海が穏やかで美しいだけに、余計に言葉を失う。戦争の最後のころは護衛もなしに輸送船の任務に当たった船員の死者は六万人以上に上り、死亡率は海軍の軍人の二倍に当たる四十数%とされている。多くの若者が遠い外国に憧れ、商船学校や高等商船学校に学んでいたはずなのにと思うと、なぜ、という気持ちになる。

戦後の日本は、そのような悲惨な戦争の反省に立って、平和を追求し、アジアの途上国への協力を惜しまず、また、その成長を後押ししてきた。外交姿勢や援助もさることながら、日本自身が復興を遂げて成長したことが、アジア各国に貿易や直接投資による経済的な機会をもたらした。フィリピンのミンダナオ島を訪れたときに案内をしてくれた同地出身の国会議員は、日本へのバナナ輸出を行っていた経験を語ってくれたが、日本の貿易会社の人たちはいつも双方の利益を考えていて、非常に誠実だったと言っていた。日本にはそのような商人道、自分の仕事に誇りをもって完璧を求める職人気質がある。こうして、日本は長い間をかけて信用と信頼を取り戻していった。日本の高度成長が各国に経済発展のモデルを提供した役割も大きかったと思う。

今や日本はアジアの人々に信頼され、好意を持たれている国だ。アジアの発展とともに、日本はアジアのなかで圧倒的に豊かな国ではなくなり、関係はよりフラットだ。だからこそ、留学生や観光客にとって日本はとても魅力的な国になっている。今後は、むしろ日本がアジアから刺激を受け、アジア各国の活力を取り入れ、自身の持続的な成長に生かしていかなければならない。日本の経済的な力が弱くなれば、当然ながら、それだけ日本の存在感、影響力は減ってしまう。同時に、中国ほかの新興国のプレゼンスが増している新たな地政学的な環境のなかで、日本は引き続きアジアの平和と安定に最大限の貢献をしていかなければならない。

二十一世紀はアジアの世紀か

多くの人が二十一世紀は「アジアの世紀」だと言っている。ADBにおいても、黒田前総裁のもとで二〇一一年にコンサルタントのセンテニアル・グループに委嘱した研究報告『アジア2050』が、アジア（日本、オーストラリア、ニュージーランドを含む）の世界のGDPに占める比率は、適切な政策を続けることができれば二〇五〇年には五〇%を上回る可能性があるとしている。次ページの図表17はそれをグラフにしたものだ。一七〇〇年から一九五〇年までは英国の経済史家アンガス・マディソンによる有名な長期推計を基にしている。産業革命までは中国やインドの人口の大きさや一定の生産性もあって、アジアのGDPは世界の半分を超えていたので、アジアは興隆したのではなく、再興したということになる。

私自身、もちろんアジアの成功と経済的な存在感の拡大には大いに勇気づけられている。アジアには長い歴史を通じて偉大な文明や活発な経済活動があり、発展が今に始まったわけではなく、再

図表17／世界のGDPに占めるアジアの割合

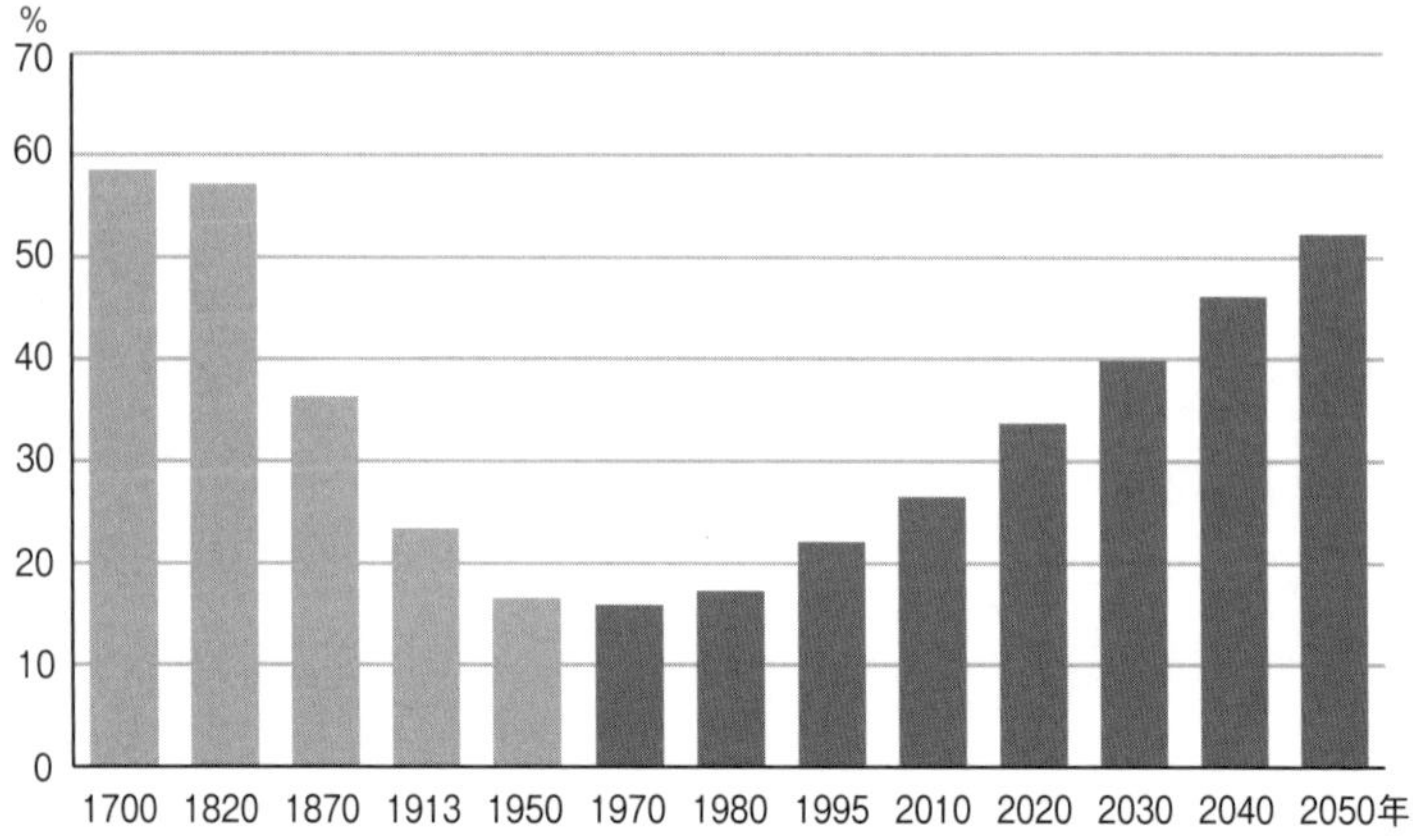

出所：*Asia 2050 : Realizing the Asian Century.*（2011）

興だというのはよいポイントだと思う。一方で、「アジアの世紀」だと持ち上げることにはいくつかの慎重な見方をしている。

まず、アジアは現在も二〇五〇年も世界の人口の半分以上を占めるのだから（二〇一七年に世界の人口が七五億人であるのに対し、アジアの人口は五五％の四二億人。この研究では二〇五〇年に世界の九二億人に対し五二％の四八億人と予測）、二〇五〇年までに世界のＧＤＰの半分を超えることになってもそれほど驚くようなことではない。世界の平均的な生産性を達成していれば五〇％を超えるということだ。

何より、アジアには多くの課題が残されている。まだ残る貧困、拡大する所得格差、大きなジェンダーのギャップ、環境の悪化、気候変動（特に太平洋諸国に深刻な影響を与えている）などがそうだ。医療や教育、電気、安全な飲料水などの普及もまだ不十分だ。一方、日本やアジアの新興国は高齢化や人口減少のチャレンジにも直面する。自己満足の余地はない。持続的な成長の基礎は平和と安定であり、アジア域内そして域外も含めて、各国間の友好を促進し、協力を強化する努力を続けていくべきことは言うまでもない。

第二次世界大戦が終わったあとでも、アジアの植民地をあきらめない欧州の国は多かった。一九六〇年代に欧州での国際会議に参加した行天豊雄氏は、そこに集まっていた銀行家たちが中国の文化大革命のことにもベトナム戦争のことにもまったく関心がなく、あたかも世界はいまだにダーダネルス海峡（トルコにあるヨーロッパと中東を隔てる海峡）近辺に終わっているようだったと書いている。

現在のアジアの経済的、文化的なプレゼンス、アジアからの発信は、そのころとは比較にもならない。日本に続いて、NIEs、ASEAN諸国、中国、インドなどが新興国として登場し、いろいろな分野で新聞の紙面を多く占めている。アジアの料理は世界の人々に愛され、音楽や映画もより広い聴衆を得ている。技術の面でも、日本の新幹線が鉄道についての考え方に変化をもたらしたように、最近はアジア途上国からのイノベーションや世界企業もたくさん出てきている。

世界のすべてのよいこと、すなわち民主主義も人権も市場システムももともとすべて西欧の価値だという考え方、あるいはアジアには別の価値があるという考え方にも反対だ。これらの価値は、人類全体のものだ。市場システムは中世の西欧よりはむしろアジアで活用されていただろうし、アジアでは古代から仏教や儒教が平等や他者への仁愛を説いている。民主主義も、日本の室町末期の一向宗の惣国や安土桃山時代の堺の自治都市のように、その萌芽は見られる。明治時代の自由民権運動は誰に押し付けられるわけでもなく、国民の広い階層が参加して、議会制度を勝ち取ったものだ。

ここで、民主主義について少し考えてみたい。第二次世界大戦後に自由主義圏で一つの理想的な形とされてきたのが、民主主義と市場主義だ。それを支える政府の機能としての公共財の提供や再分配も重要だった。市場主義経済ではあるが、豊かな個人や企業にはしっかり課税して、教育、医療、年金などに関しては国が支えるという社会民主主義的な考え方は、各国が広い基盤に立った持続的な経済発展をするうえで重要だった。一方で政治面での民主主義は、公平な選挙制度に加えて、表現や報道、学問の自由、分権的な権力体制、私的所有権の保護や公正な裁判制度を含む法の支配などからなる。それらもまた自由な市場経済を支える不可欠の要素だ。

アジアはもともと独立後の発展の過程で、開発独裁的な要素の強い国が多かった。フィリピンやインドネシアもそうで、あるところまでは成長に貢献したが、長い間に非効率性を招き、抑圧的な政治が不満の蓄積につながった。私は開発独裁の一つのモデルであるパク・チョンヒ（朴正熙）政権は、韓国の近代化や経済成長に大きな役割を果たしたと見ているが、韓国のなかでは厳しく評価する人も多い。

確かに、選挙をやっていたらすぐにでも必ずうまくいくというわけではない。選挙による民主主義は、多数派による支配ということになるので、エスニシティや宗教などが分断されているような国では、多数派による少数派の支配、抑圧につながることがある。民主主義のもう一つの欠点は、物事がなかなか進まないことだ。インドは世界最大の民主主義国と言われているが、第8章でも書いたように、州ごとの分権が強く、また、あまりにも選挙による指導者の交代が多い。それから裁判手続きにしても非常に煩瑣だ。そのため、道路や電気を通すにしても、政治や司法のいろいろな要因で完成が大幅に遅れがちだ。

だから、国の状況と無関係に選挙による民主主義さえあればすべてよい方向に行くというわけではない。フセイン大統領後のイラクやアラブの春のあとのエジプトやチュニジアの混乱を見てもそのことは明らかだ。

ただし、私自身はそれでも、アジアも世界も、より民主的な方向に進んでいくだろうし、そうあるべきだと考えている。今は少し揺り戻しが来ている時期なのかもしれないが、市民的権利は人々の尊厳の基本であり、公平で持続的な成長のためにも民主主義は必要だ。そして、そのような民主主義を、過激で、排外的なポピュリズムに陥らせないようにするためには、先進国も含めた各国で、技術革新やグローバル化から来る所得格差の拡大を単に市場の働きの結果だと見過ごすのではなく、政策によって是正する努力がもっと求められていると思う。

話をもとに戻そう。今世紀がアジアの世紀だというのであれば、アジアは、世界における知的な影響力、人々を引き付ける魅力、ソフトパワーをもっと高めなければいけない。実際、欧州、そしてそれに続く米国は、ルネッサンスやアジアへの海路の開拓の時代から、簡単には凌駕《りょうが》できない多くのものを積み上げてきた。血で血を洗う宗教戦争や世界各国の植民地支配、奴隷貿易などひどいこともしたが、科学技術や軍事力のみならず、資本主義の仕組み、国家間の国際法的な秩序や国内の法的枠組み、民主主義や権力分立の考え方、近代的な医療や教育のシステム、芸術や文芸、それらの基礎となる哲学の領域まで、その蓄積は大きい。

欧米が過去五世紀にわたって発揮してきたのと同様の影響力をアジアが持つようになるには、まだしばらくの時間と努力が必要だろう。アジアは、その制度、ガバナンスをさらに強化し、世界の科学や技術、文化の発展にさらに貢献し、国際的な課題に取り組むうえでの責任をさらに果たし、自分たちの考え方をさらにしっかりと世界に伝えていかなければならない。

退任前に『アジア開発史』の刊行を取材した外国人の記者が、「アジアの世紀を言うのは早すぎる」という私の発言をとらえて、アジアに対してシニカルなのかと聞いたことがある。私からは、シニカルの反対でアジアへの熱い気持ちの反映だと答えた。長い間欧米に追随してきたアジアが、いつかは真に欧米に並ぶ（あるいは超える）、大きな、よい影響を持つようになってほしいという期待を持っているからだ。

おわりに

私の手帳は、ＡＤＢの総裁室で会議をしているときにも、ときどき過去のものを取り出して記録をチェックするので、スタッフからは「総裁のブラック・ノートブック」と呼ばれ、恐れられて（？）いた。二〇〇五年に在米国大使館の公使に就任してからそれまでより丁寧に書き始めたものだ。左のページに一週間の日程を入れ、右のページに罫線のある普通の手帳だが、左側にはどんな会議に出席し、どんな人と会ったかを書く。右側には重要な議論の内容やときには感想を書く。出張や国際会議で書くことが多いときには後ろの空いたページも使う。毎日つけると疲れるので、出張が終わったあと、あるいは週末にまとめて書くことが多かった。

この手帳と秘書が作っていた予定表のコピー、プレスリリース、それに財務省やＡＤＢがウェブサイトに公表しているものなどを参考にこの回顧録を執筆した。

二〇一九年九月に退任を発表したあと、ＡＤＢの総裁という貴重な体験を、本の形で記録に残したいと考え始めた。ワシントンの大使館勤務から帰国後の二〇〇八年春に、米国で経験したことや学んだことをもとに中公新書『アメリカの経済政策』を出版したことがあったので、その際の編集者で今は中央公論美術出版の社長になっている松室徹氏に連絡をしたら、中央公論新社の吉田大作氏を紹介いただいた。私自身が多くの本を読んで恩恵を受けてきた出版社から再び出版を進めることができたことは、誠に幸いであった。吉田氏には、執筆の過程で粘り強くアドバイス、支援をいただいた。

二〇二〇年一月十七日の帰国後、当初こそご無沙汰をしてきた先輩や友人に会いに行ったり、兵庫県に一人暮らしの母のもとを訪れたりしていたが、その後は新型コロナウイルスの問題もあって、近所の散歩や買い物、家族のための料理をするほかは、三月末の締め切りに向けて書斎に閉じこもって執筆に専念することになった。

書いていくうちに、前史として少しだけ触れようと思っていた財務官時代の回顧の部分が増えていった。為替レートの大きな変動に立ち向かったこの時期も、思い返せば多くの出来事があり、できれば丁寧に記録しておきたいと思った。

世界金融危機前夜の二〇〇七年からADB総裁を退任する二〇二〇年までの自分の手帳をひっくり返すことになり、いちいち関係の資料に当たって、事実に即して筆を進める作業は、思った以上に根気のいる作業だった。

一稿ができたあと、多くの人に関連部分を読んでもらって、貴重なコメントをいただいた。すべての人の名前を挙げることはできないが、心からお礼を申し上げたい。大学時代の館龍一郎先生のゼミの同級生で、日銀の金融研究所長を務め、現在は大阪経済大学教授をしている高橋亘氏、財務省の三年後輩で、国際局長を務め現在は日本生命保険相互会社の特別顧問になっている門間大吉氏、私の新しい職場であるみずほ総合研究所のチーフエコノミストの長谷川克之氏には、本書を通読し

総裁首席補佐官からも、事実関係などのコメントいただいた。ADBで私の着任時から幅広い課題について議論してきた坂井和・元戦略局長、離任までの二年半にわたり私を常にそばで助けてくれた池田洋一郎てもらい、たくさんの有益な指摘をいただいた。

本書を脱稿する二〇二〇年五月の時点で、新型コロナウイルスによるパンデミックはまだ終息しておらず、すでに歴史的な規模となり、世界経済にも深刻な影響を与えている。アジア経済は、本書でも書いてきたように、市場志向の経済政策、民間の活力、各国をつなぐ生産ネットワークにより成長を遂げてきただけに、影響は大きい。ただ、永久には続かない問題であろうし、その場合は、かなりのリバウンド、回復が起こる可能性もあると期待したい。

もちろん、不可逆的な変化が起こる可能性も否定はできない。この問題が始まる前にも、米中摩擦や中国の賃金上昇の影響を受けて、中国以外の国に生産を移す「チャイナ・プラス・ワン」の動きは出ていた。安全保障、保健衛生、知的所有権、サプライチェーンの海外生産に頼りすぎるリスクなどから、国家と国境の機能が再認識され、自国内に生産拠点を戻すような動きが進む可能性がある。また、少なくともしばらくの間は、国境を越えた人の移動は減り、観光産業や航空産業などにも悪影響があるだろう。オフィスに行かない働き方や店に行かない買い物などの生活スタイルの変化は、新たな勝ち組とともに多くの企業や家計に困難な状況を生むかもしれない。

しかし、一〇〇年前のスペイン風邪のあとがそうであったように、相当程度の調整があったとしても、グローバルな人や生産のつながりが逆戻りするとは思いにくい。アジアの成長も、引き続きアジアが平和で、各国がよい政策を続けるかぎり、続いていくと思う。

ＡＤＢは、一九六六年にアジア各国の強い思いを反映して創設された。それ以来、ファイナンス、技術協力、対話などの機能を通じて各国の発展を助けてきた。各国が発展して借入から卒業していけば、その役割は小さくなっていくかもしれないが、まだそのときではない。残存する貧困、不十分なインフラ、気候変動対策、ジェンダーの平等など多くの課題が残っている。今回の新型コロナウイルスの問題がそうであったように、国境を越える感染症への備えと対応など、地域公共財の分野にも役割がある。ただし、自国で資金調達が可能な国が増えてくるにしたがい、ＡＤＢが各国での事業の経験と知見に基づいてより付加価値のある支援を行うことができなければ、加盟国の期待には応えられない。七年弱の任期のあいだに、思いつく限りの改革に取り組んだつもりだが、ＡＤＢは今後も不断の革新を続けなければならない。

アジアでは、中国のプレゼンスが高まり、ＡＩＩＢのような新たな機関も設立された。一方、ＡＳＥＡＮ各国やインド、バングラデシュ、そのほかの国々も、新たな地政学的環境のなかで、自らのアイデンティティを強く持ちながら長期的な安定と繁栄を目指している。ＡＤＢはアジアにおいて、五〇年以上にわたり、幅広い事業を通じて各国との強い信頼関係を築いてきた国際機関だ。そのような点で、アジアにＡＤＢと並ぶ機関は存在しない。引き続き各国間の協力と友好を促していく重要な役割も持っていると思う。

最後になるが、マニラに急な転校と引っ越しをし、七年弱の生活を共にしてくれた妻麻子と二人の息子には、この場を借りて感謝をしたい。ＡＤＢ時代、財務官時代、あるいはそれ以前からの仕事を通じて、多くの先輩、同僚、後輩、友人にお世話になり、知的な領域でもたくさんのことを教えられてきた。この本に多少でも価値があるとすれば、そのような多くの人々のおかげであり、その感謝の言葉で締めくくることとしたい。

二〇二〇年五月

中尾武彦

装幀　間村俊一
カバー表紙写真
ゲッティ・イメージズ

中尾武彦（なかお・たけひこ）

前アジア開発銀行（ADB）総裁。現在、みずほ総合研究所理事長。政策研究大学院大学客員教授、東京大学公共政策大学院客員教授。

1956年生まれ。兵庫県出身。1978年東京大学経済学部卒業後、大蔵省入省。カリフォルニア大学（バークレー）経営学修士。泉大津税務署長、国際通貨基金（IMF）政策企画審査局審議役、銀行局金融会社室長、財務省国際局国際機構課長、主計局主計官（外務・経済産業・経済協力）、国際局開発政策課長、在米国日本大使館公使、財務省国際局次長、国際局長などを経て、2011年8月財務官。2013年4月から2020年1月までADB総裁。2020年4月から現職。

著書に『アメリカの経済政策』（中公新書、2008年）、『グローバル化と財政』（石弘光編、有斐閣、1990年、共著）、『国際租税制度概観』（日本租税研究協会、1989年）。

アジア経済《けいざい》はどう変《か》わったか
――アジア開発銀行総裁日記《かいはつぎんこうそうさいにっき》

2020年6月25日　初版発行

著　者　中《なか》尾《お》武《たけ》彦《ひこ》
発行者　松田陽三
発行所　中央公論新社
〒100-8152　東京都千代田区大手町1-7-1
電話　販売　03-5299-1730　編集　03-5299-1740
URL http://www.chuko.co.jp/

DTP　今井明子
印　刷　図書印刷
製　本　大口製本印刷

Published by CHUOKORON-SHINSHA, INC.
Printed in Japan　ISBN978-4-12-005318-4　C0033